ミネルヴァ日本評伝選

鉄道御普請最初より

エドモンド・モレル

林田治男著

ミネルヴァ書房

刊行の趣意

「学問は歴史に極まり候ことに候」とは、先哲荻生徂徠のことばである。

歴史のなかにこそ人間の智恵は宿されている。人間の愚かさもそこにはあらわだ。この歴史を探り、歴史に学んでこそ、人間はようやくみずからの正体を知り、いくらかは賢くなることができる。新しい勇気を得て未来に向かうことができる。徂徠はそう言いたかったのだろう。

「ミネルヴァ日本評伝選」は、私たちの直接の先人について、この人間知を学びなおそうという試みである。日本列島の過去に生きた人々の言行を、深く、くわしく探って、そこに現代への批判を聴きとろうとする試みである。日本人ばかりではない。列島の歴史にかかわった多くの異国の人々の声にも耳を傾けよう。

先人たちの書き残した文章をそのひだにまで立ち入って読み、彼らの旅した跡をたどりなおし、彼らのなしとげた事業を広い文脈のなかで注意深く観察しなおす――そのとき、はじめて先人たちはいまの私たちのかたわらによみがえってくる。彼らのなまの声で歴史の智恵を、また人間であることのよろこびと苦しみを、私たちに伝えてくれもするだろう。

この「評伝選」のつらなりのなかから、列島の歴史はおのずからその複雑さと奥ゆきの深さをもって浮かび上がってくるはずだ。これを読むとき、私たちのなかに新たな自信と勇気が湧いてきて、その矜持と勇気をもって「グローバリゼーション」の世紀に立ち向かってゆくことができる――そのような「ミネルヴァ日本評伝選」にしたいと、私たちは願っている。

平成十五年（二〇〇三）九月

上横手雅敬
芳賀　徹

エドモンド・モレル

上　橋脚建設時の様子

下　鉄橋の上を走る機関車（左端にお雇い外国人たちが見える。）

左　ノック・ダウン方式による組み立て現場（お雇い外国人の指揮の下，日本国内で機関車を組み立てていた。）

開業式当日の新橋駅

開業時の蒸気機関車（バルカン社製1871年）

はしがき

維新政府は、欧米先進諸国に早く効率的に追いつくことを目指し、多くの「お雇い外国人」を日本に招いた。それは殖産興業、富国強兵のためである。とりわけ鉄道関係は、英国人を中心に総勢二〇〇名余と最も多かった。このうち、初代技師長として活躍したのが、本書の主人公エドモンド・モレルである。モレルは、技師長として鉄道建設を指揮しただけではなく、新生日本に的確な助言を行ったことで「近代化の指南役」と呼ばれることもあり、その業績は高く評価されている。しかし残念なことに、彼は在職二〇カ月足らずで病に冒され、栄えある鉄道開業式を見ることなく三〇歳で息を引きとった。不幸が続き、夫人も後を追うように半日後に亡くなった。彼の近代化に果たした功績に対する日本人からの感謝の念に加え、このような夫妻の悲劇が鉄道の歴史に関心のある人びとの心に刻み込まれ、彼に対する思い入れを強くさせてきた。

筆者は、十数年前に鉄道草創期の研究を始めた時、モレルの経歴を紹介した代表的な日本側の文献から彼の貢献内容に驚き、その基盤や背景を探りたいと思った。ほぼ同時に英国『土木学会誌』の「追悼記事」を読んだ。ところが、そこにいくつか相異点があり、また日本側の紹介に腑に落ちない面があった。

二〇〇三年夏に、ウェストミンスターにある土木学会本部を訪れ、「入会申請書」を読み、『入会者名簿』にあたった。以来、モレル関連の一次史料を、日英双方で追い求めた。調査を進めるにつれ、当初の疑問点は氷解していった一方、功績の背景を知る上で重要な面が気懸りとなり始めた。そこで毎年のように英国を訪れ、史料を探し集めた。さらに間隙を埋めるため、〇六年の北ボルネオを手始めに、一〇年にニュージーランドと豪州キャンベラやメルボルン、一三年と一五年に南豪州、一六年にスリランカを訪問し足跡を尋ねた。それらの地で、モレルの家庭、学業、実務経験という技師としての成長過程を追い、日本での功績の背景を知るべく年月を費やした。そうして、ようやく彼の経歴と貢献に関する材料が揃い、彼の人生と日本での役割を体系的に語ることができるようになった。

日本では、鉄道に関心ある人たちや明治初期の研究者の間で、モレルの名前は非常に有名である。対照的に英国では、モレルは土木技師の一人にすぎない。このギャップにも驚かされ、その理由も解明したいと思った。また三〇歳にしては頭髪が少ない風貌も気になる。

疾風のように駆け抜けて行ったモレルの人生は、日本側からは、近代化の模索と技術習得段階での「お雇い外国人」の活用例といえる。英国側からみた場合、一九世紀中葉における鉄道技師を育んだ社会経済情勢、家庭環境、学校や大学での教育、および実務経験に基づく技能形成過程を物語る実例となる。これらを通奏低音として、原史料に基づいてモレルの経歴を洗い直し、〝ミッシング・リンク〟を繋ぎ合わせ、冷静に彼の功績を述べていくことを試みよう。浮かび上がってきた経歴は、まさに波乱に富む英国人技師の人生を我々に示してくれよう。

このような意識をもって執筆されたものとして、「モレルの経歴と功績」を読んでいただければ、幸いである。

エドモンド・モレル——鉄道御普請最初より

目次

図表一覧

図表一覧

関係地図

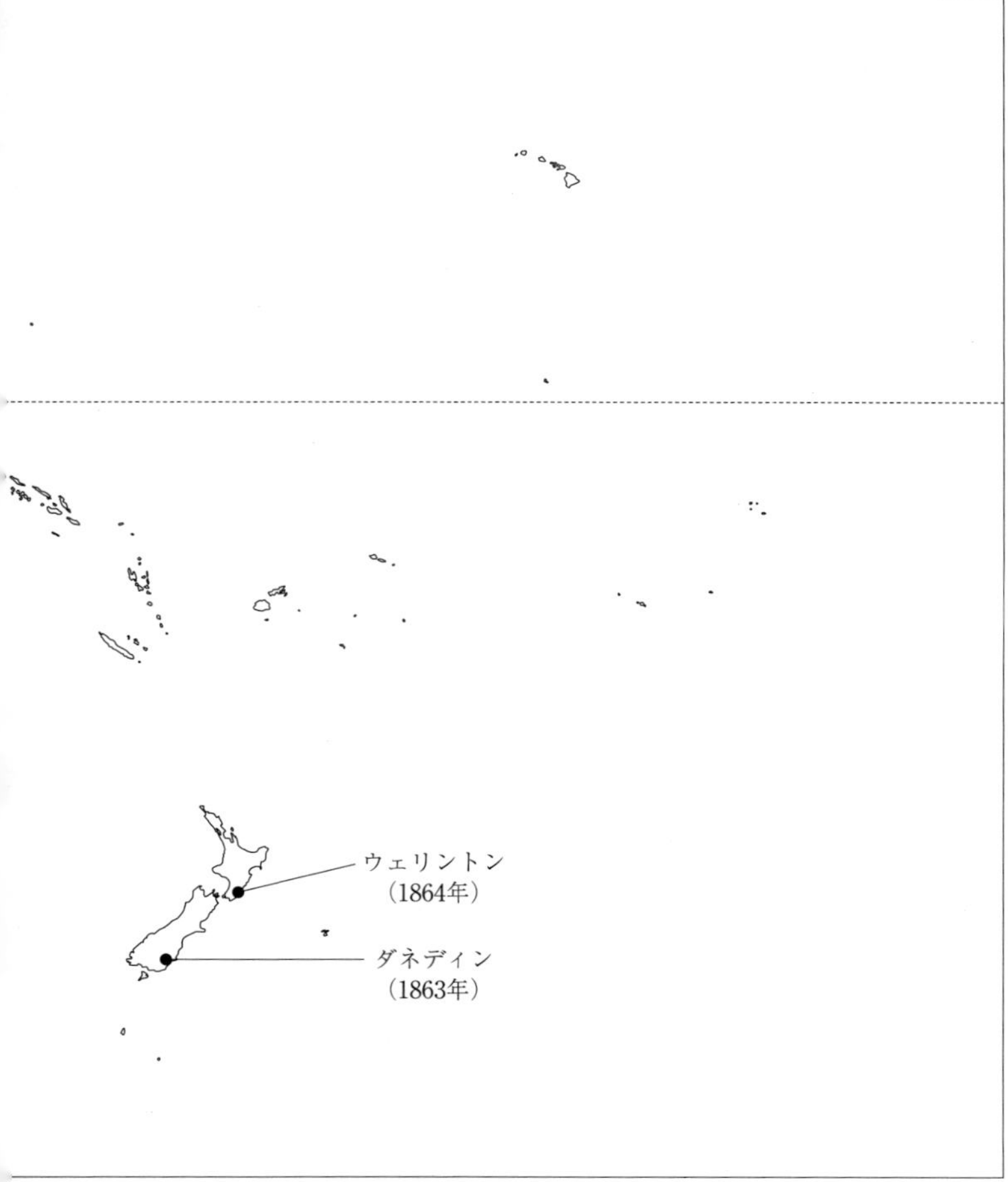

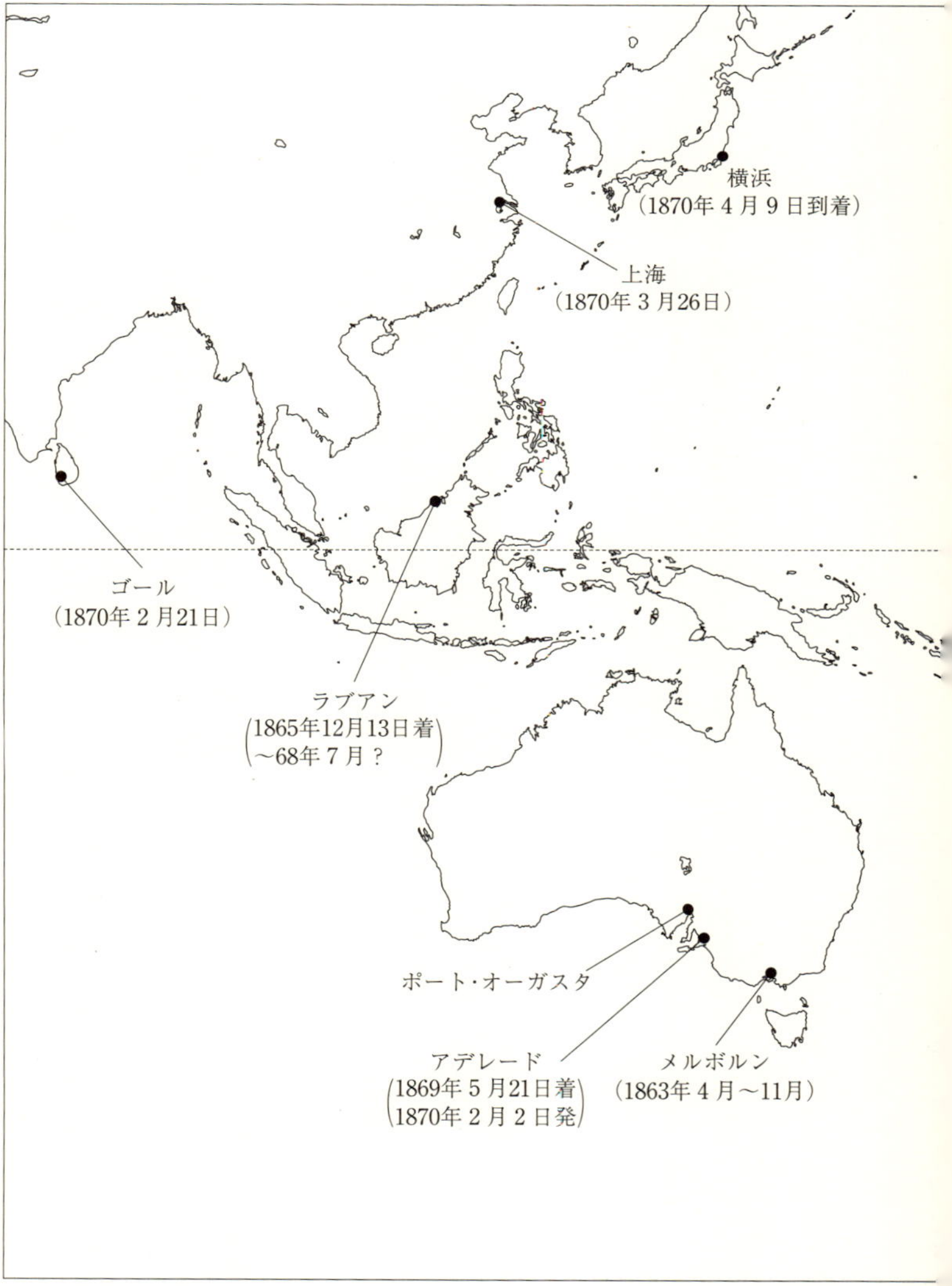
横浜
（1870年４月９日到着）
上海
（1870年３月26日）
ゴール
（1870年２月21日）
ラブアン
（1865年12月13日着
～68年７月？）
ポート・オーガスタ
アデレード
（1869年５月21日着
1870年２月２日発）
メルボルン
（1863年４月～11月）

凡　例

・本書の主人公であるエドモンド・モレルを「エドモンド」あるいは「モレル」と呼ぶ。父方叔父に家業ワイン商を継いだエドモンド・スティーヴン・モレルがいるので、混乱を避けるためこの叔父は「スティーヴン」と呼ぶ（なお二〇世紀初頭、ベルギー領コンゴにおけるゴム園を中心とした現地人に対する非人道的処遇を糾弾したエドモンド・ディーン・モレルが有名だが、このジャーナリストは全くの別人である）。

・モレルの家族や親族の「証明書」類はすべて“Morel”表記である。キングス・カレッジの「学費納入書」、英国土木学会への「入会申請書」、モレルの署名入り「入会誓約書」もすべて“Morel”と記されている。モレル夫人ハリエットは、「結婚同意書」「結婚証明書」では“Harriet”、「死亡証明書」やモレルの「遺言書」および『ジャパン・ウィークリー・メイル』「死亡記事」では末尾の“t”が重複し“Harriett”と記されている。本書では、本人が存命中のものに信を置き、前者の表記法を採用する。

・イギリス、オーストラリアをそれぞれ簡略化して英国、豪州と表記する。豪州はモレル滞在当時、英国の自治領であった。

・日本でのモレルの正式職名は「鉄道兼電信建築師長」である。“Engineer-in-chief”を当時「建築師長」と称していたが、職務や権限から今日的には「技師長」の訳の方がふさわしい。また本書では、鉄道についてのみ述べるので、引用部分以外は「鉄道技師長」「技師長」の訳を当て簡略化する。

・モレルの親族には法律家が多い。英国の弁護士は、法廷に立って弁論する弁護士と、彼らのために裁判の準備をし、依頼人の要請を受けて、その法廷弁護士を雇う事務弁護士とに大別される。ソリシターもいくつかの場合には、法廷に立ち弁論できるので、本書では厳密性を保つために、バリスターやソリシターなどの用語をそのまま使う。詳しくは、巻末史料①を参照してもらいたい。
・モレルは一八四〇年に生まれ一八七一年に亡くなった。本書では、大半が一九世紀の出来事を述べているので、冗長さを避けるため下二桁の年号で一九世紀を表す。
・維新政府は、明治五年一二月三日を、明治六年（一八七三年）一月一日とし、この日から日本は太陽暦を採用した。明治五年一二月二日まで太陰暦を使用していたので、太陽暦との間にズレがあり日付表記に注意を要する。本書ではできるだけ、両暦を併記している。
・【】で、英国国立公文書館（National Archives）などの史料請求番号を表す。なおBTは商務省、COは植民地省、FOは外務省、HOは内務省の略である。
・長めの引用は段落を変え一文字下げ、末尾（）内に出典を明記している。旧字を新字に改め、馴染みのない漢字は一部平仮名に変え、片仮名を平仮名に直し、適宜ルビや句読点を補った。また〔〕内に筆者の註を加え、便宜を図った。
・本書で新聞記事を多用するが、煩雑さを避けるため新聞紙名の『』紙、および付随する日付・日号の傍点部は本文、表を含めて略している。
・引用を明記する際に簡潔を旨として、史料・文献の出版年、史料類の著者・編者名は省略している。また史料・文献の表題を略し（例『日本国有鉄道百年史』を『国鉄百年史』と表記）、表題が旧字でも、本文中や表では新字に直している。外国の文献・史料の邦訳がなくても、参考史料・文献で明記しているようにできるだけ日本語表題にしている。
・本文中の写真は全て筆者が撮影したもので、撮った年月を記している。
・時代と場所で少し違いはあるが、「出生証明書」には本文で採録した他に性別、届出人の氏名・住所・続柄、登録日、登録受理人氏名が記されている。「結婚証明書」には他に日付、年齢、教区名、立会人氏名、登録受理人（通常は牧師）氏名が記されている。「死亡証明書」には他に性別、届出人の氏名・住所・続柄、登録日、登録受理人氏名が記されている。

• キロメートルをkmで、メートルをmで、ミリメートルをmmで、ヘクタールをhaで表記している。

• できるだけメートル法に直したが、一部ヤード・ポンド法表記がある。因みに、おおよそ一マイルは一六〇九m、一フィートは三〇cm、一インチは二五mm、一ポンドは四五三・六グラムである。

• 当時の英国の貨幣単位は、一二ペンスが一シリング、二〇シリングが一ポンド、そして二一シリングが一ギニーであった。モレル在日中の為替レートは、四・八円が一ポンドであった。

序章　モレルとは何者か

1　語り継がれてきた人

初代鉄道技師長エドモンド・モレルのレリーフが、鉄道開業時の「横浜駅」だったJR桜木町駅に飾られているように、彼の名前は日本では有名である。モレルが技師長として鉄道建設に当たっただけではなく、「近代化の指南役」として政府主導による公共事業の推進や人材育成機関創設などを建議したからである。さらに鉄道開業式に参列することが叶わず志半ばに夭逝したことも加わって、日本では高く評価されている。彼が亡くなった時には、横浜・川崎間は部分運転され、品川駅近くまで工事が進んでいた。

桜木町駅のレリーフ

従来からこのような彼の能力（技師長としての功績と的確な建議）や動機（日本に親身）を明らかにするため、優れた功績の背景を探る試みが数多くなされてきた。

導入部として本章では、文豪島崎藤村の小説の一節を取上げ、また昭和三〇年代に紹介されたモレルの経歴や功績を再述する。それに基づいて彼の能力と動機が、アカデミズムでどのように説明されてきたのかを概説しよう。そして、多数説に疑問を投げかけた森田嘉彦の主張を取上げ、提起された問題を検討する。最後に本書のテーマである、モレルの技量を知り、日本での功績、赴任の動機、建議の背景を考える上で不可欠な経歴の概要を簡潔に示しておこう。

藤村『夜明け前』

モレルの人柄や業績が日本人にどのように受け取られているかをみるため、まず幕末から明治初期にかけて信州木曽路を舞台にした藤村の小説を取上げよう。次に「鉄道記念物」に指定されている横浜外国人墓地の碑文を掲げる。そして経歴紹介の嚆矢となった一九五七年（昭和三二年）一〇月一三日『交通新聞』記事を紹介しよう。

島崎藤村の長編小説『夜明け前』は、一九二九～三五年（昭和四～一〇年）『中央公論』に掲載された。東京と京阪神を結ぶ鉄道として中山道沿いの路線が提唱されていた頃、調査に訪れたE・G・ホルサムの信州馬籠《まごめ》近辺における行動が、『夜明け前』で「異人さん」が珍しかった山国の人たちの好奇心を織り交ぜながら語られている。

まだ創業の際にある鉄道の計画なぞは一切の技術を欧羅巴《ヨーロッパ》から習得しなければならなかつた。幸ひこの国に傭聘《ようへい》せられて来た最初の鉄道技術者にはエドモンド・モレルのやうな英国人があつて、この人は組織の才をもつばかりでなく、言ふことも時務に適し、日本は将来欧羅巴人の手を仮りないで事を執る準備がなければならない、それには教導局を置き俊秀な少年を養ひ百般の建築製造に要する技術者を造るに努めねばならないと言ふやうな、遠い先のことまでも考へる意見の持主であつたといふ（『夜明け前』第二部一三章一）。

藤村の筆になるモレルは、内容や文言とも『日本鉄道史』上篇一七五〜一七七頁に則している。一八七〇年四月九日（明治三年三月九日）に来日したモレルは、一二日政府高官と面会し、二五日には東京汐留から測量を始めた。他方四月一九日と五月二八日には伊藤博文（当時民部大蔵少輔《しょうゆう》）に、政府主導型でインフラ整備を促進する政府部門、および人材育成のための高等教育機関の設立を建議した。つまり、モレルは初代技師長として鉄道建設に邁進しただけでなく、政策の要諦を新生日本に提言したのである。

引用の段落の次に、藤村は同書上篇一七七頁に第二代技師長リチャード・ヴィカース・ボイルの功績についても記している。藤村の下調べは中仙道線計画（同書上篇、第六章第一節第一）にも及んでおり、この小説に対する意気込みを示している。

十河総裁による碑文

モレルは、自らの健康を省みず職務に没頭し、己が手がけた鉄道開業の栄典を見ることなく在職二〇カ月に満たぬ一八七一年一一月五日、惜しまれつつ齢三〇で夭折した。さらに看病に尽くしていた夫人も、肉体的疲労と精神的衝撃で、その一二時間後に亡くなった。明治天皇をはじめとした日本政府のみならず、横浜の外国人居留地も深い悲しみに覆われた。『鉄道寮事

モレルの墓
(2010年11月撮影)

務簿』に病気療養申請から死去に至る詳細な経緯が述べられ、横浜で発行されていた英字新聞『ジャパン・ウィークリー・メイル』(『メイル』と略す)一一月一一日には葬儀の詳しい様子と長い「追悼記事」が掲載されている。モレルの功績や人柄が偲ばれる。

　モレルの墓は、横浜山手の外国人墓地にある。入り口から階段を降り、管理事務所脇を右に曲がり緩やかな坂を下った「18」の一角にある。墓の前に立つと、波乱に富んだ人生、日本の鉄道草創期への貢献を、秘かに語りかけてくるように感じられる。

　墓石の背後に、十河信二(一九五五年五月二〇日～六三年五月一九日国鉄総裁)の書になる碑が静かに立っている。その全文を記しておこう。

　　　鉄道記念物モレル氏の墓

　エドモンド・モレル氏は一八四一年英国に生まれロンドンおよびパリで土木工学をおさめ　一八七〇年三月初代建築師長として来朝　新橋横浜間及び神戸大阪間の鉄道工事を主宰し　わが国鉄道の創業にすぐれた功績を残した　またしばしば時勢に適した意見を政府に建言し　これまたわが国

の土木工学の進歩に寄与するところ多大であった　不幸にして途中過労から年来の肺炎が悪化し一
八七一年九月二十三日工事なかばに逝去　夫人もまた十二時間後　あとを追い不帰の客となった
一九六二年十月鉄道記念物に指定されるに当りその偉業をしのびここに記念碑を建てその功労を
たたえるものである

昭和三十七年十月十四日　　十河信二書

一般に十河は、東海道新幹線の計画立案から建設に至る最大の功労者の一人として有名である。十河は、就任早々からモレルの功績と人柄を高く評価し、国鉄の若き技師たちに話しかけ、彼らを鼓舞していたという。それは国鉄内で語り草となり、ＪＲとなった今でも語り継がれている。半ば忘れかけられていたモレルを復活させた人といえる。次に紹介する一九五七年の『交通新聞』が英国『土木学会誌』「追悼記事」を調べたことも、十河の意向に沿っている。なお、十河の業績は多岐に渡っており、有賀宗吉『十河信二』は軌間選定の件でのみ簡単にモレルについて述べている（一六二頁）。

『交通新聞』

モレルの経歴を紹介したのは、一九二一年（大正一〇年）開業五〇年を記念して『日本鉄道史』と併行して出版された『鉄道一瞥』が最初である。次に一九四二年（昭和一七年）に、日本の土木学会が『明治以後本邦土木と外人』を編纂し、モレルに一項を割いている。それらは、もっぱら日本側史料に拠っていた。

戦後になり『交通新聞』一九五七年（昭和三二年）一〇月一三日の第四面に、「0哩原標を打ち込んだ男」という縦書き大見出しと「わが国鉄道生みの親　モレル氏の履歴、86年目に判る」の横書き見出しで、まず次の概略記事が記されている。

東京汐留に国鉄0マイルの原標を打ちこんだ男——初代国鉄建築師長である英人エドモンド・モレル氏の業績についてては、鉄道史その他に若干伝えられているが、その履歴については今日まで全く不明のままであった。交通博物館では日本の鉄道建設史の第一ページを飾るべき功労者であるモレル氏がどんな人物で、どういう生立ちの人かわからないままでおくことは残念であるというので、かねてからブリティッシュ・カウンシル（英国文化協会）にモレル氏の履歴調査方を依頼してあったが、同協会東京駐在員のマッカル・パイン氏の熱心な協力もあって、奇しくも鉄道85周年の喜びの日、その履歴が判明、山中交通博物館長をはじめ関係者を喜ばせている。

それに続いて英国『土木学会誌』第三六巻「追悼記事」をもとに、モレルの経歴が抄訳紹介されている。前述の十河の碑文も、この記事に拠っている。以降、モレルの経歴に言及してきた多くの著者が、この『交通新聞』の紹介を踏まえたと思われる（二七六～二七七頁参照）。

2　学界の多数説と森田説

一九五七年の『交通新聞』の記事以降、モレルの経歴が幾多の人たちによって述べられてきた。そのうちアカデミズム分野の概要のみを簡単に紹介し、モレルの技師長としての能力と建議の動機がどのように説明されてきたのかをまとめておこう。それらの間に若干の差異はあるが、研究者の分野では、おおよそ次のようにいわれている。

多数説の説明

モレルは、ロンドンのピカデリー・ノッティングヒルで一八四一年一一月一七日に生まれた。キングス・カレッジ・ロンドンで学び（「卒業」説もある）、その後ニュージーランドの土木技師、豪州の鉄道顧問技師を経てセイロン（現スリランカ）で鉄道建設に従事していた。六五年五月、英国土木学会会員に推薦されたことは彼の学歴の高さとともに、すぐれた鉄道技術者としての評価を得ていたことを示している。

明治三年、セイロン島での鉄道工事が完了した後に、日本政府と外人技師の雇用に関する契約を結んでいたホレイショ・ネルソン・レイに、初代の鉄道兼電信建築師長として雇われ来日した。しかし明治四年一一月五日に、惜しまれつつ二九歳で死去した。彼は来日後、日本人女性と結婚していたが（「元大隈侯爵綾子夫人付き小間使い〝キノ〟」と明記しているのもある）、看病にあたった彼女も後を追うように半日後に他界した。

キングス・カレッジ・ロンドン（一八二九年設立、イングランドでは四番目に古い名門大学）で学び、豪州やニュージーランドで技師として経験を積み、またセイロン島での鉄道建設に従事したと述べることで、学歴の高さと実務経験の豊かさが語られている。輝かしい経歴が、二三歳の若さで土木学会会員に推薦されたことを示し、学会入会で箔付けされ、両者は相互に補強し合っている。これらは技師長としての技量が申し分なく、来日早々の建議の素地となった見識をも暗に主張している。

加えて「日本人妻説」は、日本への思い入れを示唆し、赴任地であり妻の国への建議の動機を説明してくれる。また健康を蝕み、命を縮めるほど任務に没頭したというイメージができあがる。相思相愛の日本人妻が彼の死後一二時間後に亡くなったことで、さらに強固なものとなる。

森田説

他方二〇年ほど前に、森田嘉彦が英国や日本の一次史料に依拠し多数説に対して真っ向から異を唱えた。概要を「明治鉄道創立の恩人　エドモンド・モレルを偲ぶ」（『汎交通』九七巻二号所収一九九七年、英語論文もほぼ同じ内容）に則して紹介しよう。なお森田は、一九九五年一一月一〇日『日本経済新聞』朝刊の文化欄で、「英技師、病弱押し近代〝指南〟◇日本鉄道の父・モレルの生涯を追う◇」と、その主張を手短にまとめている。それらを要約しよう。

生年月日は、一八四〇年一一月一七日である。「出生証明書」に明記されており、モレルが学んだキングス・カレッジ・スクール（「スクール」と略す）の「学費納入書」、および「死亡証明書」の年齢からも「四〇年説」が補強される。

生地はロンドンのピカデリー脇「イーグル・プレイス一番地」である。これも「出生証明書」に記されている。ノッティングヒルは、スクール入学時の家族の住所である、と森田は「学費納入書」を用いて生地が二カ所という多数説の謎を解いた。

スクールには五七年の夏学期のみ在籍し、病弱で休みがちだった。その後キングス・カレッジ・ロンドン応用科学部に進んだ。これは、森田からスクールへの問合せに対する返答による。

森田は、「日本人妻説」を否定した。ハリエット・モレルの「死亡証明書」、『メイル』記載の夫妻の「死亡記事」とモレルの「追悼記事」、および当時国際結婚が認められていなかったことがその理由である。さらに同紙七一年四月一五日号にある大阪造幣寮開所式への夫妻での参列、木戸参議を夫妻で横浜駅まで見送ったという『木戸孝允日記』（明治四年九月三日）で、補強している。

多数説は、ほとんどその典拠を示さずに経歴を紹介してきたが、森田は史料に基づき生年、生地、学歴、夫人が日本人ではないことなどを逐一検証している。また、多数説は簡単な紹介文のみだが、森田は論文として体系的に論じている。もし森田説が正しければ、多数説によるモレルの能力と動機の説明の根拠が崩れてしまう。

多数説と森田説を比較する表を作成したので参考にしてもらいたい。森田の論点をまとめ、提起さ

多数説と森田説の比較

項　目	日本の多数説	森田嘉彦の主張と論拠
父　母	父　トーマス・モレル	父トーマス・モレルはイタリア商品卸商，ワイン商。 母はエミリー・エリザベス（旧姓アベケット） 【出生証明書】
生年月日	1841年11月17日	1840年11月17日　【出生証明書】
生　地	ロンドン郊外のピカデリー・ノッチングヒル	セント・ジェームズ・スクエアのイーグル・プレイス1番地（ピカデリーの一角）　【出生証明書】 ノッティングヒルは，キングス・カレッジ入学時の住所。
学　歴	ロンドン大学キングス・カレッジを卒業した。独仏の工業学校で学んだ。	57年の1学期間のみキングス・カレッジ・スクールに在籍。欠席が多かった。 57年秋，キングス・カレッジ・ロンドンの応用科学部（工学部）に進学した。 【キングス・カレッジ・スクールへの問合せ】
土木学会加入	1865年，英国土木学会会員	
来日前経歴	ニュージーランド，豪州。 セイロン島で鉄道建設従事。 その完了をまって来日。	
来日時期	1870年4月9日	
夫　人	日本人（大隈侯爵綾子夫人付き小間使い“キノ”） 【南條範夫『驀進』に基づく】 森田以外は異論を唱えず。	「日本人妻説」に反論：森田は，①当時国際結婚は不許可だった，②モレルが夫妻で公式行事に日本の高官と同席した，および③夫妻で高官と面会した，等の理由により「日本人妻説」を疑問視・批判した。
死　亡	明治四年九月廿三日（一部に1871年9月23日表記がある）。	71年11月5日，翌6日夫人死去(25歳)。 【夫妻の死亡証明書】 7日(火)夫妻の葬儀。【『メイル』記事】
根　拠	主として英国『土木学会誌』第36巻1873年「追悼記事」	『土木学会誌』「追悼記事」，『メイル』1871年11月11日記事，および英国の一次史料など

（註）　モレルの経歴を紹介している各説を筆者がまとめた。【　】は主張の論拠を示す。

れた問題点を整理し、応えるべき方向性が浮かび上がる。

本書では、多数説と森田説のいずれが正しいかを判定するにとどまらず、関連史料を丹念に調べてモレルの経歴を再構成し、史実に基づいて功績と赴任の動機などを探っていく。家庭環境を調べ、交流のあった人たちの動向も知る必要がある。このように正確に再構成された経歴から、技能形成過程と技量の内容や水準を推し量り、日本での功績、赴任の動機、建議の素地を推論できる。そうして、近代化に果たした役割を冷静に評価できるようになる。

正確なモレル像を求めて

モレルの功績を知る上で不可欠と思われる究明すべき項目を、あらかじめ整理しておこう。これらの事項が正確なモレル像を構成し、たとえ幾星霜を経ても日本の近代化に果たした彼の役割を克明に物語ってくれるはずである。

第一には「誕生」である。モレルはいつ、どこで生まれたのか。父母や姉妹は何をしていたのだろうか。家業や社会階層と、日本での功績との関連性はあるのか（第一章）。第二に「学業」。どこでどのような教育を受け、いかなる知識を身につけたのか。成績を含めた学業と日本との関係はあるのだろうか（第一章）。第三に「夫人」。モレルは、いつ・どこで・誰と結婚したのだろうか。「日本人妻」でなければ、彼の日本への親切心をどのように説明したらよいのか（第一章、第六章）。

第四に「技師」。モレルはなぜ技師になったのか、また誰に師事したのだろうか。鉄道技師・技師長としての経歴、つまりどのような実務を経験していたのか（第二章、第三章）。第五に「近代化の指南役」。政策建議者としての力量はいつ・どこで・どのようにして培われたのだろうか（第一章〜第六章）。第六に「土木学会入会」。どのようにして、またどの資格で入会したのか。入会は、モレルの学歴や実務経験の優秀さを物語っているのだろうか（第二章）。

第七に「日本赴任」。どのような経緯で、モレルは技師長に就任し来日したのか。直前には、どこで何をしていたのか。また、軌間（ゲージ）を含む基本仕様の決定に関わったのか（第四章）。

第八として「死亡」。夫人を含め、亡くなったのはいつで、死因は何だったのか。遺言や日本政府の対応を含めて、亡くなった時の状況はどうだったのか（第五章）。蛇足だが第九に「風貌」。伝えられている写真では禿髪《とくはつ》で、三〇歳で亡くなったにしては髪が少ないが、その信憑性はどうだろうか（第四章）。

これらによって、ある程度正当にモレルの貢献を評価できる。それが、本書の主たる目的である。

第一章　英国時代

1　誕　生

ジグソーの最初の片

モレルが鉄道のみならず日本の近代化に果たした役割は極めて大きい。技師長としてまたアドヴァイザーとしての彼の能力は、いつ・どこで・どのようにして培われたのか。なぜ彼は、当時の日本の状況に則した親身な建議を行ったのか。モレルの日記も自叙伝も見つからないので、これらの点を解き明かすには、経歴をできるかぎり克明に調べていく以外に方法はない。

生まれたのはどこで、それはいつだったのか。両親はどんな人だったのか。どのような教育を受け、成績はどうだったのか。何年にどこで誰と結婚したのか。これらを原史料にあたりながら再構成していこう。いわば手始めに、散逸し埋もれているジグソー・パズルの各片を集め、各片を然るべき場所にはめ込んでいく。各片が個々バラバラの時は、僅かのことしかわからないが、位置を確定させ周りの片と繋げるにつれ、霧が晴れ上がるように全貌が鮮明になってくる。このようにしてモレルの生涯を再構成し、そこから彼の能力と動機を読み取っていくことを試みよう。本章では、モレルの前半生、すなわち生まれてから結婚した時までを扱う。

まずモレルがいつ・どこで生まれたのかを確かめよう。

生　地

エドモンド・モレルの「出生証明書」に拠れば、父トーマスと母エミリーの間に、一八四〇年一一月一七日、セント・ジェームズ・スクエアの「イーグル・プレイス一番地」で生まれ、二六日にウェストミンスターのセント・ジェームズ教会に登録された。

セント・ジェームズ教会は、モレルの生地と紅茶で有名なフォートナム&メイソンの中間にある。セント・アルバンズ伯ヘンリー・ジャーミン（一六〇四〜八四年）によって、セント・マーティン教会の教区の一部であったセント・ジェームズ・スクエアを居住地として開発するために建立され、一六八四年ロンドン司教により献堂された。一六六六年のロンドン大火後、セント・ポール大聖堂など多くの教会を設計したことで名高いサー・クリストファー・レン（一六三二〜一七二三年）が、設計建築した。シティ外の教会としては数少ないレンの手によるものである。教会の内部は、明るく音響効果もよく荘厳さを醸し出している。主祭壇上部飾壁の彫刻や洗礼盤は、グリンリング・ギボンズ（一六四八〜一七二一年）によるものである。首相になった大ピット（一七〇八〜七八年）や画家であり詩人として有名なウィリアム・ブレイク（一七五七〜一八二七年）も、この盤で洗礼を受けた。また同教会の

モレルの「出生証明書」

氏　名	生年月日	生　地	父親名	母親名（旧姓）	父親の職業
エドモンド（男）	1840年11月17日	ウェストミンスター，セント・ジェームズ・スクエア，イーグル・プレイス1番地	トーマス・アネット・ルイス・モレル	エミリー・モレル（アベケット）	イタリア商品卸商，ワイン商

（註）「出生証明書」のうち，関連事項を抜粋して筆者が作成した。以下の各「証明書」も同様。

牧師四人が、後年カンタベリー大司教に就いたように、由緒ある教会である。教会の案内書にこのような説明がある。

イーグル・プレイスは、父トーマスがイタリア物産やワインなどを商っていた（単に「ワイン商」と呼ぶ）ピカデリー二一〇番地とその西隣二〇九番地の間から、南のジャーミン・ストリートへ通じる路地である。『ロンドン郵便住所録』の「街路別名鑑」では、四二年版から登場する。四九年版までは、一番地にモレル名はなく、鳥肉屋のルイス・ハンコック（三九年九月二九日『イグザミナー』も同じ）となっており、変遷はあるが二番地は肉屋と果物など食料品店となっている。四二年版では、イーグル・プレイスはピカデリー一九七番地からジャーミン・ストリート二三番地に至る路地という説明だが、教会東のチャーチ・プレイスと混同したもので、六〇年版から訂正された。

モレルが生まれた時、ピカデリー二一〇・二一一番地が父や叔父たちの店で、イーグル・プレイス一番地は住居として使っていた、と考えられる。つまり、イーグル・プレイス一番地生まれを「ピカデリー生まれ」と表現してよい。

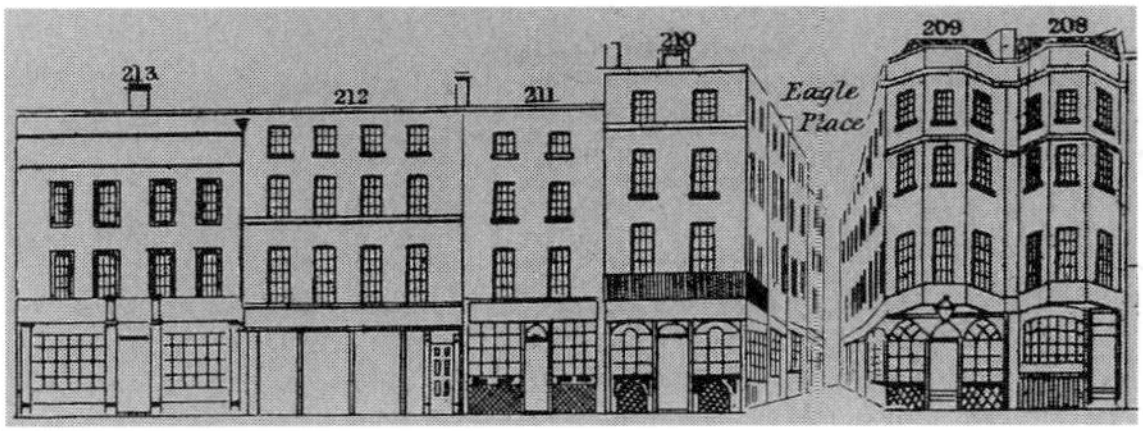

1840年ころのピカデリー210・211番地
(John Tallis, *London Street Views 1838-40.* 87頁より)

ピカデリー二一〇・二一一番地は、長らくバロン・オブ・ピカデリーという店だったが、数年前に改装され、現在はタイガー・オブ・スウェーデンという服屋になっている。モレル少年が遊んだであろうセント・ジェームズ・スクエアには、名誉革命後に即位したウィリアムⅢ世の像がある。何かの縁だが、モレルの生地の隣が、長らくジャパンセンターのあったピカデリー二一二番地である。

生年　モレルは、五七年五月、キングス・カレッジ・スクール(「スクール」と略す)に入学手続きをした。続いて五八年一月キングス・カレッジ・ロンドン工学部(「カレッジ」と略す、カリキュラムに則して工学部の訳を当てているが直訳では「応用科学部」)に進んだ。五七年五月四日付、スクール「学費納入書」に拠れば、誕生日が一一月一七日で当時一六歳、住所はノッティングヒルのラドブローク・ヴィラ二〇番地となっており、父トーマスの署名がある。森田嘉彦の問合せに対する、スクール同窓会誌編纂者フランク・R・マイルズからの一九九五年四月二一日付返信に、「学費納入書」が同封されていた。マイルズは返書で、「一八五七年秋にキングス・カレッジ・ロンドン工学部に進み、そこで二年間を過ごした」と記しているが、『大学要覧(University Calendar)』一八五九〜六〇年版名簿までの記載に準拠したものであろう。五八年一月二〇日付、カレッジ工学部「学費納入書」では、当時一七歳、誕生日と住所は同じとなっている。

スクールとカレッジ工学部「学費納入書」年齢欄は、一八四〇年誕生説を裏づけている。住所は、ノッティングヒルとなっている。

『土木学会誌』の「追悼記事」（『土木学会誌』第三六巻、二九九～三〇〇頁）の該当部分を訳そう。

ピカデリーおよびノッティングヒル（在住）の故トーマス・モレルの一人息子で、一八四一年一一月一七日に生まれた。

この文章は、モレルの生地を記しているのではなく父親の居所を紹介している。「ピカデリー・ノッチングヒルで生まれた」とするのは、誤りである。直近の「ピカデリー・サーカス」駅と「ノッティングヒル・ゲイト」駅の間には、「オックスフォード・サーカス」駅で乗換えて五駅もあり、一人の人間が隔たった二カ所で生まれることはありえない。

「一八四一年誕生説」は、「出生証明書」や「学費納入書」と照合して間違いである。七一年一一月五日に三〇歳で亡くなったという「死亡証明書」も「四〇年誕生説」を支持している。

2 家庭

父トーマス、母エミリー

幼い頃のモレルの様子を窺うために、家族や家庭のことを述べておこう。

父のフル・ネームは、トーマス・アネット・ルイス・モレルである。「結婚証明書」「死亡証明書」「遺言書」などで確認できる。Louisを英語風にLewisと表し、Annetも冠されているので、フランス系だといえる。トーマスの「洗礼届け」は、ウェストミンスター区資料館にある（セント・マーガレット教区「洗礼届け」第四巻、三六〇頁、以下教区名が明白な場合は略す）。

ルイとメアリーの子供トーマス・アネット・ルイス・モレルが一八〇八年五月三日に生まれ、六月二八日に洗礼を受けた。

トーマスは、一八三三年にアン・マーチン・ロペスと結婚したが、約一年半後に死別した。「洗礼届け」もなく国勢調査個票にも記されていないので、アンとの間に子供はいなかったのであろう。

一八三三年九月二八日、トーマス・アネット・ルイス・モレルが、アン・マーチン・ロペスと結婚した（セント・ジェームズ教区「結婚届け」第四八巻、三〇五頁）。

トーマスとエミリーとの「結婚証明書」

氏　名		職　業	結婚時の住所	父 親 名	父親の職業
トーマス・アネット・ルイス・モレル	鰥　夫	ワイン商	ウェストミンスター，セント・ジェームズ	ルイ・モレル（故人）	ワイン商
エミリー・エリザベス・アベケット	初　婚		ハムステッド	ウィリアム・アベケット	ソリシター

アン・モレルが、一八三五年四月二九日埋葬された。二七歳（セント・ジェームズ教区「埋葬届け」第二七巻、三六三頁、四月二六日『サティリスト・アンド・センサー・オブ・ザ・タイム』に拠れば、二三日死去）。

トーマスは、三八年九月二二日、エミリー・エリザベス・アベケットと、新婦が住んでいたハムステッドのセント・ジョン教会で結婚した（トーマスが「鰥夫」〔やもお、かんぷ〕と記されているのは、アンとの死別を示している）。新婦の父ウィリアムと新郎の弟ヘンリーが立会人だった。アベケット家は、モレルの店から程遠くないゴールデン・スクエアに、長らく住んでおり、同じ教区だった。このエミリーがモレルの実母である。教区記録から、エミリーの生年月日などが判明する（セント・ジェームズ教区「洗礼届け」第八巻、二六頁）。

ウィリアム・アベケットとサラーの娘エミリー・エリザベス・アベケットが、一八一五年三月一〇日に生まれ、四月五日洗礼を受けた。

ところが、四六年八月一日モレル家に不幸が襲った。母エミリーが自宅で事故により亡くなり、六日に埋葬された（四六年オール・ソールズ・セメタリー「埋葬届け」一五六頁）。四六年八月三日『タイムズ』に、イーグル・プレイス一番地表記でエミリーの死亡記事がある。

父の再婚とノッティングヒルへの転居

トーマスは、妻エミリーの死から四年後の五〇年五月一六日、クリスティアーナ・ロッダー・ブッドと再婚した。立会人は、トーマスの弟ヘンリーと先妻エミリーの妹マーガレット・テレルだった。義妹との良好な関係を示している。

ゴールデン・スクエア
（母方祖父の住居と事務所があった, 2008年 8 月撮影）

セント・ジェームズ教会
（2008年 8 月撮影）

クリスティアーナの父はリチャード・ブッド、母はフランシス・ランバート（旧姓ロッダー）という。クリスティアーナは、〇八年一月二〇日に生まれ、四月一日シティにあるコールマン通り（現グレシャム通り）のセント・スティーヴン教会で洗礼を受けた（〇八年セント・スティーヴン教会「洗礼届け」一〇頁）。

再婚を機に、トーマス一家は、職住を分離しノッティングヒルのラドブローク・ヴィラ二〇番地に移った。五一年の国勢調査個票や『ロンドン郵便住所録』で確認できる。そこは当時拡張を続けるロンドンの北東部に位置する、やや小高い丘のある新興の住宅地であった。モレルのスクールやカレッジの「学費納入書」にも記載されている住所である。

トーマスは、ピカデリーの店までの数kmを馬車で通っていた、と思われる。

国勢調査個票に拠れば、五一年当時モレル家には、三三歳の家政婦、三〇歳の子守り、二七歳の家庭教師と女性住込み使用人三人、および三四歳の男性住込み料理人一人が同居していた。子守りは主として妹アグネスの世話をし、家庭教師が勉強を教えていた。住込みの召使いが四人、そのうち課税対象となる男

イーグル・プレイス１番地
（2015年撮影）

母エミリーの「死亡証明書」

氏　名	死亡年月日，年齢	没　地	職　業	死　因
エミリー・モレル	1846年8月1日 31歳	セント・ジェームズ・スクエア，ピカデリー210番地	トーマス・モレル夫人	搬送ミスによる失血に伴う脳疾患

の召使いが一人いたという意味で、一家は中流階級だったといえる。ところで、ヴィクトリア時代の召使いについては、D・プール『19世紀のロンドンはどんな匂いがしたのだろう』「召使」の項、河村貞枝「ヴィクトリア時代の家事使用人」（角山栄・川北稔編『路地裏の大英帝国　イギリス都市生活史』第六章所収）が参考になる。

五一年、六一年の国勢調査個票で近隣住人を調べると、女性住込み召使い三人という中産階級の目安もほぼ満たされている。また全体的に女所帯が多く、新興地区だったせいか住民の入れ代わりが激しい。

一家が住んでいた「ラドブローク・ヴィラ二〇番地」は、六七年に「ラドブローク・ロード五二番地」に名称地番変更された（『ロンドン旧測量図索引』六五頁）。『ロンドン郵便住所録』で近隣の住民を突き合わせると、この番地を特定できる。現在そこには路地を隔てて、ラドブローク・アームというパブがある。

父の死亡

トーマスは長く肝臓病を患い、六〇年一一月二四日に没し、一二月一日に埋葬された（六〇年オール・ソールズ・セメタリー「埋葬届け」一〇八頁）。

故人の経済状況、家族関係、遺族のその後の生活ぶりを知る上で「遺言書」と「遺産検認」は貴重な情報源となる。トーマスは、先妻の長兄で前豪州ヴィクトリア州最高裁長官のサー・ウィリアム・アベケット、四兄の外科医アーサー・マーティン・アベケット、および実弟で家業を継いだエドモンド・スティーヴン・モレルの三人を遺言執行人に指名し、一二月一四日、三万ポンド弱の遺産額が検認された。

一一月一二日の最終遺言書で、二・九万ポンドを三人の子供たちに与えた。

後妻クリスティアーナはトーマスの死後、イングランド南岸沿いの白亜の壁で有名なサセックス州イーストボーンで一人暮らしをしていた。七一年の国勢調査個票に拠れば、彼女は召使いを雇っていた。それほど不自由せずに暮らしていた、といえよう。そして、七七年六月六日肝硬変で死亡した。遺産は一五〇〇ポンド弱で、「遺言書」でトーマスの遺子たちには分与されていない。トーマスの死後、モレル家とは疎遠になった、と思われる。

1850年代に一家が住んでいた場所
（2008年８月撮影）

姉エミリー

トーマスと妻エミリーの間には姉エミリー（母と同名）、エドモンド（本書の主人公）、妹アグネスと三人の子が生まれた。エミリーは、三九年一〇月五日ピカデリー二一〇番地で生まれ、一二月四日に届けられた。アグネスは四二年九月一一日生まれで、名前をつけないで一〇月一五日に届けられた。

トーマスの「死亡証明書」

氏　名	死亡年月日，年齢	没　地	職　業	死　因
トーマス・アネット・ルイス・モレル	1860年11月24日 52歳	ケンジントン，ラドブローク・ヴィラ	イタリア商品卸商	長期間の肝臓病，2カ月間療養

四六年に母エミリーが三一歳で亡くなった時、三人はまだ幼かった。

六〇年に父トーマスが亡くなった後、家族は別々に暮らした。六一年四月の国勢調査時点で、エミリーは、豪州から帰国していた母方伯父サー・ウィリアム一家と同居している。ロンドン中心部から南西約一五kmにあるサリー州キングストンのサービトン・セント・マークスがそこである。

エミリーは、六六年一〇月一八日、医学博士のジョージ・ジェームズ・スティルウェルと、ロンドンのパディントンで結婚した。夫ジョージは、エディンバラ大学出身の医学博士で、王立内科医大学のフェロウ、王立科学大学のフェロウであった。六一年国勢調査個票に拠れば、従弟ヘンリーとサリー州イプソムのムーアクロフトで病院を開業し、多くの入院患者を受入れていた。ムーアクロフトは、サー・ウィリアムが住んでいたサービトンから数kmほどの距離にある。

スティルウェル一家は、夫を含めその多くが医者であった。余談だが、ジョージはアーサー・コナン・ドイルの先生であり、シャーロック・ホームズのモデルといわれているジョセフ・ベル（一八三七〜一九一一年）教授と同時期にエディンバラ大学で医学を修めていた。

だが残念なことに、結婚の翌年六七年七月二二日ムーアクロフトで、夫ジョージが腸疾患のため、父に看取られ死亡した。三三年四月一三日生まれの三四歳だった。七月二六日に埋葬された（六七年ヒリンドン教区「埋葬届け」一五九頁）。「遺産検認」に拠ると、五〇〇〇ポンド弱を妻エミリーなどが相続した。

婚姻期間が短く「出生証明書」もなく、ジョージの「遺言書」にも言及がなく、七一年以降の国勢調査個票でもエミリーが同居養育していないので、彼らの間に子供はいなかったと断定できる。

国勢調査個票に拠れば、エミリーは夫と死別後九一年までは、亡父の家族が住むイプソムに住んでいた。一九〇一年には、ブライトン西隣のホーヴに、一一年には現在ではインナー・ロンドンとなっているテムズ川南岸のワンズワースに移っている。

エミリーは、一九二九年六月一二日、ロンドン南西部郊外のブロムリーで、老衰で亡くなった。八九歳と長寿だった。「遺産検認」に拠れば、七九一〇ポンド一シリング九ペンスを遺した。エミリーは、父トーマスから九〇〇〇ポンド強、夫ジョージから（金額は不明）、弟モレルから四〇〇〇ポンド、そして妹アグネスから四〇〇〇ポンド強の遺産を贈られている。夫ジョージと死別した後も、自己資産による利子収入で、金銭面ではゆとりある暮らしをしていたことが裏づけら

伯父サー・ウィリアム・アベケット
（J. M. Bennett, *Sir William a'Beckett.* カバーより）

姉妹の「出生証明書」

氏　名	生年月日	生　地	父親名	母親名(旧姓)	父親の職業
エミリー(女)	1839年10月5日	ウェストミンスター，セント・ジェームズ・スクエア，ピカデリー210番地	トーマス・アネット・ルイス・モレル	エミリー・エリザベス・モレル（アベケット）	イタリア商品卸商，ワイン商
(女)	1842年9月11日	ピカデリー，イーグル・プレイス1番地	トーマス・モレル	エミリー・モレル（アベケット）	イタリア商品卸商

姉妹の「死亡証明書」

氏　名	死亡年月日，年齢	没　地	職　業	死　因
エミリー・スティルウェル	1929年6月12日 89歳	ベケナム，ブラックリー・ロード6番地	医学博士ジョージ・ジェームズ・スティルウェルの未亡人	心臓疾患，老衰，動脈硬化
アグネス・モレル	1898年7月17日 55歳	アッパー・リッチモンド・ロード115番地	個人資産	乳癌2年間，心臓疾患1時間

れる。

妹アグネス

アグネスは、生まれた時から病弱だった。六一年国勢調査時には、ケンジントンの非開業外科医の家に一時滞在者として登録され、以降転々として闘病生活を送っていた。

姉エミリーが七九年一月一八日に提出したアグネスの入院申請書がある。エミリーは、前年一二月九日にアグネスが「精神病」ではないか、と二人の法律家に申し出た。数回の事情聴取が行われ、一月八日に申請が受理され、精神科専門医二人の診察を経て、ウィンブルドンとシデナムの間にあるロッカンプトンの施設に入院する

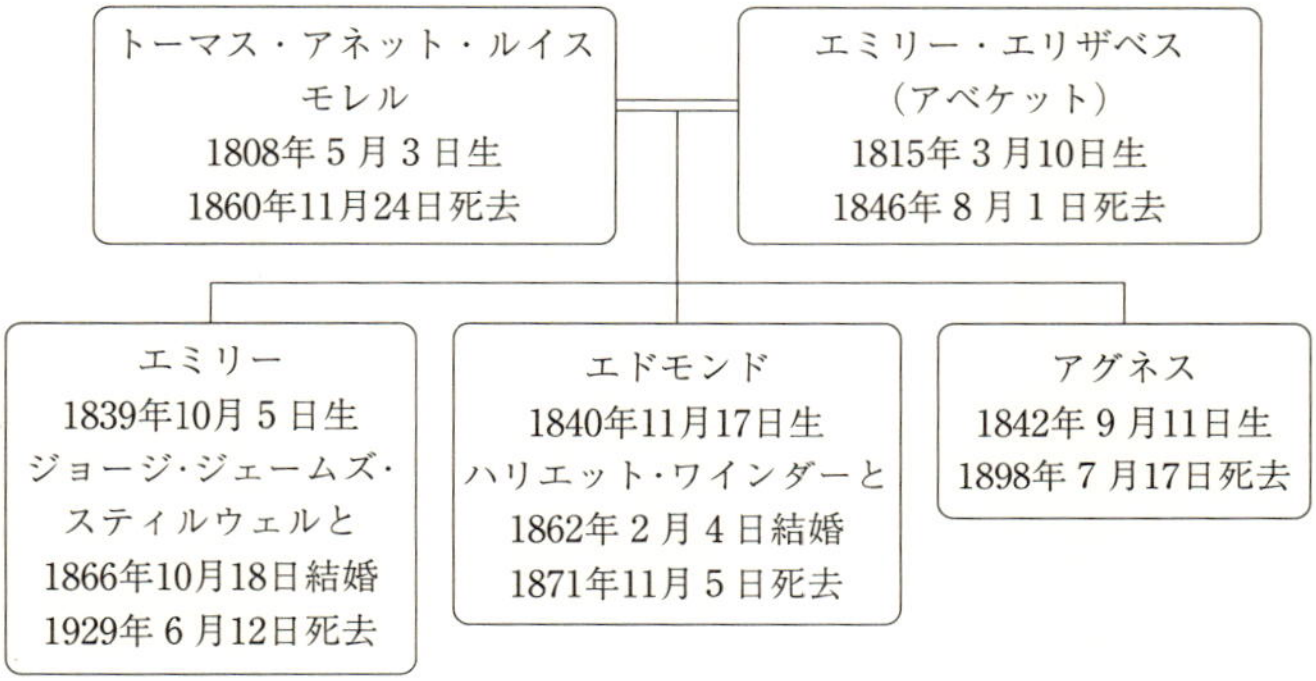

トーマスとエミリーが1838年9月22日結婚
3人の子供が生まれた〔出生証明書〕
母エミリーは46年に事故で死亡〔死亡証明書〕
妹アグネスは，病弱結婚せず，55歳で死亡〔国勢調査などに拠る〕

父母・姉妹の関係

（国立公文書館資料番号【C211/47A（-70)】）。なお精神病の定義や判断基準は時代とともに変化するので、短絡的に現在の解釈をあてはめない方がよい。

六一年国勢調査時点で、姉エミリーだけが、伯父サー・ウィリアム一家と暮らしていた。彼は、引退後英国に戻り年金が最高裁長官時の半額の一五〇〇ポンドで、馭者もいて裕福な生活をしていた。当初、アグネスが同居していないのが不可解だったが、七一年以降の史料を入手でき、その事情が判明した。しかし、かえってアグネスが家族から疎んじられた様子が浮かび上がり、不憫になった。

アグネスは九八年七月一七日、ワンズワースで、乳癌を二年間患った後、姉エミリーに看取られて亡くなった。亡くなる前の数年は、同地で姉と同居していたのかもしれない。幸薄い独身の五五歳だった。

アグネスの「遺産検認」に拠ると、八六一七ポンド一一シリング四ペンスを遺した。国勢調査個票に拠れば、年金・利子収入で生活し、時おり入院していた。物品類の評価にもよるが、遺言を書いた六五年一〇月二日時点から資産はほとんど減っていない。彼女には信頼できる後見人がいて、経済的には不自由せずに暮らしていた、と言えよう。またもう一人の主たる相続人の兄モレルが七一年一一月に亡くなっていたので、その大部分を姉エミリーが受取った。

3　キングス・カレッジにおける学業

学歴からモレルの優秀さを証し、技師長としての技量や建議の素地を説明することができるのだろうか。入学の経緯や成績などを詳しく見ていこう。

スクール入学

キングス・カレッジ・スクールは、勅許を得て一八二九年キングス・カレッジ・ロンドンの予科部門として創設された。スクールは、ウェストミンスターとシティの中間のテムズ川北岸ストランドにある、カレッジの地下にあった。最寄りの地下鉄駅は「テンプル」である。その後、九七年ロンドン南西部のウィンブルドンに移転し、一九一一年に両者の関係が解消された。

スクールやカレッジの学生は、主にロンドン在住者の子弟だったが、寮施設もあった。スクールは、ピカデリーの店から東方約一・五kmにあった。入寮記録もないので、モレルは五〇年代に家族が暮らしていたノッティングヒルの自宅から通っていた、と断定できよう。

森田の問合せに対するマイルズからの返答に拠れば、モレルは五七年夏の学期のみスクールに在籍し、一七回以上病気欠席している。品行は良好、表彰はない。「学費納入書」に拠れば、トーマスは二学期分授業料一二ポンド一二シリング、諸費用八ポンド一〇シリング六ペンス、合計二一ポンド二シリング六ペンスを支払った。森田は、病欠の多さ、豪州やニュージーランドでの勤務、および死亡理由を結びつけ、当時からモレルが呼吸器系疾患で病弱だったと推理し、ロンドンの大気汚染も加味して、健康状態を論じている。

それとは別に、スクールの同窓会事務局ブライアン・ストークスが提示してくれた一八五七年五月四日付の「入学身上書」に拠ると、モレルはドイツの学校を経て入学し、技師、建築家、公務員、および軍事科学などを目指す実学の「Bコース」を専攻した。土木技師を志望していたのでラテン語を受講せず、ドイツ語とフランス語は既習とされている。なお「Aコース」は大学進学、あ

キングス・カレッジ・スクール
（2009年９月撮影）

キングス・カレッジ・ロンドンのチャペル
（2009年９月撮影）

スクール「入学身上書」

生徒氏名	エドモンド・モレル
年齢，誕生日	16歳，11月
親・保護者の住所・氏名	ノッティングヒル，ラドブローク・ヴィラ29番地
生徒のロンドンでの住所	同上
教師の住所・氏名　その指導の証明	ドイツ
A，Bのコース区分	Bコース
習熟度状況，学習課程の特記事項	ラテン語不要（土木工学志望） ドイツ語，フランス語（既習） ユークリッド幾何学，三角法，代数学 建築，製造（木曜日１―２，火曜日午前）
試験後のクラス別け	（未記入）

（註）　スクール「学費納入書」「入学身上書」から，筆者が作成した。下線部はミスを示す。

るいは医者を目指すもので、古典・数学・文学のコースである。

「学費納入書」「入学身上書」および『大学要覧』から、次のように推測される。ドイツでの教育を終えて帰国したモレルは、五七年五月四日（月曜日）、父トーマスと一緒にストランドにあったスクールを訪ね、面接を受けた。担当者は、モレル側の希望や入学前教育について質問し、「入学身上書」に記入していった。モレルはスクール入学を許可され、トーマスが「学費納入書」に署名し二学期分の学費を支払い、入学を許可された。技師希望のモレルは「Bコース」で学ぶことになったが、配属クラスは未記入である。両文書の筆跡から、面接者と経理担当者は別人であった。

話はややそれるが、エドモンド・モレルは、五五年八月一三日にパスポートを発券されている。それが、ドイツやパリで学んだという『土木学会誌』

「追悼記事」を裏づけているのか、単なる旅行なのかは、あるいはこの旅券は叔父スティーヴンのものなのか、残念ながらこれだけでは判らない。

スクールで学習

『大学要覧』に拠ると、モレルが学んだ「Bコース」は基本的に神学、ラテン語、代数学、ユークリッド幾何学、計算術、書き取り、英文学、歴史、作文、近代史、地理、会話と読み書きを含むフランス語とドイツ語、幾何製図、鉛筆と水彩を含む風景図、平面図・正面図および対象物からの遠近法、チョークによる建造物の素描と色づけがあった。生徒の要望に応じ、商業目的、陸海軍技術、および工学や建築も教えた。

なおユークリッド『原論』Ⅰ巻は三角形、平行線、平行四辺形、正方形、Ⅱ巻は面積の変形、Ⅲ巻は円、Ⅳ巻は円の内接、外接、Ⅴ巻は比例論、Ⅵ巻は比例論の幾何学への応用、Ⅶ巻は数論、Ⅷ巻は数論（続き）、Ⅸ巻は数論（続き）、Ⅹ巻は無理量論、Ⅺ巻は線と面、面と面、立体角、平行六面体、立方体、角柱、Ⅻ巻は円の面積、角錐、角柱、円錐、円柱、球の体積、ⅩⅢ巻は線分の分割、正多角形の辺、五つの正多面体である。（中村他訳『ユークリッド原論〔追補版〕』巻末所収の「『原論』内容集約」に拠る）。

モレルは、ドイツで学んだ後スクールに入学を申請した。「習熟度状況、学習課程の特記事項」欄に拠れば、ドイツ語とフランス語は習得済みで、ラテン語も技師志望で受講する必要はなかった。さらにユークリッド幾何学、三角法、代数学も既習だったので、火・木曜日の午前中に建築や製造の特別授業を受けた。因みに、武者満歌が七〇年五月鉄道掛として採用される際、武者は技師長「モレル

スクールの第6クラス時間割

曜日	9:00-10:00	10:00-11:00	11:00-12:00	12:00-13:00	13:30-14:30	14:30-15:00
月	神学，ラテン語	製図	フランス語	簿記，工学	ラテン語・フランス語会話	書き取り，フランス語会話
火	数　学	計算術	ドイツ語 or 製図	ドイツ語	フランス語会話 or 製図	
水	ドイツ語，工学	製図，工学	フランス語	数　学		
木	数　学	数　学	ドイツ語	ラテン語，英語	フランス語会話 or 三角法	フランス語会話 or 三角法
金	数　学	英語，ラテン語	フランス語	簿記 or 工学	フランス語会話 or 三角法	ドイツ語
土	フランス語	数　学	ドイツ語会話 or 製図			

（註）『大学要覧』を基に，筆者が作成した。

から学科の試験を課せられた。試験は相当難しく、算術は加減乗除から分数、比例なども出たし、三角の問題まで課せられた」（武者「明治三年頃の鉄道」『鉄道青年』第三四巻一〇号、二二頁）。

クラスは六段階に分けられていたが、そのうち最上クラスの時間割を掲げておこう。

『キングス・カレッジ・スクール同窓会名簿』掲載の紹介文を訳しておこう。正確に一八四〇年誕生と記しているが、誤りもある。ミスの部分に傍線を施し〔　〕に筆者の註を補った。

エドモンド・モレル、一八四〇年一一月一七日生まれ。一八五七年第二〜三学期在籍。

ラドブローク・ヴィラ二九番地在住のトーマス・ノース・モレルの息子で、一八五七年キングス・カレッジ・ロンドンの工学部に入学。一八六〇まで在籍（『大学要覧』名簿に拠る）。鉄道技師。日本の最初の鉄道（東京―横浜間の一メートルゲージの単線）を完成した（根拠不明）。モレルは現在でも「鉄道の父」と評されている。モレルは鉄道完成のわずか前に結核に罹り、明治天皇が一八七二年公式に鉄道を開業する前に亡くなった。一八七一年九月二三日死去（年号を太陽暦、月日は太陰暦で表示）。

カレッジ工学部進学

クリミア戦争（五三〜五六年）を契機に技師の重要性が認識され、英国でその養成が急務とされた。『大学要覧』に拠れば、そのような時代的要請を受け、カレッジに三年制の工学部が創設され、次第に充実していった。教授陣にもケムブリッジ大学関係者が多く、養成機関として評価は高かった。土木学会の冊子『技師の教育と地位』（七〇年発刊）でも、調査対象大学の中で最初に挙げられている。

モレルが支払った学費の明細を述べよう。

二学期分授業料	二五ポンド一四シリング〇ペンス
入学金	一ポンド　一シリング
図書館費	二ポンド　二シリング

一ポンド一〇シリング　　帽子とガウン代
二シリング六ペンス　　大学要覧代
三〇ポンド　九シリング六ペンス　　小計

モレルは、スクールに二学期分の授業料を払っていたので、カレッジ進学の際、スクールへの支払い授業料分を控除してもらい、二四ポンド三シリング六ペンスを払った。

スクールとカレッジの「学費納入書」、カレッジ工学部「成績簿」（*Engineering Report Book, 1843-58,*【KA/SRB/6】）から在学期間は次のように推理できる。モレルは、五七年五月四日にスクールで面接を受け、学費を払って入学手続きをした。だが実際には九月からのミクルマス学期のみスクールに在籍した。そして五八年一月二〇日にカレッジへの入学手続きを終え、レント学期（春学期）から工学部に通った。なおマイルズは「五七年の夏の学期間のみ在籍した」と森田に伝えている。

参考までに五八年レント学期一年生の時間割を掲げておこう。

成績　ストランドにあるカレッジ資料室で工学部「成績簿」を閲覧できる。五八年レント学期では、モレルの出席状況は全科目とも良好であるが、成績は数学、力学、化学実習が中程度で、製図は低位、全体的に中低位である。イースター学期（夏学期）、モレルは「病気のため大部分を欠席した」ので、成績評価がない。次のミクルマス学期に、またカレッジで受講し、力学と製図が秀となり成績がやや良くなっている。しかし、五九年レント学期以降には記載がない（*A. S. Engineer-*

工学部の時間割（1858年レント学期1年生）

月	火	水	木	金	土
		地学 9:00〜10:00		地学 9:00〜10:00	
化学 10:15〜11:15	数学，力学 10:15〜13:00	数学，力学 10:15〜13:00	数学，力学 10:15〜13:00	化学 10:15〜11:15	神学 10:15〜
数学 11:45〜13:00				数学 11:45〜13:00	
実習 13:00〜16:00	製図 13:00〜16:00	（隔週で） 製図 or 機械，製造法 13:00〜16:00	機械，製造法 13:15〜14:15	実習 13:00〜16:00	
			神学 14:30〜15:15		

（註1）『大学要覧』を基に，筆者が作成した。（註2）①火水木の数学，力学は一括りになっている。②数学は内容的に物理を含む。③土曜日の神学は終了時刻の表示がない。Mechanics を内容上「力学」と訳した。58年レント学期は1月20日（水）〜3月27日（土）試験終了，ミクルマス学期は10月1日（金）〜12月24日（金）であった。

ing Register No. 1, 1857-69）。

数学の一年目は『ユークリッド原論』のⅠ、Ⅱ、Ⅲ、Ⅳ、Ⅵ、Ⅸ巻、代数学、平面幾何学を学ぶ。二年目は微積分、円錐曲線、代数幾何学を学ぶ。三年目になると高次微積分、三次元幾何学を学習する。その他の科目の詳細な内容も『大学要覧』に記載されている。初級奨学金試験は、代数・三角法が一二問、幾何・三角法が一二問、応用幾何が七問、化学が八問と八問であった。

モレルは、入学前にドイツで勉強していたし、父方はフランス系でワインやフォアグラなど大陸の物産を輸入していたように、家庭内でフランス語に勤しんでいた。父トーマスが外国で学ばせたことは、一人息子に家業を手伝わせたり継がせたりせず、教育への理解と学費支払を含めた協力姿勢を示している。

1858年レント学期（上）とミクルマス学期（下）の出席状況と成績

科目名	神学		礼拝	数学	力学	建築学
出席 成績	時折欠席(Irreg) 評価なし(None)		ほぼ出席 (R)	良好(G) 良(F)	良好(G) 良(F)	
科目名	化学	地学	鉱物学	工作	製図	実習
出席 成績	良好(G) 良(F)	良好(G) 試験なし		良好(G) 試験なし	良好(G) 並(M)	平凡(Indiff) 良(F)

科目名	神学		礼拝	数学	力学	建築学
出席 成績	あるとき手本を示した。			良好(G) 良(F)	良好(G) 秀(S)	
科目名	化学	地学	鉱物学	工作	製図	実習
出席 成績	良好(G) 良(F)		良好(G) 良(F)	良好(G) 良(F)	良好(G) 秀(S)	良(F) 並(M)

（註）双方とも工学部の「成績簿」を基に，筆者が作成した。なお両学期とも測量は未受講である。礼拝は時間割にないが，毎日朝10時から行われていた。

確かに、モレルの成績は芳しくない。しかし、スクールの「入学身上書」から窺えるように、能力がすでにカリキュラムの水準を超えており、それゆえに、学業に身が入らず、試験もおざなりな姿勢で受け、在学中にクラークに師事し始めた、とも考えられる。あるいは森田が主張するように病弱だったこと、が影響しているかもしれない。

中退

『土木学会誌』「追悼記事」に拠れば、モレルは五八年五月からエドウィン・クラークに三年半師事した。それゆえ、イースター学期の大半を欠席した。ところがまたミクルマス学期には大学に戻り、勉学に勤しんだ。しかし結局カリキュラム上、学業との両立は容易でなく、モレルはカレッジ工学部を五八年ミクルマス学期いっぱいで事実上中退した。『大学要覧』五八〜五九年版と五九〜六〇年版にモレルの名前があるのは、授業料を支払い、単に籍を置いていたからであろう。クラークに師事して以降も、一年余トーマスは授業料を払い、学業に復帰する選択肢を残していたようだ。

モレルは、成績優秀な学生ではなく、卒業もしていない。したがって、モレルの技師としての優秀さや建議の背景を、学業成績と直結させることは説得的ではない。

『土木学会誌』や七一年一一月一一日『ジャパン・ウィークリー・メイル』（『メイル』と略す）の「追悼記事」に拠れば、モレルはこの頃ドイツやパリの工業学校、およびウリッチ王立軍事（技師養成）学校で学んだ。スクール「入学身上書」から、ドイツやフランスで学んだのは、入学前だった。五八年五月から三年半クラークに師事し、六二年にウリッチで学んだと考えられる。モレルは近眼であったため、王立軍事学校で資格が取れなかった、という。こうして豪州やニュージーランドに行く前の経歴を、六二年二月に結婚したことも含め、ほぼ繋げることができた。

五八年当時カレッジ工学部で学んでいた六一人の学生のうち、モレルを含めて一五人が後に「土木学会」に入会した。加入に際し経歴審査や推薦者数など条件は厳しく、学会のステータスは高かった。したがって学業期間や成績とは別の観点から、モレルは優秀な技師であったといえよう。

4 結婚

モレルはいつ・どこで・誰と結婚したのだろうか。「日本人妻説」は正しいのか。

ハリエットと結婚

エドモンド・モレルの「結婚証明書」に拠れば、一八六二年二月四日ロンドンのセント・パンクラス教会で、未成年（二一歳未満）のハリエット・ワインダーと結婚した。

モレルの父トーマスも新婦の父ウィリアムもすでに死亡しており、当時モレルは大英博物館に近いブルームズベリーのセント・ジョージに、新婦はセント・パンクラスに住んでいた。立会人は、ヘンリー・ジョージ・ベンヴェヌート・ハリスとエリザベス・ワインダーだった。後者は、夫人の母親である。前者の名前にはイタリア語で歓迎という意味があるが（Benvenuto）、モレルとの関係はわからない。ハリスは彫刻家ジョセフの息子で、三八年九月二日にグロスターで洗礼を受けた。五九年九月八日セント・パンクラス教会で、エンマ・アメリア・ハーヴェイと結婚し、九二年一一月一〇日ロンドンで亡くなり、遺産額は一一ポンド一〇シリングだった。ハリスの職業は六四年長男の「洗礼届け」では外科医、七一年国勢調査個票では、開業医となっている。

「結婚証明書」に"Edward"と記されているが、ロンドン首都資料館の原本では"Edmund"となっており、それは転記ミスである。余談だが、母方伯父のサー・ウィリアム・アベケットやチャール

モレルの「結婚証明書」

氏　名		職　業	結婚時の住所	父 親 名	父親の職業
エドモンド・モレル	初　婚	土木技師	ブルームズベリー，セント・ジョージ	トーマス・モレル	故　人
ハリエット・ワインダー	初　婚		セント・パンクラス	ウィリアム・ワインダー	故　人

ズ・ディケンズも同教会で結婚している。

ブルームズベリーのセント・ジョージの土地税を、一〇年以降モレル家の者が払っている（土地税記録）。したがってセント・ジョージの一角をモレル家が保有し、そこに結婚当時モレルが身を寄せていた、のかもしれない。

ロンドン首都資料館で、モレルとハリエット・ワインダーの六二年一月三一日付「結婚同意書」を閲覧できる。当時ハリエットは一九歳だったので、母エリザベスの諒承を得て結婚が許可された（請求番号【MS10091/239, Part 3】）。

筆者は二〇〇七年夏以来、ハリエットの「出生証明書」を探しているが、見つけられない。前後数年に広げ、綴りに幅を持たせ、軍や海外関係などにもあたったが、入手できない。スコットランド、アイルランド、豪州、ニュージーランドでもヒットしない。国勢調査個票にも、該当するワインダー一家がない。なお英国の知人に尋ねたら、英国風の名前ではないというコメントをもらった。

両者の馴れ初めについて考えてみよう。モレルの父や叔父たちの場合、新婦側もセント・ジェームズ教区内の家族だった。しかし、一家は五〇年代にノッティングヒルに引っ越しているので、同じ教区内という可能性は薄い。

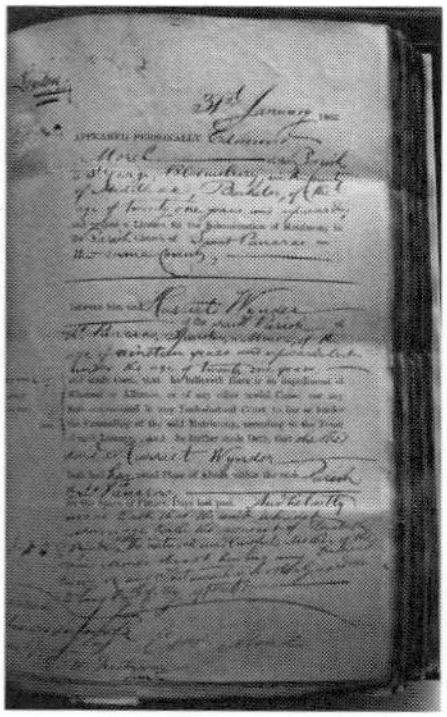

結婚同意書
（2012年８月撮影）

セント・パンクラス教会
（2009年９月撮影）

父トーマスが、後事を託した母方アベケット家の伯父サー・ウィリアムあるいはアーサー・マーティンの紹介かもしれない。他に、モレルが師事したエドウィン・クラークを通じた縁ということもありうる。ハリエット夫人の「出生証明書」を入手でき、家庭環境が判明すれば、類推できるようになるかもしれない。

「日本人妻説」　ハリエット夫人は、七〇年六月七日に来日し（第四章四節）、モレルの後を追うように七一年一一月六日に亡くなった（第五章三節）。これらから「日本人妻説」は、明白な誤りである。この説が唱えられ、流布していった経緯を簡単に述べておこう。

戦前に「日本人妻説」はない。

確認できる文献上の発端は、一九五七年『交通新聞』一〇月一三日である（序章一節）。同紙は『土木学会誌』「追悼記事」を入手し、経歴を翻訳紹介した。同紙の問題点は「豪州ラブアン説」と「日本人妻説」である。モレルを「ピカデリー・ノッティングヒルに住むトーマス・モレルのひとり息子」と正確に紹介しているが、ラブアンの確認をせず、「日本人妻説」を唱えている。同紙は『土木学会誌』に準拠して経歴を要約しつつ、出典を明記せず「日本人妻」を挿入している。また次の段落に「憧れを抱いていた東洋の日本」という表現もある。

結果的にここから、誤説が燎原の火の如く広がっていった。以下、本項の傍線部は誤りを示す。

一九六〇年、上田廣は「日本にきてから日本人の妻を得たが、その妻も、モレルの看病につかれてともに病床の人となつており、モレルの死後僅か一、二時間ほどしてそのあとを追つた。（行変え）彼女がなんという名で、どのような女であつたかということは、全然わかつていない」と紹介し、『交通新聞』に拠っている旨明記した。後段では「日本の女性のよさをみとめて妻に迎えた」（上田『鉄道創設史伝』一二三頁、一二六頁）と膨らませている。

一九六八年、山田直匡は「モレルの看病に尽していた夫人（日本人）もあとを追うようにして同じ病いで死去した」（山田『お雇い外国人④交通』一五三頁）と追随した。

一九七二年、『鉄道先人録』は歩を進め「モレル夫人については大隈侯爵関係文書に候の綾子夫人付小間使キノという名の婦人で綾子夫人のすゝめによって結ばれたということである（南条範夫氏「驀進」）」と根拠を明言した（『鉄道先人録』三九四頁）。

対照的に一九七四年の『日本国有鉄道百年史通史』では、『土木学会誌』「追悼記事」に依拠した部分のミスはやむをえないが、「セイロン説」（第四章一節）も「日本人妻説」も採用していない。

一九七四年、青木槐三は次のように創作された名前までも受入れ、「日本人妻説」を正当化した。

モレル夫人が日本人であったと云うことの判ったのは、作家の南条範夫さんの『驀進』という小説によって知ったのだが、すぐれた鉄道研究家の川上幸義氏を煩わして、南条さんに問合せたところ、日本人で、名はキノ、大隈侯爵の奥様づきの小間使いであるとの記述は、フィクションにあらず、大隈侯に関する逸話集の一冊にあるとの回答を得て、キノ夫人と判った（青木「紅白の梅とモレルの墓」『汎交通』第七四巻五号、一四頁）。

その南条の叙述を引用しよう（南条範夫『驀進』）（文藝春秋『オール讀物』昭和四三年一〇月特別号、二五八頁）。


「きれいな、澄んだ瞳をした人ですね」

モレルが最初の訪問をして帰った後で、綾子夫人が大隈に云った。

「肺病だそうな」

大隈は甚だ殺風景な返事をしたが、綾子の傍らにいたきのと云う小間使いが、目許を少し紅くして云った。

「私、異人さんを初めて見ました。怖いものとばかり思っていたら、本当に優しい人でございますね」

六ヵ月後、〃きの〃はモレルの妻になった。

これは小説家の創作である。史料との整合性をチェックすると、南条のこの小説にはモレルの経歴や動向に関する他の部分にも事実と異なる叙述がいくつかある。

ところが「日本人妻説」を、一九八四年、青木栄一は英語による紹介文で〃きの〃という名前を含めて全面的に受入れてしまった（一九八四年、Eiichi Aoki, Edmund Morel, 1841-1871 ; the Father of Japan's Railway.）。鉄道史研究家として高名な青木の影響力は甚大で、オリーヴ・チェックランド女史も青木の言説を受入れた（一九八九年、O・チェックランド『明治日本とイギリス』邦訳三一八頁註三四）。英国人研究者による受容は、逆輸入され「日本人妻説」を揺るぎないものとした。

『交通新聞』以降、徐々に名前や出自まで創作され、果ては「南条氏本人に紹介した結果、フィクションではなく、題名は忘れたが大隈侯に関する逸話集の一冊にあったとの返事を得」（沢和哉『鉄道に生きた人びと（鉄道建設小史）』二四頁）たとして、史実であるかのごとくフレームアップされた。

総括しよう。「日本人妻説」は、文献上は一九五七年『交通新聞』に端を発し、〃きの〃という名前の女性は、南条の小説『驀進』における創作である。

5　父方と母方の家族

時代を遡って、祖父母の家族のことを述べよう。なぜモレルが技師になったのか、なぜ豪州に行ったのか、を考える材料となる。また建議の素地を窺えるかもしれない。

父方祖父母

祖父ルイ・モレルは、メアリー・ボーデンと一八〇四年一一月二五日に結婚した（セント・マーティン・イン・ザ・フィールズ教区の「結婚届け」第四八巻、三〇五頁）。

祖父ルイは、『ロンドン郵便住所録』では一二年版から、ブリュワー・ストリート三四番地の油商として登場する。『選挙人名簿』一八年版以降に記載があり、英国市民権を有し納税額も多かった。

メアリーとの間に、長男トーマス・アネット・ルイス（モレルの父）、同綴りの次男ルイ、三男ヘンリー、四男チャールズ・バプティスト、五男エドモンド・スティーヴンと五人の男の子が生まれた。

『ロンドン郵便住所録』に拠れば、二〇年頃、近くの目抜き通りピカデリー二一〇番地に移転した。同三〇年版に拠れば、二一一番地にも店を広げ、油と同時にワインを扱っている。「〔珍味の〕トリュフ入荷、フォアグラ入荷」などと新聞広告を頻繁に出していた。つまり息子たちが成長し手伝い、家業は順調に発展し、所在地と取扱い商品からみると、ランクの高い店だった、といえよう。

祖母メアリーが三二年に五二歳で亡くなり六月六日に埋葬された（セント・ジェームズ教区、三二年「埋葬届け」一九三頁）。ルイは三七年一月二一日に五五歳で死亡し、一月二八日に埋葬された（同教区

「埋葬届け」第二七巻、四五二頁、一月二三日『モーニング・ポスト』)。

そして、モレルの父トーマスが代を継いだ。

祖父ルイの名前はフランス系である。一九年六月二二日『タイムズ』に、フランス在住の経験がありフランス語を話し立派な商売に就くことを望んでいる一六歳位の健康な若者を募集、という広告を出している。またフランスからワインや食材を仕入れており、これらの事実は、モレル家がフランス系であることを示している。

父方叔父たち

肖像画の絵描きの次男ルイは、一二年一一月一七日に生まれ、弟ヘンリーと同じ一四年一〇月三〇日に洗礼届けが出されている。(セント・ジェームズ教区「洗礼届け」第七巻、二四七頁)。そして未婚のまま四二年五月一三日、神経性熱病で死亡した。四二年五月一六日『タイムズ』に、イーグル・プレイス一番地表記でルイの死亡記事が載っている。

家業手伝いの三男ヘンリーは、一四年八月一日に生まれた(同教区「洗礼届け」第七巻、二四八頁)。生地は、ブリュワー・ストリート、父親の職業は商人となっている。そして六二年八月一八日スコットランドのキースで滝壺に入り込んで自殺した(*Aberdeen, Banff, and Kincardine People's Journal* 八月二三日)。家業への悪影響を危惧したのか、スティーヴンが『タイムズ』編集長に宛てに投稿し(八月二七日)、事故死説を唱えている。「死亡証明書」には窒息死とある。スコットランドに行ったのは、取扱い品目にスコッチ・ウィスキーを加え、家業の拡大を図っていたことを示している。事実、六三年頃インヴァネスに支店を出した。未婚のヘンリーは一万ポンド弱を遺した。

四男チャールズは、一六年一一月六日に生まれ、一八年八月二六日に届けられた。(同教区「洗礼届け」第九巻、一六四頁)。二〇代前半でソリシターとなり、『法律家名簿』三九年版から記載されている。ピカデリーの煙草屋サミュエル・ウォードの娘エリザベスと三八年二月九日セント・ジェームズ教会で結婚した。ところが、四一年五月に破産し『法律家名簿』から削除されている。妻エリザベスが、六一年六月一二日に吐血して四九歳で亡くなったが、「死亡証明書」には「(ソリシターの)寡婦」と明記されている。他方、五二年一〇月に末っ子ハーバートが生まれているので、その間にチャールズは死亡した、のであろう。四七年生まれの次女イディス・エマまでの「出生証明書」で、父チャールズの職業は「ソリシター」、四九年生まれの四男アルフレッド・チャールズでは「ソリシターの事務員」、五二年生まれの三女メアリー・エリザベスと五四年生まれの五男ハーバートでは「鉄道事務員」となっている。五一年国勢調査では「鉄道事務員」と記されている。一家のプライドと未練が感じられる。五四年一〇月に次女が痙攣をおこし七歳で、一一月に四男が猩紅熱のため四歳で死亡した。六一年国勢調査では、妻エリザベスの職業は「お針子」である。これらとチャールズの子供たちの職業や遺産額は、生活が楽ではなかったことをつぶさに物語っている。法律家区分については、巻末史料①を参照してほしい。

トーマスとヘンリーのモレル兄弟とチャールズ・アダム・ウーリィとの四二年八月一三日付「賃貸借契約書」に拠れば、ピカデリー二一一番地はウーリィが所有しており、モレル兄弟に七〇年までの二八年三カ月間、賃借料年一八〇ポンドで貸すことを取り決めた。モレル家は、ピカデリー二一一番地をウーリィに売却し、チャールズの負債の穴埋めをしたのであろう。

五男スティーヴンは二〇年四月一四日に生まれ、六月一日に届けられた（同教区「洗礼届け」第一〇巻、七五頁）。そしてウーリィの娘メアリー・アンと五〇年八月二日セント・ジェームズ教会で結婚し、五二年長女エレン・ウーリィと五四年次女メアリー・アン（母親と同名）が生まれた。スティーヴンは、経理面で家業を手伝い、やがて後を継いだ。スティーヴンは、一〇年間肺気腫を患い、ハムステッド南部のセント・ジョンズ・ウッド・パークで、七六年一月一〇日急性気管支炎のため亡くなった。「遺産検認」に拠ると、スティーヴンは二万ポンド弱を遺した。「遺言書」から、身内の後継者がおらず、以降モレル家が経営に携わらなかったことを読み取れる。また『ロンドン郵便住所録』からも確認できる。つまり、成人となったチャールズの長男チャールズ・ヘンリー（三九年生まれ）、次男エドワード・ルイ（四〇年生まれ）、およびスティーヴンの娘たち（およびその夫）も家業を継がなかった。

一九世紀中葉のピカデリーの店の近隣の変遷を次頁の表にした。家業の安定ぶり、および幼い子供たちが遊んだ近所の様子も窺えよう。なお祖父ルイは、スティーヴンが生まれるまではブリュワー・ストリートで油商をしていた。

母方祖父母

母方祖父ウィリアム・アベケットは、牧師の父トーマスと母マーサの間に、ウェールズに近いウースター州ドーヴァデイルで一七七七年四月一一日に生まれた。

ウィリアムは、一八〇一年二月一七日、一七七六年生まれのサラー・アボットと、ロンドンのハノーヴァー・スクエアのセント・ジョージズ教会で結婚した（同教区「結婚届け」第二〇巻、三七七頁）。

1841～71年のモレルの店の近隣の変遷

	1841年	1851年	1862年	1871年
200番地	Hガードゥン 軍服屋	Hガードゥン 軍服屋	ガードゥン親子社 軍服屋 TJガリック（芸術家）も同居	ガードゥン親子社 軍服屋 オーベルWオークス（事務弁護士）も同居
201番地	エドワード・ワトソン 装飾・鍍金屋	エドワード・ワトソン 装飾・鍍金屋 エドワードFワトソン（芸術家）ルイス・ポエット（芸術家）エドモンドJバーナン（外科医）も同居	エドワード・ワトソン 装飾・鍍金屋 エドワードFワトソン（芸術家）ウィリアムKグリグノン（紳士）も同居	エドワード・ワトソン 装飾・鍍金屋 エドワードFワトソン（芸術家）WグリグノンWディガンCニートも同居
202番地	チャールズ・ウィークス 機械工	チャールズ・ウィークス 機械工	チャールズ・ウィークス 機械工 ロバート・プラット（外科医，歯医者）も同居	ジョージ・Aバークリィ ワイン・エイジェンシー社 Eニコルソン嬢GFベイリィAニコルソン
203番地	ジョン・プレマー パン屋	記入なし	記入なし	記入なし
204番地	＊ロバート・ナイト 配管工	記入なし	記入なし	記入なし
205番地	イサーク・ジラット スリー・ピジョンズ	記入なし	記入なし	記入なし
206番地	Mトゥレルッドゥラ嬢 轆轤細工師	記入なし	記入なし	記入なし
207番地	ジョージ・リッカード社	サムエル，ジョージ，チャールズ・リッカード社 ジン造り	サムエル，ジョージ，チャールズ・リッカード社 ジン造り	サムエル，ジョージ，チャールズ・リッカード社 ジン造り
208番地	Bエディントン 干草覆いの製造販売業	スーザン・セイス嬢 婦人服裁縫師	英国系図歴史協会 Fパステロリ社 眼鏡屋	英国系図歴史協会 Fパステロリ社 眼鏡屋

209番地	トーマス・ヤング 外科医	＊メアリー・ウッド ホルスター屋	ブルックス&ビール社 競売人	ジェームズ・ビール 競売人 デイヴィッドRカー 事務弁護士
210・211番地	T&Hモレル イタリア商品卸商	T&Hモレル イタリア商品卸商	H&ESモレル イタリア商品卸商	モレル兄弟社 ワイン商
212番地	ブッシャー 馬車や馬具の製造	ロバート・サンダーソン社 仕立屋	ジョン・ヒル トランク製造	ジョン・ヒル トランク製造 ロンドン馬車発着所
213番地	外科医JBガンデレ，レース卸商Jビッショップ，ワイン商Sボイド社	＊ジョセフ・カリー 職業不詳 フォスター・アプレックス 職業不詳	Sヴァン・ラールト 葉巻煙草製造 ベンジャミン・エラム 鞍鞭の製造	ベンジャミン・エラム 鞍鞭の製造 チャールズFコーツ 陸軍周旋人
214番地	ロブソン社 住宅外装	ロブソン&ジョーンズ社 住宅外装	ジョーンズ社 住宅外装 ロブソン&ジョーンズ社 内装紙製造	ロブソン&ジョーンズ社 ホルスター屋
215番地	ベンジャミン・ベイカー 半ズボン屋	ベンジャミン・ベイカー 皮製半ズボン屋	ジェームズ・ブキャナン 洋弓製造	ジェームズ・ブキャナン 洋弓製造
216番地	ホウィス&マッソン社 イタリア商品卸商	ホウィス&マッソン社 イタリア商品卸商	ホウィス&マッソン社 イタリア商品卸商	ホウィス&マッソン社 イタリア商品卸商
217番地	Fヒール，Jウィルキン，GBレフロイ 事務弁護士3人	Jウィルキン，Cウィルキン，GBレフロイ 事務弁護士3人	ジョージ・バス 病人用酸素器具	『月刊英国社会』ジェームズ・ホッグ 出版人
218番地	記入なし	記入なし	記入なし	記入なし
219番地	記入なし	記入なし	ジョセフ・チャリス ウェップス・ホテル	記入なし
220番地	リーズ・ペイン ウェップス・ホテル	ジョージ・ソールズベリー ウェップス・ホテル		＊建設中

（註）『ロンドン郵便住所録』1841〜71年版を基に，国勢調査個票で補充して筆者が作成した。＊は空欄部を国勢調査で補充した分を示す。

余談だが、英国に帰化した音楽家ゲオルグ・フリードリッヒ・ヘンデル（一六八五〜一七五九年）の教区教会であり、彼の代表作「メサイア」はこの時代に作曲されている。

サラーは一七年八月二五日に四一歳で亡くなり、九月二日に埋葬された（パディントンのセント・メアリー教区「埋葬届け」二〇二頁）。そしてウィリアムは、一八年五月九日ジェイン・ショーとケンジントンのセント・メアリー・アボット教会で再婚した。

『法律家名簿』に拠れば、ウィリアムは〇八年から、ブロード・ストリート（現在のブローディック・ストリート）でソリシターをしていた。一三年以降、近くのゴールデン・スクエア七番地を本拠地とした。それは公園を囲む東側の一角にある。

ウィリアムは、ディケンズの小説『ニコラス・ニクルビー』（三八〜三九年発表）に登場するラルフ・ニクルビーのモデルと言われ、彼の息子たちも同意している（ベネット『サー・ウィリアム・アベケット卿』四〜五頁）。悪役ラルフは、ゴールデン・スクエア在住、という設定である。ディケンズ研究家の原英一の紹介に拠れば、ラルフは「守銭奴の高利貸し。甥のニコラスには嫌悪を抱き、姪のケイトは金儲けのために利用しようとする。目的のためには手段を選ばない冷酷で強欲な男。最後にすべての悪事がばれて自殺する」（ディケンズ・フェロウシップ日本支部ＨＰ『ニコラス・ニクルビー』「主な登場人物」）。

他方、ウィリアムの「遺言書」に拠れば（Catalogue Reference: Prob 11/2211. Image Reference: 208）、祖父は末娘マーガレットと先に亡くなった次女エミリーの遺児には慈愛に満ちた姿勢を示している。

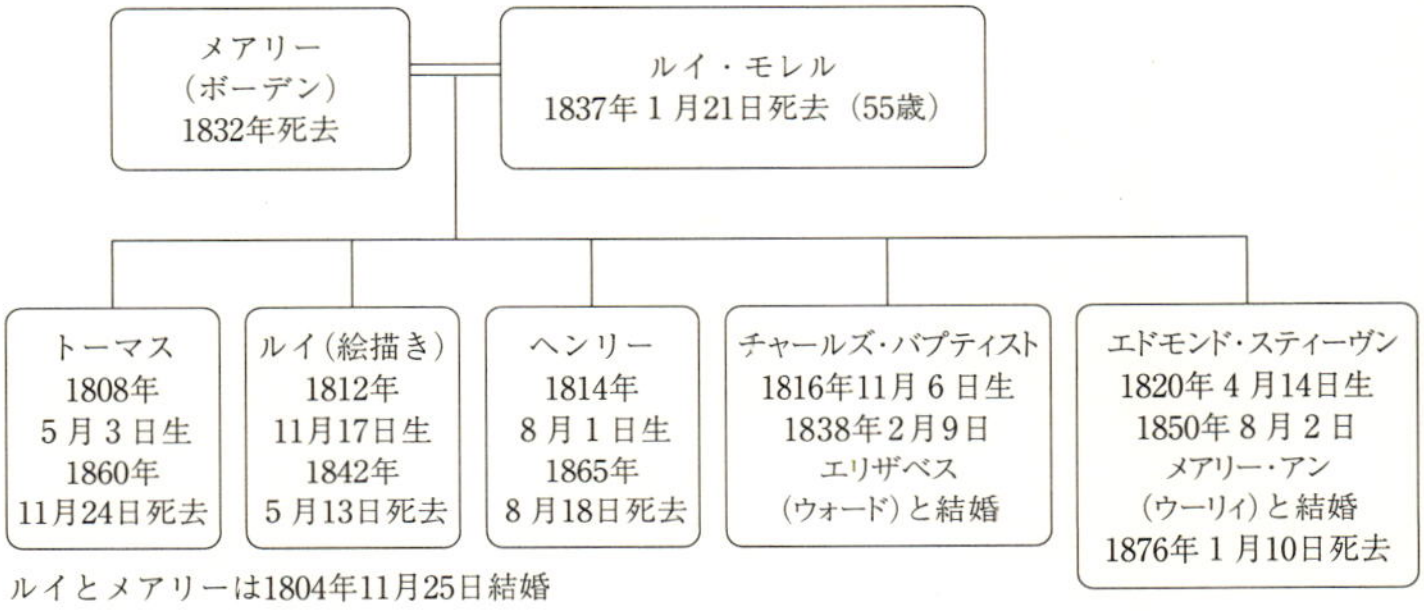

ルイとメアリーは1804年11月25日結婚

父方祖父母・叔父たちの関係

息子たちのうち三人は名門パブリック・スクールから法曹学院で学び、法律家となり、四男は外科医になった。彼らの進路選択は穏当であり、学費負担は楽ではなかったことから、ラルフの人物像とウィリアムの性格を重ね合せることは、短絡にすぎよう。

ウィリアムは三七年頃つまりエミリーが結婚する前に、当時のロンドン北郊ハムステッド、正確には現在のヘイヴァーストック・ヒル一一番地に住居を移し、職住を分離させた。そして、ここで、五五年二月二三日亡くなった。後妻ジェインは五九年七月一日ハンマースミスのクイーンズ・テラスで亡くなり（八五歳）、八日に埋葬された（パディントン教区「埋葬届け」四三二頁）。八〇〇ポンド弱の遺産を義理の息子のサー・ウィリアムに託した。

余談だが、マルクスもソーホーからハムステッドに引っ越し、八三年亡くなるまでその地に住んでいた。同じヘイヴァーストック・ヒルで、目と鼻の先にあるが、マルクスが引っ越す半年以上前に、ウィリアムが亡くなっており、モレル家を含めて接点はなさそうである。

サー・ウィリアムの長男ウィリアム・アーサー・キャランダー（ＷＡＣと称される）が五七年一〇月一八日、日記を書き始めるに際し、アベケット家は一〇六六年のノルマン征服時に遡るフランス系である、と記している（豪州キャンベラの国立図書館保蔵）。

母方伯父たち

長男ウィリアムは、〇六年七月二八日に生まれた（セント・ジェームズ教区「洗礼届け」第六巻）。一六年一月名門ウェストミンスター・スクールに入学し、続いて二二年一一月一五日に法曹学院リンカーンズ・インに入り、二九年六月三〇日バリスターとなった。文筆の才にも恵まれ、いくつか伝記類を執筆し、弟たちと雑誌を出版している。しかしペンで生計を立てることは困難と判断し、法曹界に専念することにした。法律家区分や法曹学院については、巻末史料①を参照してほしい。

ウィリアムは、家族とともに三七年五月、豪州に移住した。五一年ヴィクトリア州分離に伴い、五二年州最高裁判所が創設され、一月二四日初代最高裁判所長官（Chief Justice）に就任した。一一月二四日爵位を受け「サー・ウィリアム」となる（五二年一一月一三日、英国首相府よりの叙勲通知書、【HO45/8660】）。法廷での仕事ぶりが賞賛され、判決文も明晰で、法の支配を定着拡充させていった。

サー・ウィリアムは、クリケット試合中の怪我がもとで、四三年から両足の中風を患い、それが年々悪化していった。五七年二月、惜しまれつつ州最高裁長官を辞し、やがて英国に戻った。年金は、給料の半分一五〇〇ポンドで、姪のエミリーを引き取っている。郊外に住み、馭者も同居している。

六九年六月二七日、サリー州アッパー・ノーウッドで亡くなり、遺産額は九〇〇〇ポンド弱だった。サー・ウィリアムの長男WACは、三三年七月七日ロンドンで生まれた。WACは五五年九月一七日、ジョン・ミルズの娘エマ（一八三八〜一九〇六年）と結婚し、二男四女の子宝にめぐまれた。次女エマ・ミニー（一八五八〜一九三六年）は絵描きで、八六年同じ画家のアーサー・メリック・ボイド（一八六二〜一九四〇年）と結婚し、この家系から著名な芸術家を多数輩出している（Niall『ボイド家の伝記』参照）。

WACは五四年一月から、キングス・カレッジ・ロンドン工学部で学んだが中退している。五四年一二月メルボルンに帰り、また父の仕事を手伝った。六〇年代には地方行政長官を務めた。六八年一月から豪州の政界に入り、七〇年代前半に二回大臣も経験した。議会人としては勤勉で、あらゆる問題を議論した。その後、八六年英国に赴き、息子たちと同時の八七年ミクルマス学期にダウニング・カレッジに入学する（『ケムブリッヂ大学同窓生名簿』）。そして八七年六月二二日、法曹学院インナー・テンプルでバリスター資格を取得する（『法律家名簿』に拠る）。キングス・カレッジ・ロンドンの工学部は中退したが、五〇代にケムブリッヂ大学で再び学問を志している。九二年メルボルンに帰り、一九〇一年一二月一日、メルボルン南にあるセント・キルダの病院で亡くなった。

次男トーマス・ターナーは、〇八年九月一三日生まれで（同教区「洗礼届け」第六巻）、長兄サー・ウィリアムと同じくウェストミンスター・スクールに続きリンカーンズ・インで学んだ。『法律家名簿』に拠れば、三〇年には父と一緒に実務についていた。彼は「首都圏および地方法律協会」の会員で、法改革に関心を寄せ、「法改正協会」の会員となった。その間に「債権債務法の現状について」（四四年）、「鉄道訴訟とその確認法」（四六年）、「法改革の諸困難」（四九年）など数冊を書いている。

トーマスは父ウィリアムが引退した後、五〇年に豪州に渡った。五六～六〇年にはニュー・サウス・ウェールズ州立法評議会で働き、その後ヴィクトリア州に定住した。そしてソリシター・公証人として優れた実績を残している。彼の経験は植民地社会にとって貴重で、二〇年以上その職務にあった貯蓄銀行や保険会社、および「メルボルン及びホブソン湾鉄道会社」議長として高く評価された。五二年から、立法評議会非公式委員として政治活動を始めた。五八年から二〇年間中央地区の評議員代表を務め、法改革に熱心に取り組んだ。六〇年一一月から一年間無任所大臣も経験したが、七八年に表舞台からは引退し、九二年七月一日、メルボルン南郊のブライトンで亡くなった。

三男ギルバート・アボットは、一一年二月一七日に生まれた（同教区「洗礼届け」第六巻）。ウェストミンスター・スクールの後、二八年四月二五日に法曹学院グレイズ・インに入学した。四一年一月二七日にバリスターに任じられ、優秀で高潔な人という評判を得た。

ギルバートは、法律家としてよりも、文筆家、雑誌編集者として有名で、四一年に発刊された『パンチ』に、創刊時から最も頻繁に寄稿している。演劇にも関心を寄せ、評論するだけでなく芝居の台本も書いている。仲間たちと共同してパロディーものも書き、その中に四四年の『コミック・ブラックストーン』、四七年の『英国喜劇史』、五一年の『ローマの喜劇史』などがある。

ギルバートは、家族で休暇旅行中の五六年八月三〇日、フランスのブローニュでチフスに罹り死亡した。友人ディケンズらの手紙や追悼文で、彼の才能や貢献を知ることができる。

話はやや変わるが、小山貞夫は、シェイクスピア時代の法曹学院が「法学教育のみならず、それと同時に貴紳子弟に一般教養を与える場でもあった」と総括し、法曹学院の「ホールを主会場にしての模擬裁判・討論等といった共同での教育が中心であった。しかもそれと同時にこのホールは、賭博・酒宴・演劇・音楽等のリクリエイションの場でもあった」と述べている（小山『絶対王政期イングランド法制史抄説』三四三頁、三四一頁）。

ギルバートは法曹学院時代から、父ウィリアムと仲違いして二〇年以上会わなかった、という。二〇代のギルバートが友人ディケンズに、ラルフ・ニクルビーのモデルを教示して父親に意趣返しをした、と思われる。対して父親ウィリアムは「軽薄なゴシップ雑誌にうつつを抜かしている困った倅たち」と受け取ったのだろう。サラーが亡くなって一年も経たずに、ウィリアムがジェインと再婚した、それもギルバートが一七歳の時だから、いがみ合いの素地があったのかもしれない。ラルフは、いつの世にもある「父親と倅の断絶」の事例ではなかろうか。

四男アーサー・マーティンは、一二年六月ロンドンで生まれた。三四年ロンドン大学の医学生となり、いくつかの賞を獲得した。スペインでの軍医時代に、ラザフォード・オルコックの下で任務に就いていたという。三八年、兄ウィリアムのいる豪州シドニーに行った。当地で着実かつ急速に認められ、高い地位を得て、活動範囲も広くなっていった。ニュー・サウス・ウェールズ州立法諮問会議の第一期委員となり、数年間博愛施設で外科医を務めた。シドニー大学医学部の試験官、豪州博物館理

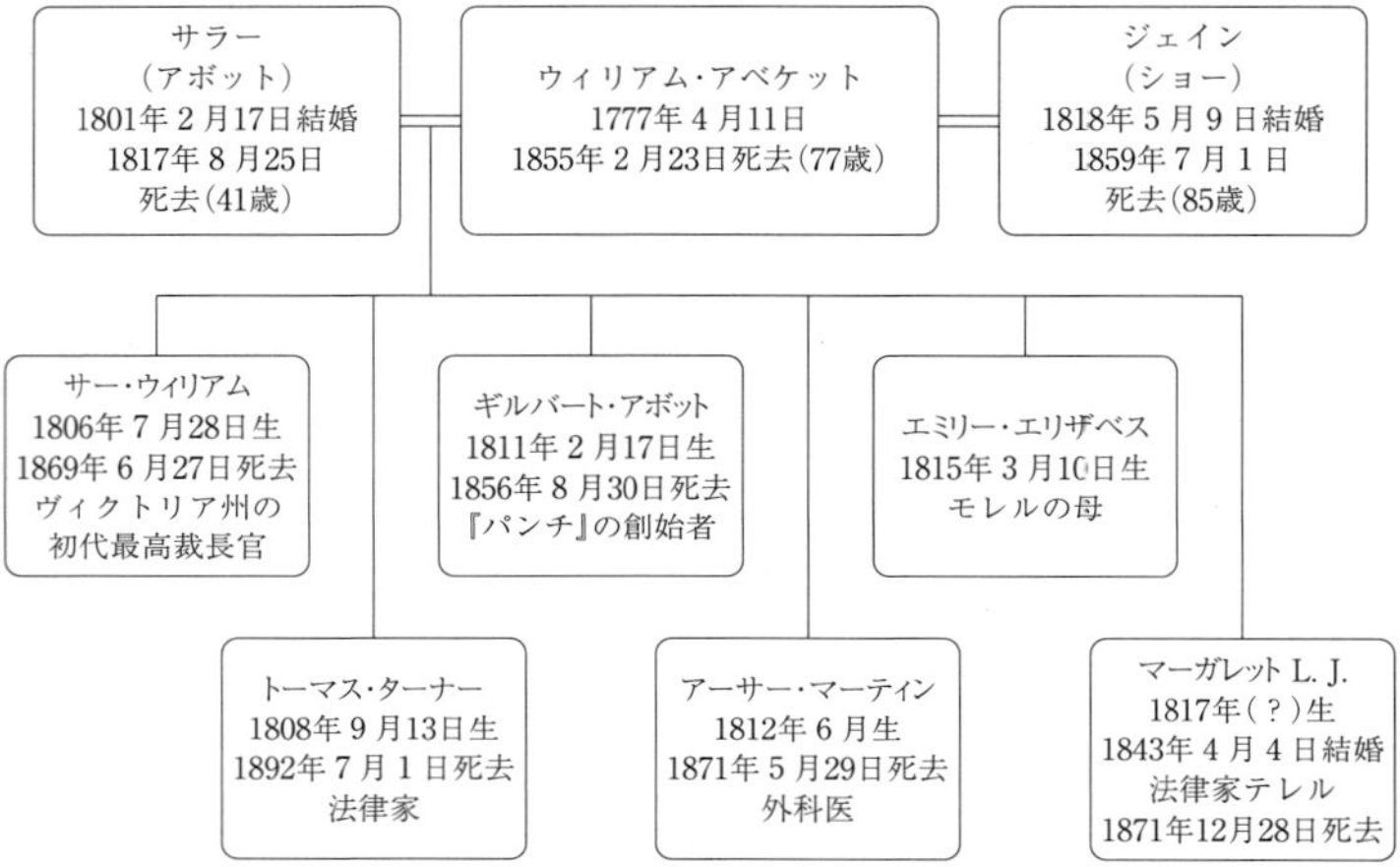

母方祖父母・伯父たち叔母の関係

事、王立地理学会会員でもあった。七一年五月二九日、シドニーの自宅で卒中のため亡くなった。

三女マーガレット・ルイーズ・ジェインは、一七年に生まれた（「死亡証明書」の年齢から逆算）。四三年四月四日にバリスターのトーマス・ハル・テレルと、セント・ジェームズ教会で結婚した。

〇九年生まれのトーマスは、インナー・テンプルで学び、三五年六月一二日法曹資格を得た。六一年八月に首席裁判官となり、六六年二月二三日には、州裁判所判事となった。ところで七八年七月二〇日『ブリストル・マーキュリー・アンド・デイリー・ポスト』に拠れば、トーマスが破産した。トーマスは、九六年一二月七日、フランスのニースで客死し、遺産は一〇〇ポンドほどしかなかった。

二人の夫婦仲は悪く、五一年国勢調査時点で、後年トーマスの再婚相手となる当時二四歳でインド生まれのイザベラ・メアリー・スプライも客人として同居している（七三年正式結婚）。七一年国勢調査では別居している。話は戻るが、娘を気づかう父親の心情が、ウィリアムの遺言書から読み取れる。

マーガレットは、七一年一二月二八日にケンジントンのホランド・ロード六七番地で卒中のため亡くなっている。長男アーサー・アベケットは、リンカーンズ・インで学び七二年一一月一八日バリスターとなった。

サー・ウィリアムの前に、子どもが二人生まれたが、幼くして亡くなっている。長女マチルダ・ソフィアが一三年一二月に生まれ、三六年にジョセフ・ダイヤー・シンプソン（一八一二〜七九年）と結婚した。ソリシターのシンプソンは、祖父ウィリアムや伯父トーマス・ターナーと一時期、ゴールデン・スクエアで仕事を共にしていた。マチルダは三七年一月三〇日、二三歳で亡くなった。子供がいなかったせいか、彼女はウィリアムの遺書で言及されていない。彼らを系図には載せていない。

母方伯父や従兄弟たちは、豪州特にメルボルンとの強いつながりを示している。

第二章　技師となる

1　修行時代

ワイン商を継がず

前章で、モレルの生年と生地を確定し、家族のことを紹介し、キングス・カレッジ・ロンドンでの在学期間と学業成績を詳述した。またロンドンで二一歳の時結婚したことを明らかにした。

本章では、職務経歴の前半部分、すなわち技師を志した時から土木学会入会までを取上げる。モレルの実家は、ピカデリーでワインやフランスの珍味などの食品を商っていた。その一人息子が技師の道を進んでいった背景を探る。また新妻を伴ってはるか遠方の豪州やニュージーランドに赴いた理由を考え、滞在中の仕事の評価を試みる。そして通奏低音として、技師長としての能力、建議者としての資質を考えていく。

モレル少年は、なぜ祖父の代から続いている家業のワイン商を継がなかったのか。身内に法律家が多かったのに、なぜ法曹界を目指さなかったのか。

技師を志す

本節では、ワイン商としての家庭環境と、一九世紀中葉の英国の時代背景を織り交ぜながら、モレル少年が技師を目指すようになった理由を推理する。その上で、師エドウィン・クラークの経歴を中心に修行時代について述べていく。

一八五一年五月一日から一〇月一五日までの一六八日間、芸術・工業・商業振興を目的として、万国博覧会がロンドンのハイドパークで開催された。会場となった建物は、幅五六三m奥行一三八mで、ほとんどが鉄骨とガラスで造られ、水晶宮と呼ばれる。また鉄道網の拡充にしたがい、万博会場には英国中から見物人が押し寄せ、観光旅行が大衆化していくことも実感させた。

水晶宮は建設に際し、足場を組まず手際よく組上げられていった。完成後は、換気や排水面という機能面でも、簡素で清楚という美的側面からも、評判となる。万博ごとに水晶宮は、文明の発展と技術の向上を、人々に強く印象づけた。資材搬入、基礎工事、組み立て工事、展示物の搬入、開会式から開催期間中の賑わい。英知の結晶、文明の進歩、英国の工業力、それらを支える技師の役割。中でも水晶宮プランの決定から完成までに至る迅速で正確な工事は、特筆すべき成果であった。

松村昌家監修『ヴィクトリア朝テーマ別シリーズ　ロンドン万国博覧会（一八五一年）新聞・雑誌記事集成』は、イラストを駆使し水晶宮を中心に万博の経緯を追えるように構成されている。時代を超えた臨場感を味わうことができる。また松村は『ロンドン万国博覧会と水晶宮』で、発端から終幕までを総括している。

万博会場となったハイドパークは、ピカデリーの店と一家が住んでいたノッティングヒルの中間にある。モレルがシデナムへの移設責任者クラークに師事したことは、水晶宮建設から万博の成功に至る過程がモレル少年に大きな影響を与え技師を志す動機となった、ともいえよう。

母方祖父と伯父三人、および叔母の夫は法律家である。また父方叔父のうち一人は法律家になり、父親と末の叔父も法律家の娘と結婚している。モレル少年が法曹界を目指すということも十分ありえたが、技師になった。叔父チャールズの失敗例が（第一章五節）、影を落としたのかもしれない。

他方、母方伯父サー・ウィリアムの息子ウィリアム・アーサー・キャランダー（WAC）とマルウィンがロンドン万博の後、キングス・カレッジ・ロンドン（「カレッジ」と呼ぶ）の工学部で（エドワード・フィッツヘイリーは教養学部）学び始めた。入学した五四年一月は時代の熱気だったのか、両名とも二学期間で辞めてしまった。しかしヴィクトリア州最高裁長官の息子二人が、一時的にせよ技師を目指した実例は、モレル少年の進路選択に影響を与えた、と思われる。

家庭の事情

動機に加え、技師になるのを許された境遇にも目を向けなければならない。

祖父ルイ・モレルが始めた商売は、ピカデリーに移転し、新聞広告で確認できるように酒類のみでなくフランス産チーズやフォアグラおよびトリュフなどの高級食材も扱い始めた。父トーマス、叔父ヘンリーとスティーヴンが協力したこともあって、間口を広げるなど繁盛していた。なお近隣で他に複数の番地を占めていたのは、紅茶のフォートナム＆メイソンくらいである。

ルイは三七年一月に亡くなったが、三人の息子たちが手伝い、やがて家業を継いだ。ヘンリーは未婚のまま自殺した。スティーヴンには、二人の娘がいたが、両名もその配偶者も家業を継がなかった。チャールズの息子は五人いたが（娘三人）、母方実家の煙草商を手伝うなど、破産したこともあって家業とは一線を画していた。したがって家業を継ぐ候補者は、モレルに絞られる。

他方、ルイ・モレルの次男は絵描き、四男は法律家になった。つまり、モレル家は職業選択について寛容で本人の素養と意思を尊重していた、といえよう。モレルがキングス・カレッジ・スクール入学前にドイツで勉強していたこと、また五八年カレッジ進学に際し工学部を選んだことから、すでにこの段階でモレルに継がせることは、叔父たちも諦め諒解していたのであろう。

クラーク　英国『土木学会誌』第三六巻「追悼記事」に拠れば、モレルは五八年五月から土木学会会員エドウィン・クラークに三年半師事した。クラーク自身、モレルの学会入会申請書に「通常の期間、私の下で修行した」と記している（土木学会入会申請書整理番号1980, Form A. 135）。

クラークの経歴を『土木学会誌』「追悼記事」（九五年第一二〇巻、三四四〜三五四頁）および『オックスフォード人物事典』に拠りながら紹介しよう。「追悼記事」は、ロバート・スティーヴンソン（「鉄道の父」ジョージの息子）の知遇を得るまでの前半生、その面談の経緯、および引退後の余生などを詳細に述べていることから、弟ラティマーが執筆したと推測される。

クラークは、一四年一月七日に三人兄弟の長男として生まれ、二月二七日洗礼を受けた。クラークの父ジョサイアは、ロンドンとオックスフォードの中間にあるバッキンガム州グレイト・マーロウで枕のレースをつくっていた。

クラークは、地元の学校に通った後、一一歳でノルマンディにある学校に行った。三年間、ラテン語や幾何学などを学び、ウォルター・スコット（一七七一～一八三二年、スコットランドの詩人・作家）の小品をフランス語に訳し、出版した。三〇年に、シティでソリシターをしていた叔父マシュー・ジョン・リッピンガムのところに行かされたが、法律の勉強には不熱心で、もっぱら数学、天文学、機械学、化学、自然史などの勉強に励んだ。法律家になるという両親の期待を裏切り、結局二年で故郷に戻った。

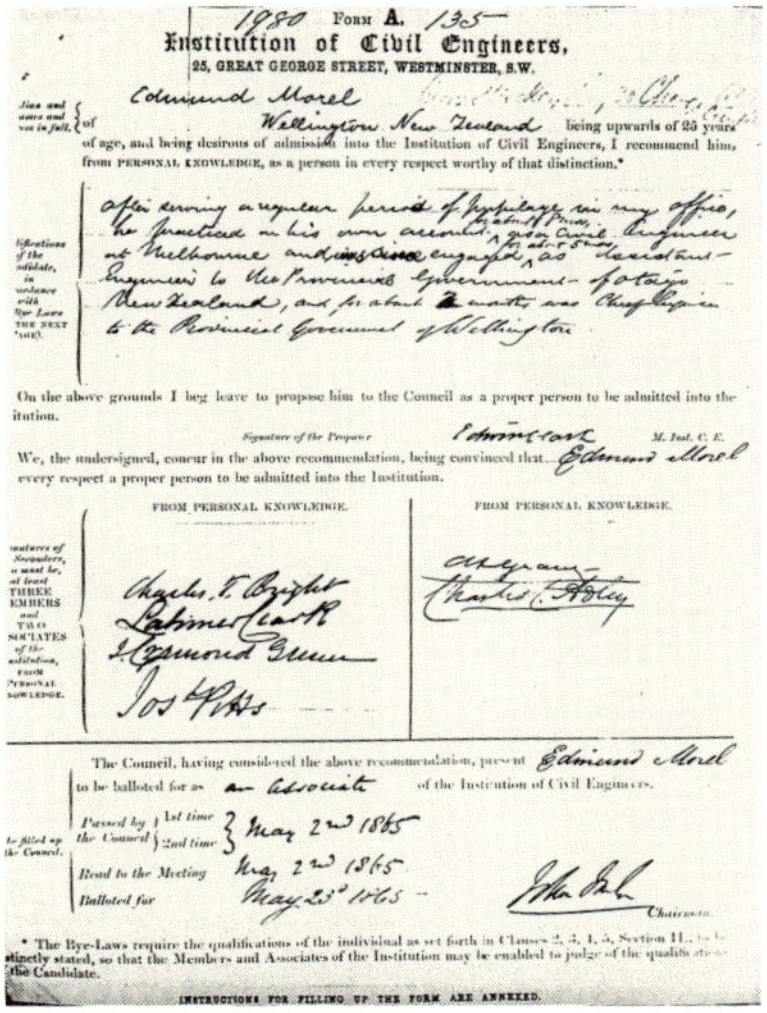
1980 FORM A. 135

Institution of Civil Engineers,

25, GREAT GEORGE STREET, WESTMINSTER, S.W.

Edmund Morel of Wellington New Zealand being upwards of 25 years of age, and being desirous of admission into the Institution of Civil Engineers, I recommend him, from PERSONAL KNOWLEDGE, as a person in every respect worthy of that distinction.*

On the above grounds I beg leave to propose him to the Council as a proper person to be admitted into the Institution.

Signature of the Proposer　Edwin Clark　M. Inst. C. E.

We, the undersigned, concur in the above recommendation, being convinced that Edmund Morel every respect a proper person to be admitted into the Institution.

FROM PERSONAL KNOWLEDGE.	FROM PERSONAL KNOWLEDGE.
Charles T. Bright Latimer Clark Jos Pitts	Charles C. Hotley

The Council, having considered the above recommendation, present Edmund Morel to be balloted for as an Associate of the Institution of Civil Engineers.

Passed by the Council 1st time 2nd time May 2nd 1865

Read to the Meeting May 2nd 1865

Balloted for May 23rd 1865

Chairman.

* The Bye-Laws require the qualifications of the individual as set forth in Clauses 2, 3, 4, 5, Section II., to be distinctly stated, so that the Members and Associates of the Institution may be enabled to judge of the qualifications of the Candidate.

INSTRUCTIONS FOR FILLING UP THE FORM ARE ANNEXED.

入会申請書

『法律家名簿』一七年版から四九年版まで、リッピンガムが記載されている。彼は、引退後マーロウで隠棲し、六五年五月一日に亡くなり、遺産は五〇〇〇ポンド弱だった。

産業革命の進行、機械の普及とともにレースづくりの仕事は衰退し、クラーク家の生活が苦しくなっていく。四一年国勢調査では、父ジョサイアの職業は雑貨商となっている。

クラークはこの頃四年間を無為に過ごしたといわれているが、実は科学的関心を育んだ雌伏の時であった。生活の糧を稼ぐため、外科医の手伝いをした後、数学教師となった。優秀な人材が、このとき特に教科外の教え子たちの中から輩出している。高等教育を受けるべく三四年ケムブリッヂ大学（初めセント・キャサリンズ・ホール、次にジーザス・カレッジ）に入学したが、学費が続かず二年半で辞めた。

帰郷した後、職人的技巧で旅費を稼ぎながら、長期間欧州大陸を旅行し見聞を広めた。三九年にマーロウに戻り、数学教師となった。帰国後は、これらの経験から以前より待遇が改善され、両親の面倒を見ることもできた。

鉄道狂の時代に、クラークも有り金を投資したが、バブルがはじけて大損してしまう。そんな折、バーミンガムの旧友の紹介で、四六年三月ロバート・スティーヴンソンの知遇を得た。最初の面談で、ロバートはクラークの力量を見抜き、ウェストミンスターの一室を用意し専従技師として迎えた。彼は、鉄道の創始者ジョージの息子で、五五年から二年間、英国土木学会会長を務めた。他の技師数人とともに、クラークに二〇〇〇ポンドの遺産を贈った（五九年一〇月三一日『デイリー・ニュース』など）。

クラークは、ウェールズ北西部メナイ橋建設の技師としてロバートを助け、橋は五〇年三月に開通した。ロバートの承諾と助言を得て、文筆の才を発揮し、この時の経験を三巻からなる『ブリタニアとコンウェイの管橋』で、建設の全貌を記録し後世に残している。また後年、長く障害となっていたメナイ海峡の岩を除去して、船の航行を改善した。

万博終了後、水晶宮の解体を惜しむ声が強く、五二年八月にロンドン南東部のシデナムへの移設が始まった。五四年六月に開所式が挙行されたが、クラークはこの工事でも力量を発揮した。七二年九月一九日、岩倉使節団も見学している。一九三六年一一月火事で全焼し、未だに再建されていない。五〇年秋、クラークは国際電信会社の主任技師になり、電信装置の特許をいくつか取得した。因みにこの装置は、五五年以降ロンドン・アンド・ノース・ウェスタン鉄道のロンドン・ラグビー間で使用された。彼はこの頃から、電気工学と水力工学双方に時間を割き始める。

やがてクラークの関心は、電気工学から船舶修理や埠頭建設のための「乾ドック」「浮きドック」の改良に移り、クラーク・スタンフィールド社の水力技師となった。当時、ウィーヴァー川とトレント・マーシー運河を、落差一五ｍあるチェシャー、アンダートン（リヴァプールの南西）で連結する計画が練られていた。技師長エドワード・リーダー・ウィリアムスが、幾多の計画の中から水力シリンダー案と決定し、クラークを設計者に任命した。クラークは、鋳鉄製のシリンダーとピストンを使って、ケーソンに入れた船舶を昇降させる装置をつくった。かくして工期三〇カ月、工費五万ポンド弱のアンダートン船舶昇降機が、七五年七月に正式に稼動し始めた（S・デュアー「ウィーヴァー川のアンダートン水力昇降機」『土木学会誌』第四五巻参照）。

水力利用の昇降機は、錆や凍結の問題に悩まされ、一九〇六年から鋼鉄製の電動式のロープと滑車方式に切り替えられた。戦後、商業的な運河利用が減少し、七〇年代からはほとんど観光用だけとなり、かつ冬季は利用されることが少なくなった。八三年に塗装作業中に上部に崩壊箇所が発見され、構造的な問題から閉鎖された。二〇〇二年三月、水力系が復元され、現在歴史遺産として展示されている。クラークの残したものとして、これが最も有名である。

クラークは、他の船舶昇降機も手がけ、欧州大陸諸国にも出かけた。ベルギーで一八七九年に提起し八二年に政府プロジェクトとなったが、四つすべての完成は一九一七年迄ずれ込んだ。そして一九九八年に世界遺産に登録されたのが、復元されたサントル〔中央〕運河の船舶昇降機である。一九世紀ヨーロッパの運河建設・水力工学発達の頂点を示す傑出した建造物、高低差世界最大のものとして評価が高い。他にも広くロシア、中南米、トルコでも彼の特許が使われている。

クラークは、一八五〇年一二月に土木学会準会員、五五年四月に会員になり、『土木学会誌』に多数の論文を寄稿している。六六年に「水力昇降式乾ドックについて」でテルフォード・メダルを(『土木学会誌』第二五巻、三二〇〜三二一頁「乾ドック」のイラスト参照)、六八年には「工学の基本的考え方について――材料の耐久性」でワット・メダルを受賞した。

他方アルゼンチン、パラグアイ、ウルグアイに二年間滞在し、七八年には『南米紀行』を書いている。

ところで、国勢調査に拠れば、クラークは四一年には、生地マーロウで両親と暮らしていたが、五一年にピーターボロ、六一年と七一年にはシデナム、そして八一年には生地に戻っている。

クラークは四八年六月一四日、ロンドンのセント・パンクラス教会でジェイン・ハイドと結婚した。ジェインの父ロバートは農園主と記されている。

父親と同名の末弟ジョサイア〔後年ラティマーと称す〕も、技師となり、電気学会創設主導者の一人で（七一年設立）、のち第四代会長を務めた（『オックスフォード人物事典』）。

「遺産検認」に拠れば、クラークは九四年一〇月二二日にグレイト・マーロウで亡くなった。四四五二ポンド八シリング四ペンスを遺した。遺言で、グレイト・マーロウ水道会社、グレイト・マーロウ鉄道会社、バッキンガム州椅子会社、アルゼンチン土地会社、デンマーク水道会社の株式や社債を、娘メアリー・アン・モーリーに贈っている。

クラークとモレルの共通点

モレルが師事した頃、国勢調査個票と土木学会の住所録に拠れば、クラークはシデナムに居を構え、土木学会本部のあるグレイト・ジョージ・ストリートで仕事をしていた。

クラークは、五二年九月八日『タイムズ』に、電信会社の技師として、チャリングクロス駅に設置された電気信号についての記事を、また五八年一二月二五日同紙に、テムズ川の新しい「乾ドック」についても寄稿している。そして九四年一〇月二六日同紙に、ホレイス・ウォラーによる「追悼記事」が掲載されている。ウォラーは彼が音楽、植物、機械を愛する人だった、とも記している。

クラークは、五〇年代後半に「乾ドック」の特許も取得した。

当時の代表的な新聞記事でクラークの動向を追ってみよう。五七年五月二〇日『リヴァプール・マーキュリー』、五八年一一月二五日『モーニング・クロニクル』、五九年五月一九日『デイリー・ニュース』などにあるように、彼が特許を取得した「乾ドック」関連が多い。五九年七月一九日『グラスゴー・ヘラルド』で鉄道電信、六二年一二月一一日『デイリー・ニュース』と六七年一月二日『ポール・モール・ガゼット』において水晶宮関連で、言及されている。他方、五六年九月八日『グラスゴー・ヘラルド』でロシアの鉄道、五八年九月二二日『デイリー・ニュース』、九月二八日同紙、五九年三月二八日『モーニング・クロニクル』、五九年九月二八日同紙で、スミルナ（トルコ西部、現イズミル）・アイディン鉄道関係で在英顧問技師として名前が頻出している。また六〇年二月二五日『グラスゴー・ヘラルド』広告欄などに、ブエノスアイレス・サンフェルナンド（アルゼンチンの首都北方約三〇km）鉄道の宣伝があり、顧問技師クラークの名前が挙げられている。また六〇年代にはテムズ川に架かるチェルシー吊橋の補修にも関わっている（ロンドン首都資料館請求番号【MBW/OW/CB/5】）。

これらの記事から前項のクラークの経歴を確認でき、多様な活躍ぶりが浮かび上がる。「乾ドック」に代表されるように水力技師中心であるが、水晶宮の移転に関わり、電信部門のみならずロシア、トルコ、アルゼンチンの鉄道にも関与している。

クラークは鉄道とも縁が深く、この時期にモレルが鉄道に関する素養を身につけた可能性もある。またモレルの日本における職名は「鉄道兼電信建築師長」であるが、鉄道にとって電信は信号系統で不可欠であり、電信関係の素養を、この時期に培っていたのかもしれない。

モレルは、有能で有名な技師に師事した。余談だが、ともに縁者に法律家がいたにもかかわらず技師になった、大学に入学したのに卒業しなかった、という共通点がある。

クラークは、「自分の下で三年半の修行を積んだ」旨「証明書」をモレルに与えた。南豪州から七〇年に来日し、七七年に横浜で死亡した建築副役ジョン・イングランドが、師匠チャールズ・ヴィニヨールによる「修行証明書」を保有していた。曾孫ジョン・ローリー氏が筆者にその「証明書」を提示してくれた。そこで、モレルも同様の「証明書」を持っていた、と推察できる。

2 メルボルン

土木学会「入会申請書」

モレルは、一八六三年四月に豪州へ、続いてニュージーランドに赴いた。森田嘉彦は、このメルボルン時代に「乾ドック」に関する冊子を出版したことに言及している。

本節では、訪れた理由を含め、経歴・技能形成に占める役割を考えていく。ヴィクトリア州の状況を説明し、次に新聞記事を活用する。現地で公文書にあたったが、乗船記録以外ではモレルの名前を見つけられなかったので、新聞記事を援用する。往時の新聞は、数日遅れで他の複数の新聞に同じ内容や文章の記事を掲載することが多かった。そこで煩雑さを避けるため、代表的新聞か日付の早いものについてのみ言及する。

モレルは六五年五月、英国土木学会に入会した。クラークによる手書き推薦文は、入会するまでの経歴を知る上で重要である。

この推薦文を基に、豪州とニュージーランド時代の足取りを追って行く。

通常の期間、私〔クラーク〕の下で修行した後、メルボルンで土木技師として約八カ月間自営した。そしてニュージーランドのオタゴ〔ニュージーランド南島〕地方政府の技師補佐として約五カ月間従事した。また約七カ月間ウェリントン地方政府の主任技師を勤めた。

往時のヴィクトリア州

モレルが滞在した頃のヴィクトリア州の概況を『植民地省年鑑』に即して紹介しよう。同州は本州ほどの面積で、夏は隣接する北のニュー・サウス・ウェールズほど暑くなく、冬は海を隔てたタスマニア島ほど寒くない。真夏にも涼風が吹き過ごしやすいが、時折熱風が吹く。

五一年に金が発見され、瞬く間に様相が一変し、開発が進んだ。そして同年、北部のニュー・サウス・ウェールズ州から分離された。

英国女王の任命する総督が、内閣を組織し州政府の行政を司る。六地方から選出される三〇人で構成される諮問会、三六の選挙区から選ばれる六〇人の代表者会がある。二年ごとに諮問会の半数が改選されるが、一方代表者の任期は三年である。議員資格は五〇〇〇ポンド以上の資産保有者、あるいは五〇〇ポンド以上の年収のある者に限られている。一〇〇〇ポンド以上の資産保有者、あるいは一〇〇ポンド以上の年収のある者、加えて大英帝国内の大学卒業生、バリスターとソリシター、有資格の医師、司祭、有資格の教員、陸海軍の退役軍人も有権者である。しかし五七年に選挙資格制限廃止法案が議会を通過し、普通選挙が実施されることとなった。

六〇年代の総督は次の通りである。
五六年一二月二六日〜　ヘンリー・バークリー総督
六三年九月一一日〜　チャールズ・ヘンリー・ダーリング総督
六六年五月七日〜　ジョージ・ジャクソン・ケアリー行政官
六〇年代前半および七〇年八〇年、九〇年の財政や貿易統計について、『植民地省年鑑』を基にまとめると次の表ようになる。
肥沃な土壌と温暖な気候により、小麦、オート麦、大麦、葉煙草、葡萄を産する。六四年には、羊八四〇万頭、牛六四万頭、馬一二万頭、豚一一万頭が飼育されており、羊毛三〇〇〇万トンが輸出された。そして六三年には州内で、一二艘の船舶が建造され進水した。
六〇年代の男女比は約三対二で、ゴールド・ラッシュの残影、開発途上の植民地の特徴を示している。州経済は豊かな農業に支えられ財政も貿易も健全で、順調な発展は人口増加によく現われている。
なお六〇年からヴィクトリア州内の電信網の建設が進められ、六五年には中継基地七九、総延長五〇〇〇km、利用数二八万、収入三万四七七〇ポンドを記録している。
松村昌家他編『英国文化の世紀4　民衆の文化史』第六章「ヴィクトリア時代の移民――その現実と虚構」も参照してほしい。

メルボルン在住　六四年版『メルボルン人名録』「街路別名鑑」に、「エドモンド・モレル、コリンズ・ストリート西、テンプル・コート三〇番地」の記載がある。同「職業別名

ヴィクトリア州の財政，貿易，人口

年	歳　入 歳　出 財政収支：ポンド	輸　出 輸　入 貿易収支：ポンド	男 女 総人口：人
1860	3,006,326 2,587,637 418,689	12,962,704 15,093,730 ▼2,131,026	
1861	3,316,430 2,398,466 917,964	13,828,606 13,532,452 296,154	328,651 211,671 540,322（61年4月7日国勢調査）
1862	3,131,420 2,853,121 278,299	13,039,422 13,487,787 ▼448,365	325,768 229,976 555,744
1863	2,722,299 2,011,086 711,213	13,566,296 14,118,727 ▼552,431	561,322
1864	2,958,336 2,840,103 118,233	13,898,384 14,974,815 ▼1,076,431	589,160
1865	3,058,338 2,229,747 828,591	13,150,748 13,257,537 ▼106,789	365,317 278,595 643,912（66年12月31日国勢調査）
1870	3,261,883 3,428,382 ▼166,499	12,470,014 12,455,758 14,256	401,050 330,478 731,528（71年4月2日国勢調査）
1880	4,621,282 4,875,029 ▼253,747	15,954,559 14,556,894 1,397,665	452,083 410,263 862,346（81年4月3日国勢調査）
1890	8,519,159 9,645,737 ▼1,126,578	13,266,222 22,954,015 ▼9,687,793	598,414 541,991 1,140,405（91年4月5日国勢調査）

（註）　各年の『植民地省年鑑』を基に，筆者が作成した。▼は赤字を示す。62年の人口には，アボリジニ2,165人，中国人約24,000人を含む。

である。

鑑」技師の欄にも載っている。コリンズ・ストリートは、メルボルン旧市街地のほぼ東西を走る通り

ヴィクトリア州公文書館に、モレル夫妻の記録がある。同州「入国乗船者名簿」六三年四月に拠れば、ゴールデン・ホーン号でモレル夫妻が来豪した。同号ジョセフ・ライス船長の署名入り手書きの「乗客名簿」に、モレル夫妻の記載がある。公文書館記録では、Morellとあるが、船長の手書き書類原本を読むとMorelとなっている。同号は、六三年四月一七日にロンドンから到着した。

当時、英国サウサンプトンから豪州シドニーまで、スエズ、シンガポール経由で二万一〇〇〇km余、約六〇日の船旅だった。大部屋での雑魚寝ではなく客室を夫婦で使った場合四二五ポンド、上級客室の場合四八〇ポンドであった（Correspondence between Mr. Varnham and Dr. Featherstone. に拠る、ニュージーランド、ダネディン市ホッケン図書館所蔵）。ケープタウン経由やパナマ地峡経由より、日数も短くその分費用も安価である。英国と日本間の参考になる船賃である。

つまりモレルは、ハリエット夫人と一緒に、結婚一年後に英国を発ち、メルボルンに到着した。六四年版『メルボルン人名録』の調査が行われた時までには、コリンズ・ストリートに居を構えていた。

ドック建設計画

一九世紀中葉、船は鉄製の蒸気船の時代になり、維持管理や修理のため主要な港にはドック（船渠）が必要となった。人と物資は船で運ばれていたし、海底ケーブルによる電信網が敷設されていないところでは、船による郵便が唯一の国際通信手段だったからである。つまり重要な港では、ドック建設は不可欠で喫緊の課題だった。

「入国乗船者名簿」や『メルボルン人名録』を裏づけるように、六三年から当地の新聞記事にモレルの名前が登場する。

『アーガス』（メルボルンで発行）六三年六月三日に、次のような記事が掲載されている。E・クラーク氏は、「乾ドック（Graving Dock）」の特許を有している。E・モレル氏は、このクラーク氏に師事していた。モレル氏は、「乾ドック」の推奨と販売促進のため豪州に来た。彼は、英国と同じやり方で船舶を四〇分で上下できる方法を推奨している。バーケンヘッド（リヴァプール対岸の港町）、ミルウォール、ポプラー（双方ともグリニッジ対岸のテムズ川沿いドック）、香港などですでに使われている。彼は、公共事業総監査役ウォーデル氏と会談し、ウィリアムズタウンやサンドリッジ（双方ともメルボルン南方の港）で「乾ドック」を建設するよう勧めている。ホブソン湾鉄道会社の技師エルスドン氏とも面会した。同社の埠頭との連絡部分として「乾ドック」建設が計画されている。いくつか利点があると同時に、費用は約六・五万ポンドと見積もられている。しかし予算に関して、同社は権限がない。

メルボルン港（タスマニア島行きのフェリー，2013年9月撮影）

ホブソン湾鉄道会社は、六四年一月二一日『スタンダード』などに拠れば、当時収入も順調で九％

の配当を行い経営状態は健全だった。同社は五三年一月創設、五四年九月総延長約四 km で開業し、六五年に他の二社と統合し、七八年一一月法によりヴィクトリア州政府に買収された。

『アーガス』六月五日に、「ホブソン湾鉄道会社」の議長アベケット氏〔母方伯父トーマス・ターナー〕の名前が登場する。アベケット氏が、株主の利益を保証するよう求めたのに対し、モレル氏はドック建設費用の詳細な見積書を用意すると述べた。

『アーガス』一〇日には、「乾ドックの提案」という見出しつき六段記事が掲載されている。メルボルン商工会議所が公共事業の書記長、コミッショナー、および総監査役ウォーデル氏も同席して会合をもち、「乾ドック」建設問題について議論を交わした。五月三〇日付のウォーデル報告書を要約している。それに拠れば、ドックの建設場所は、当時物資の搬出入に使用されていたウィリアムズタウンが好ましい。安全性、耐久性、維持管理の容易さから「石ドック」が最もすぐれているが、築堤を含めて二三万ポンドを要する。「浮きドック」は四〇〇フィートの長さで、九・二万ポンド要る。「乾ドック」は七・七万ポンドで済む。ジャワ島や香港の「乾ドック」でトラブルが生じたが、香港では直ぐに回復した。それゆえに「乾ドック」が最も相応しい、とウォーデル氏は結論づけた。他にいくつかの質疑応答も載っている。最後にウォーデル氏は、「乾ドック」特許を有するクラーク氏の弟子モレル氏の返答を紹介し、工事期間は約二年であると結んでいる。

この記事の中で、五月二二日にモレルがウォーデルに宛てた手紙の一部が紹介され、モレルのことを「最近、当地に到着した紳士」と紹介している。

新聞にも名前が頻出し、ドック建設計画で重要な役割を演じた公共事業総監査役ウィリアム・ウィルキンソン・ウォーデルの経歴を述べておこう。

総監査役ウォーデル

『土木学会誌』「追悼記事」(第一三九巻、三六九〜三七一頁)と『オーストラリア人物事典』に拠れば、ウォーデルは二四年パン屋トーマスとメアリ・エリザベスの息子としてロンドン東部ポプラーで生まれ、三月三日オール・セインツ教会で洗礼を受けた。W・F・イーストの下で修行を積み、建築家となり、三〇余の教会に加え、イングランドとスコットランドでゴチック様式との折衷的な建物を造った。

ウォーデルは病弱だったため、五八年九月メルボルンに移住し、ペスリーの後を継いで六一年一月公共事業総監査役となった。担当は、鉄道と道路以外の建設である。ウィリアムズタウンのアルフレッド「乾ドック」、ヤラ川(メルボルン旧市街地南部)に架かる植物園に至る格子桁橋等々彼の手になるものが多数ある。六三年にはヤラ川洪水防止委員会議長となった。七五年には西豪州政府の求めに応じフリーマントルの港湾工事を諮問されたが、予算上の制約からパース・キングジョージサウンズ鉄道建設を勧告し直ちに実施された。ヴィクトリア州公共事業総監査役の年俸は、『植民地省年鑑』六三年版に拠れば一〇〇〇ポンド、六五年版から一二〇〇ポンドに上がっている。

ウォーデルは土木技師というより建築家として名高い。彼が設計したメルボルンのセント・パトリック大聖堂、リッチモンド(メルボルン郊外)のセント・イグナチウス教会、およびメルボルン政庁などが、今日でも利用され、観光名所となっている。

ウォーデルは七八年に上部機関と意見が対立して公共事業総監査役の職を辞し、シドニーに移った。そこでセント・メアリー教会、セント・ジョンズ・カレッジなどを建設した。

ウォーデルは、四七年一〇月五日、ロンドンのムーアフィールドで、オルダマン・バトラーの長女ルーシー・アンと結婚した（一〇月九日『ジャクソンズ・オックスフォード・ジャーナル』で確認）。九九年一一月一九日、シドニー北郊アプトン・グレンジの自宅で亡くなった。七五歳だった。

なお豪州に移住する前の五八年二月に英国土木学会準会員、六九年四月に会員となった。また英国建築家協会のフェロウでもあった。

冊子発刊

六三年一〇月二五日『アーガス』に、モレルが『ホブソン湾における乾ドック』を発刊した、という広告が載っている。コリンズ・ストリートのサミュエル・マレン社から一シリングで発売された。一〇月二二日同紙は、同冊子を受取ったと記している。「読者へ」と題するまえがきで、冊子作成の経緯が述べられている。森田のみがこの冊子のことに言及しており、筆者も教えてもらった。現在インターネットで閲覧可能となっている。

本冊子の著者〔モレル〕は、短いはしがきを付すことを望んでいる。彼は土木技師としての技能を実践したいという意図を抱き、数カ月前に当植民地〔ヴィクトリア州〕に到着した。著者はウォーデル氏に紹介され、同氏との話し合いの中で、ドック建設が当植民地の将来を見据えた大事業の一つであると確信した。著者はクラーク氏に師事してきたので、同氏に水力で船を引き上げるというクラークの発明が英国で大成功を収めていることを語った。同氏にヴィクトリア・ドックの石版図面を渡し、稼働しているクラーク氏の発明を例示しながら、この問題を徹底して検討した。続いて、同氏に設計図の写しを渡し、求めに応じて費用見積りを行った。ウォーデル氏は、著者と同じく五月の郵便でクラーク氏宛に書翰を送った。九月に植民地に着いた便で、両人は返事を受け取った。以下の要約は、著者が受け取った手紙からのものである。

この冊子は、本文一一頁からなっており、『アーガス』の紹介や要約と内容的にはほぼ同じである。クラーク「乾ドック」の建設運営方法を詳述している以外に、次のことが述べられている。ドックの型として、「マートン特許」「クラーク特許」「石ドック」、そして「浮きドック」の四つのタイプを挙げている。安全性、耐久性、維持費の廉価さから「石ドック」が最良だが、いかんせん建設費が嵩むとして、総合的には「クラーク特許」が望ましいと結論づけている。またクラークの業績も紹介している。

豪州・英国間で船便が約二カ月かかっていたので、五月に手紙を出し、九月に返事をもらったことに矛盾はない。二二歳のモレルでは技師としての経験が十分ではなかったので、単独でウォーデル氏を納得させることができず、クラークに確認と問合せを行った、と考えられる。

「クラーク特許」不採用　ところが『サウスランド・タイムズ』（ニュージーランドのダネディンで発行）、六三年一一月二五日に拠ると、メルボルンでの「乾ドック」は不採用となった。

「乾ドック」の建設は、メルボルン市で騒動の渦中にある。同市在住のモレル氏は、クラーク特許の代理人として、「水力式浮ドック」方式に則って建設するよう提起した。同方式では、七・二万ポンドの建設費で、船舶二艘が一度に受入れ可能となる。しかるに技官ウォーデル氏は、最初三〇万ポンドとの見積りであった固定式の「石ドック」にご執心である。ウォーデル氏は将来的な拡張が可能となる方式の建設を呼びかけた、それには一〇万ポンドかかる。ウォーデル氏が提案するドックは一度に一艘だけしか受入れできず費用も嵩むので、公共事業の通常の命運を鑑みると、最悪かつ最も金のかかる計画が採用されようとしている。

モレルが発行した冊子と一連の新聞記事から、次のように推測できよう。師クラークが「乾ドック」の特許を五〇年代後半に取得した。モレルは六三年四月に、「乾ドック」の推奨と販売促進のためメルボルン市に赴いた。伯父トーマス・アベケットが、当地の「ホブソン湾鉄道会社」の議長を務めているのを頼って豪州に行った。伯父の紹介で、公共事業総監査役ウォーデルと接触し、「乾ドック」建設を勧めた。当初ウォーデルも協力的で、共に細部を質問し確認する手紙を五月、クラークに送った。他方モレルは一〇月に『ホブソン湾における乾ドック』という冊子を出した。しかし事態は急転直下し、ウォーデルは建設費が四倍弱もかかる「石ドック」を採用した。モレルが冊子「読者へ」の記述で、ウォーデルとの関係を詳述したがゆえに、技官としての立場を窮地に陥れ、結果的に「乾ドック」が見送られた。

ウォーデルの経歴で述べたように、クラーク特許ではなくアルフレッド「乾ドック」が、ウィリアムズタウン港で採用され、六八年一月起工し、六九年七月に完成した。

「クラーク特許の勧誘」を、土木学会への入会推薦書でクラークは「自営」と表している。法律家の伯父トーマス、外科医の伯父アーサー、および従兄弟たちも、六〇年代前半には豪州で活躍していた。伯父サー・ウィリアムは六〇年には帰英していたが、五二～五七年にはヴィクトリア州初代最高裁長官を務めていた。このようにモレルは、母方親族のお蔭で豪州に親近感を抱き、技師としての経験はさほどなかったが「自営」できた。トーマスから、ウォーデルほどの人物を紹介してもらえたように、当地での母方のコネクションは強力だった。

3　ニュージーランド

往時のニュージーランド

メルボルンでのクラーク特許の勧誘と並行して、モレルはニュージーランド南島オタゴ地方のダネディン市にも「乾ドック」の建設を働きかけていた。メルボルンで採用される可能性が高かった時期に、次の目標に種蒔きをしている。しかし結局オタゴでもクラーク特許は不採用となり、モレルは水力技師以外の仕事に転換することとなった。

ニュージーランドにおける動向を、新聞記事を中心に追っていく。なお往時のウェリントンの様子は、ジョンソンの写真集が参考となる（Johnson, *Wellington by the Sea*）。

一六四二年、オランダ東インド会社の指示でオランダ人アベル・J・タスマンがこの地を探検し、一七七七年には英人ジェイムズ・クックが本格的に探検した。一八一四年に西欧人の入植が始まったが、三九年まで植民地化されなかった。気候は「南半球の英国」と称され、夏は英国のように涼しく、冬はイタリアのように暖かいと謳われている。

四〇年にニュー・サウス・ウェールズ州から分離され、ニュージーランドは一つの植民地となった。当初六つ、その後九つの地方政府（オークランド、タラナキ、ウェリントン、ホークス・ベイ、マールボロ、ネルソン、カンタベリー、サウスランド）から構成された。地方政府の長官と諮問委員会が、総督の承認を得て法律を制定し、行政を司っている。他方、総督、立法諮問会、下院が代表者会を構成し、統治している。諮問委員は終身制で、下院議員は四三の選挙区から五三人が選出される。有権者は五〇ポンド以上の土地保有者、あるいは純収入一〇ポンド以上の世帯主などに限定されていた。前節で紹介したヴィクトリア州より条件が緩く、六四年には成人六万二一九七人のうち有権者は一万九五二二人（三一％強）であった。

六〇年代の総督は、次の通りである。

五五年　トーマス・ゴア・ブラウン総督
六一年　ジョージ・グレイ総督
六八年　G・F・ボーエン総督
七三年　ジェイムズ・ファーガソン総督

人口、財政、および貿易面から当時の概況を『植民地省年鑑』を基に紹介しよう。歳入の変動が大きいが、歳出額の記載がなく財政状況は分からない。貿易面でも着実に拡大を続けていたが、金を含む輸出は輸入の半分程度で大幅な赤字となっている。男が女の一・五倍程度と人口構成が歪なことと大幅な輸入超過は、当時のニュージーランドが開拓段階にあり、金採掘の影響があったことを示している。またニュージーランドにはマオリ族住民が多く、西欧人入植者と度々争いごとが生じ、各地に軍隊が常駐していた。

オタゴの概況

オタゴは南端の州である。ウォルター・カーギル〔鉄道差配役ウィリアムの父〕がスコットランド人を率い開拓入植したので、彼に因んでインヴァカーギル（インヴァは河口の意、現地ではスコットランド風にインヴァカーゴと呼ぶ）という町がある。オタゴは地形、気候、土壌ともスコットランドに似ている。州都ダネディンはエディンバラと同じ意味で、同市の電話帳に〝Mac〟の項が独立してMとは別にあるように、スコットランド系の人が多い。

六四年末で、オタゴの入植開墾された土地は約六万ha、小麦、オート麦、大麦、玉蜀黍《トウモロコシ》、馬鈴薯《バレイショ》などを産し、馬一万頭、牛四・五万頭、羊一三〇万頭の家畜が飼育されている。

六五年版『植民地省年鑑』に、六一年国勢調査に基づく地方別年齢別人口構成から、ウェリントンとオタゴの表を作成した。ウェリントンの男女の年齢構成に、変わった点は見られない。他方オタゴの成年男子割合が突出している。一攫千金を夢見て金鉱山に分け入っていった男たちを、数値は示している。男女数の差がほぼゴールド・ラッシュによるものとすれば、約一・五万人がそれであり、さ

ニュージーランドの財政，貿易，人口

年	上段歳入，下段歳出 （財政収支：ポンド）	上段輸出，下段輸入 （貿易収支：ポンド）	人　口
1860	464,738 （歳出資料なし）	588,953 1,548,333　▼959,380	58年　約 60,000（西洋人） 約120,000（マオリ族）
1861	691,464 （歳出資料なし）	1,370,247 2,493,811　▼1,123,564	61,062（他に軍属男　6,273） 37,959（他に軍属女　1,021） 99,021（軍属計　7,294）
1862	1,186,009 1,513,697　▼327,688	2,422,734 4,626,802　▼2,204,068	125,812（白人） 5万～6万人（マオリ族）
1863	742,504 （歳出資料なし）	3,485,405 7,034,674　▼3,549,269	
1864	815,676 （歳出資料なし）	3,407,667 7,000,655　▼3,592,988	64年12月31日 106,479（他に軍属男 10,069） 65,452（他に軍属女　1,904） 171,931（軍属計　11,973）
1865	902,124 （歳出資料なし）	3,724,691 5,587,683　▼1,862,992	
1870	1,384,639 （歳出資料なし）	4,822,756 4,639,015　183,741	256,393 （71年国勢調査）

（註）各年の『植民地省年鑑』を基に，筆者が作成した。空白部分は複写史料で不明だった。▼は赤字を示す。軍属には子供を含む。

1861年国勢調査に基づく，ウェリントンとオタゴの年齢別人口構成

	16歳未満	16～40歳未満	40～55歳未満	55歳以上	年齢不詳	合計
ウェリントン	3,067	2,341	885	333		6,626（男）
	3,064	2,017	639	220		5,940（女）
	6,131	4,358	1,524	553	0	12,566（合計）
オタゴ	2,833	13,861	1,785	259	2,423	21,161（男）
	2,656	2,729	472	145	0	6,002（女）
	5,489	16,590	2,257	404	2,423	27,163（合計）

（註）1865年版『植民地省年鑑』から，筆者が作成した。

らに捕捉されざる三〇〇〇人が山に入っていると推定されているので、一・八万人となる。なお、ダネディン市で男四一六九人、女二三五四人、インヴァカーギル市で男三九一人、女二一八人となっている。したがって約二万人が市の外に住んでおり、うち三割弱が農牧業、七割強が山師ということになる。調査対象外人数を含めると、郊外に二・三万人、うち金山に八割弱となる。黄金狂時代を示す数値である。

逆に、山師以外の人が六万haを分有しており、平均五人家族とすれば、一家族当り平均六〇haを有し経営規模は大きく、初期投資は嵩むが、生活は安定していたといえる。

オタゴへの勧誘

六三年七月二一日『オタゴ・デイリー・タイムズ』に（ダネディンで発行、以下『オタゴ』と略す）、モレルの署名入りで「特許活用の提案」と題した、同紙編集長宛の文書が掲載されている。メルボルン市内の住所を明記し、七月九日に投稿している。建設費用の低廉さ、将来拡張の容易さなどを挙げ、クラーク特許の優位点を強調している。

クラーク氏に師事した者として、クラーク特許の採用が、私は最も重要であると考えています。……（中略）経済性は幾多の優越性の中の一つにすぎません。私は〔メルボルンで〕ウォーデル氏の求めに応じ、ホブソン湾でのドック建設に関する見積りを準備しています。手元の資料により、私見として現に六・五万ポンド要すると書くつもりです。他方、クラーク氏からの情報を心待ちにしており、受け取り次第、直ちに公刊するつもりです。

モレルは、メルボルンでのクラーク特許採用が有力視されている時点で、オタゴへも働きかけている。勧誘が順風満帆と目されていた時期の文面である。

他方、ヴィクトリア州立公文書館に「モレル氏が六三年一一月アルディンガ号でオタゴへ向け出航」という記録がある。メルボルンを諦め、オタゴへ移動したことを意味している。しかしクラーク特許で、オタゴのドック建設が行われたという記事は見当たらない。

ニュージーランドで転進

モレルは、メルボルンとオタゴでの、クラーク特許の勧誘に失敗した。そこで豪州やニュージーランドで、それ以外の仕事をするか帰国するかの選択に迫られた。新聞記事に拠りながら、その後の行動を追っていこう。

六四年八月二三日『オタゴ』に、「英国から志願した主任技師が到着するまでの繋ぎとして、政府技師の一人であるモレル氏が技師部門の長として当地方〔ウェリントン〕に赴任することを了承した」と記されている。

九月二七日『ウェリントン・インディペンデント』のウェリントンから南へ向かう乗客名簿に、カインダー夫人、モレル夫人（Mrs. Kynder, Mrs. Morel）がある。後者はハリエット夫人、前者は義母エリザベス・ワインダー（Elizabeth Wynder）の綴りミスであろう。

ところが、一〇月四日『オタゴ』に、次のような記事がある。モレルは技師部門の長を約束されている、と受け取っていた。しかし「モレルがウェリントンに到着する前に、ロンドンの代理人が主任技師を派遣する」ので、一旦「技師補佐の地位を受け入れていたモレル氏がその職を辞し、オタゴに帰ってしまった」。一〇月七日『オタゴ』は、九月二二日『ニュージーランド・アドヴァイザー』（北部のコロラレカで発行）に拠るとして、地方政府とモレルの対立により生じた問題を、次のように紹介している。事前に聞いていた雇用条件と実際に提示された条件に齟齬があり、モレルが立腹しオタゴに帰ってしまった。そのためウェリントンには技師がおらず、業務に支障が出ている。

モレルの経験や技量に対する疑念から、技師補佐が提示されたのではない。契約確認と意思疎通が不充分だったので、事態がこじれた。

そして一一月七日『オタゴ』のメルボルンへ向け出航した乗客名簿、同紙一一月二八日のメルボルンから帰航した乗客名簿に、モレルの名前がある。

六三年春以降二年間のモレルの足取りは、これ以上明らかにならない。これらの新聞記事とクラークによる土木学会入会推薦文とは、お互いに補強し合う内容である。

いずれにせよ、この期間、豪州やニュージーランドでモレルは鉄道には関わっていない。

六五年七月一五日『ティマル・ヘラルド』に（ティマルはクライストチャーチとダネディンの中間）、ブルージャケット号がリトルトン（クライストチャーチの外港）から八一日をかけて四月一一日に英国のファルマスに到着したとある（四月一二日号 *The Shipping and Mercantile Gazette* でも、同号の四月一一日到着を確認できる）。所要日数から喜望峰経由であろう。その乗船名簿に、モレル夫妻に続きウィンディ夫人（Mr. and Mrs. Morell, Mrs. E. Windy）がある。後者は義母であろう。日程的にも、モレルの土木学会への入会申請時と矛盾がない。

六三〜六五年における、船上分を含めて豪州とニュージーランドのモレル姓の「出生証明書」および新聞記事を探したが、見つからない。したがって、この時期に子供は生まれていない、といえよう。

4　土木学会

英国土木学会

本節ではまず土木学会について述べ、その上で彼が入会した経緯を詳述する。「英国土木学会会員に推薦されたことは彼の学歴の高さとともに、すぐれた鉄道技術者としての評価を得ていた」と紹介されていることがある。学会入会の経緯も、モレルの技量と建議の背景を説明するのに利用されており、検証する必要がある。

ウェストミンスターの土木学会本部資料室で、モレルの「入会申請書」を閲覧できる。さらに申請書に推薦署名した七人の経歴を調べることで、モレルとの接点を探り、ラブアンに赴くまでの動向のヒントが得られるかもしれない。

一七七一年に会員が上級技師に限定されているスメトニアン土木技師協会が結成され、一八一八年にはヘンリー・パーマー主導による八人の若手技師の協会ができた。

このような前段階を経て、英国土木学会はジョージⅣ世治下に勅許状を得て、正式に組織化された。ロンドンとエディンバラの王立協会フェロウであったトーマス・テルフォード（一七五七〜一八三四年）の指導で、技術工学（原文はMechanical Science）の一般的発展、特に土木技師の専門を構成する知識の獲得を促進するために、二八年六月、王立協会の中に設立された。一九一〇年四月の改正規程第一節「目的」にも、この旨が明記されている。『オックスフォード英国鉄道史』にも、「土木技術」の項で多少表現の異同があるが、ほぼ同じことが説明されている（同書、八三頁参照）。

土木学会本部（19世紀中葉）

当時の「土木学会憲章」には、「自然の大いなる力の源泉を、人類の使用と便益のために監督する技巧」が当協会の本質であると同時に目的とされている。具体的には、内外の公益のための生産手段や交通手段として、道路・橋・水路・運河・河川航行・船渠の建設、港湾・突堤・灯台の建設、公益のための人工的な航海術、機械の建設や改造、都市の下水処理などが掲げられている。

以上は、主に英国『土木学会会報』第一巻に拠っている。

元来「土木技師（Civil Engineer）」は「工兵（Military Engineer）」に対する語であり、当初は民生部門の技師全般を指す語であった。また産業革命以前の停滞していた時代を脱し、市民社会の発展に寄与する工学、日常生活を快適にする技術という意味合いも込められている。彼らには、文明化された時代を支える技師、産業革命の担い手という自負心がある。

村岡健次は、技師の中で土木技師の地位が最も高く、入会するにはプロフェッショナルとしての知識や教養を要求された、と紹介している（村岡『ヴィクトリア時代の政治と社会』第三部第一章「技術者の社会的地位——土木技術者を中心に」）。

『土木学会誌』を繙き、活動内容を検討すればこのような事情が鮮明に浮かび上がる。機関誌『土木学会誌』は、三七〜三八年に第一巻が発行され、会員数の増大、学会活動の活性化に伴い七〇年から年複数巻の発行となった。

学会の活動範囲の広さを物語る例を挙げよう。九三年リチャード・フランシス・トレヴィシック（世界初の機関車製作者大トレヴィシックの孫）の指導により、神戸鷹取工場で国産初の機関車が設計製造されたが、彼はその設計図を土木学会にも送り、現在も本部資料室が保有している。また『土木学会誌』第九三巻に、森林太郎博士「汚水における病原体」の要旨が載録されている（ドイツ語論文、岩波『森鷗外全集』第二八巻、四九一〜四九八頁）。これは留学中の鷗外がドイツの雑誌に発表した論文で、軍医のドイツ語論文が抄訳掲載された。さらに、事務管理・経理部門の「お雇い外国人」アーサー・スタンホープ・オルドリッチが、日本関係加入者の賛同を得て八三年一一月に「準会員」として、運輸部門のウォルター・フィンチ・ペイジも九七年三月に「準会員」として加入した。

時代が進み科学技術の発展につれて、徐々に大世帯では運営に支障をきたすようになった。早くも四七年に「機械学会」、七一年に「電気学会」、一九〇八年に「構造工学学会」、一九二二年に「化学工学学会」、一九四五年には「材料工学学会」が分離独立していくというように専門分化が進んだ。その過程で残ったものを中心に、現在の「土木」がある。「土木工学」が工学部門の本家本元であることは論を俟たない。

直訳すると「土木技術者協会」となるが、定期的に学術的な研究発表会を開催し、それを中心に雑誌を発行し、本部に図書館を併設しているので、「土木学会」の訳を当てている。

英国土木学会は、最も伝統があり現在でも重要な役割を果たし続けている。ウェストミンスターの一等地グレイト・ジョージ・ストリート一番地に、威風堂々たるゴチック風の建物が本部である。モレルが入会した頃は二五番地（現在は財務省）にあった。玄関右手の壁には、後見人〔Patron〕である女王陛下の大きな肖像画が掲げられている。また廊下や階段の壁一面に飾られている歴代会長の肖像画や写真は、無言のうちに伝統と威厳を物語っている。前述のテルフォードにはじまり、歴史に名前を留める錚々たる人たちが、歴代会長を務めてきた。

入会

六五年五月、師クラークの提案と他六人の推薦者の署名を得て、「準会員（Associate）」としてモレルの「入会申請書」が提出された。五月二日委員会で審議了承され、二三日の会議で投票の結果、許可された。モレルは五月二九日に署名入り「入会誓約書」を提出し、入会金三ギニーを含む四ギニーの学会本部建設拠出金を払った。それゆえ、帰国していたことを確認できる。入会時の住所は未定だったので、「入会申請書」にはニュージーランド、ウェリントンと記されている。メルボルンで「準会員」ウォーデルの賛同を得られず「クラーク特許」の採用が見送られたことも、入会の動機と考えられる。つまりモレルは、学会員の高いステータスや発言権を欲した。「準会員」資格は二五歳以上だが、クラークは半年不足していたにもかかわらず、豪州とニュージーランドでの労苦に報いることもあってか、提案推薦している。モレルが遠隔地で仕事をしていたことを勘案し、前倒しして推挙した。「四一年誕生説」では一年半の未充足になり、この点でも無理がある。森田も年齢不足を指摘し、錯誤あるいは看過があったと類推している（Morita, "Edmund Morel," in *Britain and Japan*, vol. 2, p. 346, note 3）。

ところで、下賜休暇帰国中の灯台寮技師リチャード・ヘンリー・ブラントンが、七三年五月に「準会員」から「会員」に移行した。彼は四一年一二月生まれなので三一歳だったが、遠隔地在任中という事情を勘案し、約一年半前倒しして裁可された。この時、第二代鉄道技師長ボイルも推薦人に名前を連ねている（「入会申請書」、土木学会整理番号2395, Form A. 105）。

入会を裁可され、モレルは「準会員証」を受取った。ジョン・ローリー氏が提示してくれた、ジョン・イングランドの「準会員証」と「会員証」から、このように明言できる。肩書もそれまで単にＣＥ（土木技師）と記されていたが、以降ＡＩＣＥ（土木学会準会員）と称すことができた。

モレルの経歴紹介のほとんどが「会員」と記している。しかし当時「会員（Member）」資格は、満三三歳以上であり、モレルが「会員」になることはありえない。『土木学会誌』「追悼記事」にも、最後に「モレル氏は一八六五年五月二三日、学会準会員に選ばれた」と明記している。

師クラークの経歴、豪州やニュージーランドでの実務は、モレルが土木学会に入会するまで鉄道建設の技能や経験がほとんどなかったことを示している。それゆえラブアンへ赴く前に、鉄道技師としての訓練を受けたはずである。実務経験がなくては、ラブアンでの任務を受託できない。

その可能性を、学会入会時のクラークを含めた推薦者七人との関係、およびそこから類推されるモレルとの接点から探ってみよう。

推薦者グレゴリー

推薦者各人の『土木学会誌』「追悼記事」に拠れば、ブライト、ラティマー・クラーク、アドレイら三人が電気電信技師である。エドウィン・クラークが一八五〇年代前半に電信部門で特許を取得し、弟ラティマー・クラークが電信部門で業績を上げているので、繋がりは自然である。その他、グローヴ、ピッツ、グレゴリーら三人が鉄道技師である。推薦者は、錚々たるメンバーだった。

モレルとの関連で、チャールズ・ハットン・グレゴリーに興味ある点がいくつかある。

グレゴリーの父オリンサス・ギルバートは、教育機関として評判の高かったウリッチ王立軍事学校の数学教授であった。グレゴリーは、トテリッヂで教育を受け、父の指示で数学と論理学を学んだ。初めはティモシー・ブラマーに師事し、次にマンチェスター・バーミンガム鉄道でロバート・スティーヴンソンのもとで技師補佐となり、ウリッチの「乾ドック」でジェームズ・ウォーカー（一七八一

土木学会入会時の推薦者

氏　名（生没年）	『土木学会誌』「追悼記事」の巻，頁	略歴，寸評，土木学会入会年
エドウィン・クラーク（1814〜94）	120巻（1895年），344〜354頁	土木技師，電信技師，水力技師，50年入会。モレルの師匠。
チャールズ・ティルストン・ブライト卿（1832〜88）	93巻（1888年），479〜487頁	電気電信工学会会長（86〜87年）。62年入会，65年テルフォード・メダル受賞。下院議員，ラティマーとも親しかった。
ラティマー・クラーク（1822〜98）	137巻（1899年），418〜423頁	クラークの弟。電気電信工学会会長（74年），王立協会会員，王立地理学会会員。58年入会。
エドモンド・グローヴ（1823〜1911）	185巻（1911年），387頁	鉄道技師，50年入会。
ジョセフ・ピッツ（1812〜70）	31巻（1871年），253頁	幼少の頃苦労した，鉄道技師，57年入会。
チャールズ・ハットン・グレゴリー卿（1817〜98）	132巻（1898年），377〜382頁	父はウリッチの数学教師，鉄道技師，38年入会，土木学会会長（67〜69年）。
チャールズ・コールズ・アドレイ（1828〜96）	125巻（1896年），414〜416頁	マン島のキング・ウィリアムズ・カレッジで学ぶ，電信技士。62年入会。

（註）『土木学会誌』の各「追悼記事」を基に，筆者が作成した。

〜一八六二年）に師事した。ウォーカーはスコットランド出身で、主としてロンドン東部のテムズ川沿いのドック建設に携わった。テルフォードを継いで、土木学会第二代会長に就任している（一八三四〜四五年）。

グレゴリーは、四〇年にロンドン・クロイドン（ロンドン南部）鉄道の専従技師となり、運行を妨げずに路線拡充や橋梁の変更を行った。四一年には、以降鉄道で使用される手旗信号を考案し、『蒸気機関の実践管理法』というこの種の本としては最初のものを出版した。クロイドン・イプソム鉄道建設に携わり、四六年にイザムバード・キングダム・ブルネルの後を継いでブリストル・エクスター鉄道の技師長となり、イングランド南西部の鉄道建設を行った。

グレゴリーは三八年に土木学会に入会し、四五年に会員となり、六七年から二年間会長を務めた。また八三年には爵位を授かっている。

グレゴリーが親切で礼儀正しいことは有名であった。思考、行動、用語法などの点で正確無比であり、それゆえ彼の言葉や書いたものには絶大な信頼が寄せられていた。長年にわたって土木学会の会合に出席し、審議においては重要な役割を演じた。面接に際しては公平無私であり、緊張感をほぐすことにもたけていた。

六八年一月二一日の会長就任に際し、グレゴリーは土木学会創立五〇周年を念頭に講演を行った（『土木学会誌』第二七巻、一八〇～二〇三頁）。一八年一月二日六人の会員で発足したが、半世紀を経て一四七二人になり、財政も健全で、理論的にも経験科学としてもその社会的評価が一段と高まっている。学会の尽力により英国の資源が拡大し、世界の文明が物質的に豊かになっている。彼は学会の使命と成果をこのように謳いあげた。そして、二八年一月四日にトーマス・トレゴルドが学会報告で述べたことを引用しながら、再確認している。「土木工学の最重要の目的は、内外の交易に資するため、生産手段や各国の交通機関を改善することにある」（同誌、一八二頁）。グレゴリーの講演内容は、素材と加工法の発達による陸海運の整備が主であった。学会の使命、役割、成果については先に述べたことを補強する内容である。時代背景としてクリミア戦争、南北戦争、プロシア主導によるドイツ統一に向けた戦争などがあり、父親がウリッチの教師であったことも関わっている。

グレゴリーの経歴から、モレルは六五年五～九月に彼に師事して鉄道技師としての訓練を受けた可能性がある。グレゴリーは、モレルのラブアン在勤中に土木学会会長に就いており、実力のみならず名声も抜群だった。ラブアン赴任に際し、植民地大臣エドワード・カードウェルからキャラハン総督に紹介してもらえたのも（第三章一節）、グレゴリーの助力があったからかもしれない。

この仮説だと、具体的な資料的裏づけを欠いているが、日本の軌間選択を含めたその後のモレルの動向をうまく説明できる。グレゴリーの「追悼記事」で、南アフリカの鉄道の部分が重要なので訳出しておこう。

ほぼこの時期に彼（七〇年頃のグレゴリー）は招聘されてケープ政庁鉄道の顧問技師に就任した。建設計画路線は三フィート六インチ軌間であることが、ケープ政庁によりすでに決定されていた。彼はその条件を受入れ、鉄道車両を設計し、レールの重量を鉄製レールでヤード当たり四五ポンドおよび鋼鉄製レールで四六・二五ポンドへと大幅に強化するというケープ政庁当局の提案を含めて、将来の発展をみこした交通体系のあり方の計画を練った。その時から、レールの規格はヤード当たり六〇ポンドに引き上げられた。ケープ植民地鉄道の測量と建設に多数のスタッフを指名し、その大多数はコントラクターの干渉を排除して任務を遂行した（『土木学会誌』一三二巻、三八〇頁）。

第三章　鉄道と関わる

1　ラブアン在勤

北ボルネオ

モレルは、家業のワイン商を継がず、一八五八年に著名な技師クラークについて修行を始めた。六三年、母方縁者が多く活躍していた豪州メルボルンに赴き、続いてニュージーランドのオタゴで「クラーク特許」のドックを推奨したが、結局うまくいかず、ニュージーランドでくすぶっていた。六五年に帰国し、土木学会の加入条件を一応満たしていたので、クラークの推挙で準会員として入会した。このように前章では、鉄道との関係が薄かった技師としての経歴の前半部分を紹介した。

本章では、六五年末以降、ラブアン島と南豪州で鉄道に関わった経歴を史料に則して再構成していく。そこに技師長・政策建議者としての素地や日本赴任の動機を見出せるかを探っていこう。

モレルは一八六〇年代後半、少なくとも二年余は北ボルネオのラブアン島にいた。『土木学会誌』と『ジャパン・ウィークリー・メイル』（『メイル』と略す）の「追悼記事」でも、同島在勤を明記している。植民地省の史料にあたれば、ラブアンの石炭会社に雇用派遣されたことが判明する。また土木学会『加入者名簿』でも同島在勤を確認できる。

モレルは、ラブアン滞在中に何をしていたのか、何ができたのか。無為に過ごしていたのか、力を蓄える雌伏の時だったのか。モレル在島中の動向を再構成し、その意味あいを考えよう。これまでは同島の位置確認が疎かにされ、ほとんど言及されてこなかった経歴である。

島の概況

ラブアンは、ボルネオ島の北岸ブルネイ湾に浮かぶ島で（北緯五度、東経一一五度辺）、面積約九二平方km（伊豆大島ほど）、西に向かって鮫の背鰭《ひれ》の形をしている。シンガポールと香港の間にあり、蒸気船時代の一九世紀中葉は水と石炭と生鮮食料品の補給のみならず、地政学上も中継港として重要拠点であった。名前は「投錨地（Pelabohan）」に由来する。気温は二一〜三四度、年間降水量約四〇〇〇mmの熱帯雨林気候である。

サーストン『植民地省、自治領省、英連邦省記録』、および七〇年版『植民地省年鑑』から関連部分を紹介しよう。

ラブアンは、一八四六年にブルネイのスルタンから英国に割譲され、四八年に総督に統治権が付与された。他の地域とは別の独立した植民地であったが、九〇年に英国「北ボルネオ会社」に委譲された。……（中略）一九〇六年に海峡植民地総督がラブアン総督を兼務し、〇七年に同島は海峡植民地に組み入れられたが、一二年に再び分離された。第二次世界大戦中には、日本軍の降伏まで占領されていた。そして四六年に、〔ブルネイ、サバ、サラワクと一緒に〕北ボルネオに統合された。

良質の石炭が豊富にあり、シンガポールと中国の間を往来する船舶に多大なる便益を提供している。良港にも恵まれ、輸出入は無税である。貿易全般が急速に増加し、樟脳、真珠、グッタペルカ〔ゴムに似たもの〕、燕の巣、蜂蠟、サゴ〔椰子の髄から取れる澱粉〕や他の品目がボルネオなどから輸入されている。

同島の炭鉱は、一八六九年に新たに締結された条件で、向こう四二年間オリエンタル石炭会社に賃貸された。七〇年一二月二五日以降、四万トンまでの石炭採掘権を許容している固定賃借料が、年当たり三〇〇ポンドから一〇〇〇ポンドに、採掘料はトン当たり一シリングから六ペンスに変更された〔固定分を引上げ、従量分を半減〕。石油採掘料は、一〇ガロン当たり六ペンスから一〇〇ガロン当たり二シリング六ペンスに引下げられた〔一〇〇ガロン単位に変更した反面、一〇ガロン当たり三ペンスに半減〕。

六八年に民間病院が開業し、最初の学校と公設市場が建設され、ヴィクトリアの町に明かりが灯った。二つのサゴ専用工場とカカオ油脂工場が操業しており、インディゴ〔藍〕のプランテーションが創業予定である。

一九七五年一月のマレーシア政府報告書に、石炭に関する調査が載っている。数センチ弱の薄い層が散在し、岩盤が崩れやすく海底に続いていると述べ、採掘に懐疑的である（『予備計画報告書』二八頁、一八三頁）。すでに掘り尽くし、北ボルネオ会社が一九一一年に石炭採掘を放棄した理由としても納得できる。

マレーシア政府は一九九〇年代に、香港の中国返還による人材流出や資本逃避の受け皿として、開発を志向し、特別区としてサバ州から独立させた。海洋レジャーを中心とした観光地化、租税特区による金融センター化を図っている。またブルネイの隣にあることから、石油や天然ガスの開発も行っている。

一八六〇年代

六〇年代後半、島の立法・行政は、総督を長とする数人から構成される委員会で執行され、それに若干名を加えた判事が司法権を行使していた（『植民地省年鑑』に拠る）。

六一年六月二六日ロンドンで、資本金一〇万ポンドのラブアン石炭会社が設立された。出資者にオリエンタル銀行関係者が七人おり、チャールズ・J・F・スチュアート取締役会議長と日本の鉄道差配役となったウィリアム・ウォルター・カーギルが含まれている。また後年、登記地も同銀行の傍に移された。日本赴任以前から、モレルとカーギルおよび同銀行との接点を窺わせる。なお同社は八二年五月七日清算された（国立公文書館資料番号【BT31/481/1885】参照）。

六二年六月に石炭試掘の報告があり、六三年九月にブルネイのスルタン（ムスリム王）に炭鉱賃借料が支払われている。六五年四月埋蔵量、採掘量、輸送の報告を受け、六月鉄道敷設が提案された。

ラブアンの財政と貿易

年	歳入	歳　出	財政収支	輸　出	輸　入	貿易収支	石炭産出量
1856				20,080	33,916	▼13,836	5,132(51年)
1857				7,035	25,257	▼18,222	
1858				5,069	16,097	▼11,028	
1860				12,603	37,842	▼25,239	
1861	1,609	6,903	▼5,294	14,693	53,140	▼38,447	
1862	1,658	6,619	▼4,961	13,122	42,774	▼29,652	
1863	2,086	7,430	▼5,344	22,322	71,365	▼49,043	
1864	2,203	8,379	▼6,176	48,202	84,049	▼35,847	
1865	3,290	7,484	▼4,194	58,626	104,190	▼45,564	11,830
1866	3,913	6,959	▼3,046	58,290	109,134	▼50,844	11,317
1867	3,625	6,586	▼2,961	107,976	127,452	▼19,476	
1868	4,760	7,404	▼2,644	203,852	229,725	▼25,873	
1869	6,396	5,528	868	57,739	101,484	▼43,745	
1870	7,158	7,301	▼143	61,218	122,982	▼61,764	
1878	7,418	7,212	206	156,616	157,522	▼906	3,717
1888	*18,393*	*18,829*	*▼436*	*419,546*	*357,954*	*61,592*	
1898	*52,934*	*60,617*	*▼7,683*	*797,615*	*928,829*	*▼131,214*	46,770

（註）　各年の『植民地省年鑑』およびラブアン博物館展示パネルに基づき，筆者が作成した。石炭はトン，78年までの財政・貿易はポンド，88・98年はドル表示（イタリック）。▼は赤字を示す。

政庁のある南部ヴィクトリア港（現在のバンダル・ラブアン）から、北端タンジュン・クボン炭鉱（現在「煙突資料館」がある）に至る路線が計画された。資材を港から炭鉱に運び、採掘した石炭を町や港に輸送するのが目的だった（【CO714/90】、COは植民地省の略）。

各年の『植民地省年鑑』から島の財政、貿易、人口の推移をまとめておこう。モレルが赴任する前の六二～六五年は、歳出が歳入の三倍ほどで大幅な財政赤字、輸入が輸出の二倍ほどで貿易も赤字だった。六三～六五年の輸出額の増加は、石炭輸出が増えたことを、また輸入額の増加はその資材の輸入増加を意味してい

ラブアンの人口の推移（1859～1911年）

		白人あるいは西洋人	有色人	計
1859年調査	民間人	19	1,043	1,062
	軍人	6	95	101
	小計	25	1,138	1,163
63年調査		40	3,305	3,345
67年調査（軍人，受刑者を除く）	男	36	2,554	2,590
	女	9	1,229	1,238
	小計	45	3,783	3,828
71年国勢調査（軍人，受刑者を除く）	男	43	2,984	3,027
	女	7	1,864	1,871
	小計	50	4,848	4,898
81年国勢調査		47	5,948	5,995
91年国勢調査		28	5,825	5,853
1901年国勢調査		51	8,360 うち中国人1,615	8,411
11年国勢調査				6,546

（註）　各年の『植民地省年鑑』より，筆者が作成した。単位は人。

る。六六～六八年には歳入が約二倍となり歳出の三分の二程度におさまり、輸出も輸入の四分の三ほどとなって、双子の赤字が改善された。六九年には歳入が増え、ほぼ財政が均衡するようになった。

島内貯蓄を無視すると、輸入超過から財政赤字を差し引いた分だけ、島内向け投資があったことになる。それゆえ六二年には二・五万ポンド、六三～六六年には毎年ほぼ三～四・五万ポンド、六七～六八年二万ポンドほどの活発な開発投資が行われていた。

［投資－貯蓄］＝［財政収支］（赤字）
－［貿易収支］（赤字）

次に、人口の推移をみよう。五九年調査から六三年にかけて約三倍に増加し、六七年から七一年にかけて一〇〇〇人余増えている。これらから、有色人男性が女性の二倍ほどという事実とあいまって、島が開発段階にあったことを示している。他方『植民地省年鑑』七〇年版で、政庁関係で西洋人一四人の名前が挙げられている。つまり他に西洋人の民間人男性が二〇人程いた。また駐留軍人を除き、西洋人がその一〇〇倍程度の有色人を統治していた。

植民地大臣 カードウェルの訓令

六五年五月の土木学会加入後の経歴に関して、『メイル』「追悼記事」では五年近く、『土木学会誌』「追悼記事」では六九年健康を害し南豪州に移るまで、モレルはラブアンに居たとされている。土木学会『加入者名簿』では次のようになっている。

六六年一月〜六七年八月　ウェリントン
六八年一〜七月　（単に）ラブアン
六九年二月〜七一年四月　中国汽船会社ラブアン
七一年七月　帝国政府鉄道、横浜、日本

土木学会年会費の納入、刊行物の送付や連絡のために、加入者は学会本部に住所変更を逐次届けていた。本部資料室の名簿で、変更届け分が担当者により手書きで修正され、直後の版で訂正・印刷されている。すなわち、多少の時期的な遅れはあるが、名簿・住所録の信憑性は高い、といえる。

六五年二月八日ロンドンで、資本金五〇万ポンドの「中国汽船・ラブアン石炭会社」（「ラブアン社」と略す）が設立された（【BT31/1058/1878C】、最終清算一九〇六年三月二九日【BT31/1065/1914C】）。そしてラブアン社の発起人トーマス・ブルースら七名が二三日、植民地大臣エドワード・カードウェルと面会した（六月二〇日『モーニング・ポスト』ロンドンで発行）。

カードウェルは、一三年七月リヴァプールで生まれた。オックスフォード大学ベリオル・カレッジで古典学（リベラル・アーツに相当）と数学を学び、三五年卒業。三八年にバリスターになったが、四二年下院議員となり政治家に転身した。六四〜六六年植民地大臣になった後、六八〜七四年グラッドストーン内閣で戦争大臣に就任し陸軍改革に辣腕を振るった。激務で健康を害し、八六年二月デヴォン州トーキーで死亡した。六三年、同大学から名誉学位を贈られている（『オックスフォード人物事典』）。

ラブアン社の鉄道敷設計画のマネージャー兼技師として、モレルが雇用され派遣された。彼は、それまで鉄道建設の経験がなかったので、ラブアンに向け出発するまで、訓練を受けていたと考えられる。因みに、灯台寮技師として採用されたブラントンも灯台建設の経験がなく、来日前に数カ月間その訓練を受けている（『土木学会誌』「追悼記事」第一四五巻、三四〇〜三四一頁）。

六五年一〇月二日、ラブアン社のジョン・ヒッキーがカードウェルに、同島に向けモレルが出発したことを報告した（【CO144/24】四四八頁）。

鉄道予定路線調査のため、モレル氏が出発

土木技師エドモンド・モレル氏が、ヴィクトリア港から炭鉱に至る鉄道の計画路線を調査する任務で、今夕ロンドンを離れラブアンに向け出発したことをご報告申し上げます。ボンベイ（現ムンバイ）経由でシンガポールへ航行するので、直接モレル氏に連絡することはできません。

先月二八日付の書翰を拝受しました。モレル氏に対し全面的にご助力下さるよう、キャラハン総督にご指示戴くようお願い申し上げます。閣下に彼を個人的にご紹介し、彼の報告により程なく会社の業務が滞りなく進んでいくことを確信しています。　頓首

植民地大臣カードウェル閣下　　議長ヒッキー拝

これを受け、一〇月一一日、トーマス・キャラハン総督宛にカードウェルが、ラブアン社からの書翰の写しを添えて「モレルのことを宜しく頼む」旨の訓令を送った（【CO144/24】四四九頁）。

一八六六年一月九日、キャラハン総督はモレルがラブアンに到着したことを植民地省に連絡した。

ラブアン到着

汽船石炭会社の新しいマネージャーのモレル氏が〔六五年〕一二月一三日に到着し、鉄道計画の実現可能性について好意的な報告を行ったことをお知らせします。炭鉱の状況に若干の進展がありますが、いまだに石炭採掘量は低い水準のままです。しかし会社側の報告によれば、中国人苦力一〇〇人とその家族がラブアンに到着し、採掘料の延滞分はブルネイのスルタンに近いうちに支払われる予定です（【CO352/3】五六頁）。

キャラハンは三月六日、本省に次のように報告した。

ラブアン港
（2006年１月撮影）

カードウェル大臣の指示により、お知らせする次第です。モレル氏の到着を伝えるラブアン総督の報告書の写しを同封しています。炭鉱からヴィクトリア港に至る鉄道の計画路線を調査し、炭鉱に関する情報収集と分析のために、モレル氏はラブアン石炭会社から派遣された技師です（【CO144/25】九頁）。

またヒッキーにも同日付で、モレル氏が無事到着し、炭鉱に関する情報収集と分析を行っていることを知らせた（【CO144/25】一〇頁）。

ラブアン社に、採掘効率化のための鉄道建設計画が持ち上がり、モレルが雇用され、派遣された。モレルの赴任を、会社は事前に植民地省に伝え、カードウェル大臣も承知していた。大臣はラブアン総督キャラハンに「モレルを宜しく」と依頼し、総督はそれを忠実に実行した。会社と植民地省の密接な関係のみならず、モレルは大臣や総督にも面識があり期待されていたことを示している。

単身赴任

新聞の乗船記録で、ラブアン行きの動向を追ってみよう。『ロンドン・アンド・チャイナ・テレグラフ』（『テレグラフ』と略す）と『ロンドン・アンド・チャイナ・エクスプレス』（『エクスプレス』と略す）六五年九月二七日に、モレル氏がボンベイ経由でシンガポールに向け、一〇月五日にマルセイユ港を出航するという記事が掲載されている。ヒッキーが植民地大臣に知らせたように、モレルは一〇月二日夕刻、ロンドンを出ている。

全くの余談だが、妹アグネスが一〇月二日に、ハムステッドで遺言書を認《したた》めている。英国を留守にすることが多かったためか、兄エドモンドは遺言執行人に指名されていない。

六五年九月七日、一〇月一〇日『テレグラフ』に、（駐日公使）パークス夫人が幼児と召使いを連れ上海に向けサウサンプトンを一〇月四日に出航、という記事がある。九月一六日同紙に、パークス夫人がマルセイユから上海に向け一〇月一二日に出航する、とある。『エクスプレス』にも同様の記事がある。

モレルは、パークス夫人より一週間早く東洋へ向かい、一二月一三日ラブアンに到着した。当時シンガポールとラブアンの間には蒸気船の定期便がなく、風まかせの帆船を待つしかなかったが、それを勘案しても日数がかかりすぎている。航海のどこかでパークス夫人と一緒になり、その知遇を得た可能性がある。因みにパークスは、六五年三月日本駐在公使を拝命し、六月二四日に長崎に着き、七月一八日に横浜に上陸した（ディキンズ『パークス伝』三頁）。他方パークスは上海まで家族を迎えに行き、六五年一二月二九日『ジャパン・タイムズ』に拠れば、夫妻が二人の子供を伴って上海からカディス号で来日したとある。

乗船記録にはモレル夫人の記載がない。また炭鉱には女性がおらず、島には若い西洋人女性がカサリン・ロウ以外にはいなかった（『ヴェランダ』八九頁、九八頁）。つまりモレルは単身でラブアンに居たことになる。ところで筆者は二〇〇六年一月下旬に現地を訪れたが、お盆を感じさせる蒸し暑い真夏のような気候だった。島の衛生・健康問題に加え、この体験が「単身赴任」を確信させた。

ラブアンでの仕事

ラブアン文書の六五年報告【CO144/24】の最後にラブアン社関係文書がまとめてある。この四一六～四一七頁に、一八六五年四月八日付でラブアン社が植民地省宛に、建設の趣旨や目的を簡潔に述べた「炭鉱とヴィクトリア港を結ぶ鉄道建設」と題する書翰が保存されている。同島の地理的な戦略上の利点を克明に述べた後、鉄道敷設により季節・天候によらず恒常的に石炭の採掘・配送ができるようになると説明している。このマネージャー兼技師として、モレルが派遣された。

モレルは六五年一二月一三日ラブアン島に到着し、早速予定路線の測量を始めた。六六年二月三日、始発駅をヴィクトリア港西側から東側に移動することも含め、延長七マイル強、総工費三万ポンド弱と見積った。その中に、一割の二七二五ポンドが技師報酬として含まれている（【CO144/25】四九～五〇頁）。

六九年のラブアンの地図に、町づくり計画地図、鉄道予定線の記入がある（【MPG1/824】）。

六六年二月一九日付植民地大臣宛報告書で、キャラハン総督はモレルの路線調査のことを詳述し、総督自身が大部分の路線調査に同行した、と一五日付書翰にある（【CO144/25】五七～六一頁、四一～四八頁）。密林の伐採権を含め線路の両側それぞれ一マイルが提供されるので、モレルは路線選択を含めやや広い領域を調査した。測量中に炭鉱から四km離れたジャングルの三地点で石油の湧出を発見したが、当時は内燃機関が未発達だったので重要視されなかった（六五年一二月三日『サンデー・タイムズ』にも石油湧出の記事がある）。因みに隣接するブルネイは、現在天然ガス産地として有名である。なお植民地省文書で、六六年一一月まではキャラハン名となっているが、一二月からはヒュー・ロウ代理に替わっている。キャラハンが健康を損ね、離任したことによる（【CO144/25】四七二～四七三頁）。

モレルがラブアン社宛に、六七年五月一八日、二四日、六月一八日、二五日に書いた手紙、およびラブアン社の代理人J・スペンサー・プライスが六月八日、一〇日にシンガポールから、二二日にマニラから出した手紙などがまとめて活字印刷され収録されている（【CO144/26】四七九～四九一頁）。内容は、主として石炭採掘に関する報告である。他方、五月一八日付の手紙で、モレルは標準ゲージの機関車一両を、三～四日内にシンガポールへ船で送ると記している。敷設予定の鉄道は、標準軌ではなかったことを示している。

六月一八日と二五日にモレルが、ジョン・ピットマン（モレルとの詳しい関係は第五章三節参照）のことを、プライスが信頼を寄せている人物と述べている。ピットマンは到着以降うまく原材料費を削減し、海事部門監督者として産出した石炭の売り込みを近隣の港湾に行っている、と六五年一一月二八日『モーニング・ポスト』が伝えている。

モレルは、労働力確保に頭を痛め、囚人労働や中国人苦力の導入を検討・要請したが実現しなかった。石炭採掘や鉄道建設に要する労働力確保が困難で、ブルネイのスルタンへの採掘権料支払いも採算見通しを圧迫した（Wright,『英領北ボルネオ起源』九〇頁参照）。このようにして彼の在島中、技術的問題はなかったが、鉄道を完成できなかった。

『土木学会誌』「追悼記事」に拠れば、石炭採掘用の立抗も掘った。現地を訪れると、「煙突資料館」展示パネルの説明文にあるように、その跡がある。

六七年一二月二一日、モレルがピットマンと連名で、測量・土地登記官のジェームズ・セント・ジョン宛に、タンジュン・クボン炭鉱から手紙を出している（【CO144/27】一九〜二二頁）。この二〇年間、様々な名称変更を経ながら石炭採掘会社が二五万ポンドも注ぎ込んで事業を継続してきた。しかし株主は全員イングランドに住んでおり、誰一人として島の現状や将来について語る資格を有していない。前例を破りこの一二カ月間、総督に会社の窮状を伝えるよう要望してきた。取引仲間のお蔭で、これまでどうにか困難を切り抜けてきたが、シンガポールや中国の会社の代理人も送金を手控え、いよいよ立ち行かなくなってきた。会社を清算し資材を売却しようにも、意思決定はロンドンでなされ、島には法律顧問もおらず、銀行もなく、八方塞がりの状態である。以上が、手紙の大意である。

この時点でラブアン社の経営が行き詰まっていることを示し、着任早々のヘネシー総督に窮状を訴え一縷の望みを託した。しかし、「ラブアン石炭会社」とラブアン社から、六八年三月一一日オリエンタル石炭会社に石炭採掘権などが譲渡された（【CO386/147】）。

モレルは熱心かつ誠実に職務を遂行したので、会社側は彼を高く評価し、キャラハン総督も信頼を寄せていた。キャラハンの本省宛報告書には、常に土木技師あるいは土木学会準会員（CE, AICE）と記したモレルの名前が頻出する。（【CO144/26】の会社側の手紙も参照）。

モレルは、ラブアン社の残務処理などの件でA・ラムズデン（経歴不詳）と連名で政庁宛に手紙を出している。七月四日、七日付の両名の手紙が、六九年第一〇報告書に同封されている（【CO144/29】四七〜四九頁）。そのことから六八年七月まで同島に居たことは確認できたが、それ以降の資料は見つからない。なお『植民地省年鑑』は政府刊行物なので、民間人モレルの名前は載っていない。

「中国汽船・ラブアン石炭会社」　国立公文書館で、「ラブアン社」（中国汽船・ラブアン石炭会社）の設立趣旨書や約款を閲覧できる（【BT31/1058/1878C】）。約款に拠れば、蒸気船や帆船を購入、貸借、建造し、喜望峰以東から日本以西に至る区域で、石炭、商品、および乗客を運ぶことをその業務とし、主としてボルネオ、ラブアンで石炭や他の鉱産物の採掘に従事する。

一株二〇ポンドの株式を二・五万株発行して資金調達を目論んだ。発起人に、ピカデリー在住のルーベン・デイヴィッド・サッスーン、および下院議員ウィリアム・ミラーが名前を連ねており、モレルとの繋がりを連想させる。取締役は二五株以上の所有者がその条件とされたが、設立当初は発起人がそのまま取締役となった。八〜一六人から構成される取締役は、総体として年二五〇〇ポンドの報酬を得る。

約款七六～八〇条にマネージャーに関する条項がある。役員会はマネージャーを任命し、約款の範囲内で、一定期間彼に権限を付与できる。役員会が俸給、口銭、あるいは配当などによって、彼の報酬を決定する。この条項に依拠して、モレルがマネージャーに任命された。

ラブアン社は当座の資金を調達するため、一・八万の株式を発行し、とりあえず一株につき三ポンドを六五年七月一日、二ポンドを八月一日に払い込むよう六月一九日付で公示した（六月二一日『スタンダード』ロンドンで発行）。ところがある株主の投稿が、九月五日『スタンダード』に掲載された。ラブアン社役員が現状報告や状況説明を怠っているので、株式購入者は払い込みを躊躇し市場で取引が成立せず価格もついてない、と不信感や不安感を募らせている。ラブアン社には発足時から暗雲が垂れていた。六六年三月五日、第一回株主総会が開催された（二月二〇日『モーニング・ポスト』など）。ラブアン社役員は、同島で産出する石油にも触手を動かそうとした（三月五日『デイリー・ニュース』ロンドンで発行）。なお三月七日『モーニング・ポスト』には、建設予定の鉄道に関して一カ所だけ言及がある。

六七年八月一六日『デイリー・ニュース』に、ラブアン社の株主総会が一五日午後開催された、との記事がある。モレルと六月八日同島に到着したプライスの報告書が、総会に付された。未消化分株式の販売、あるいは追加払い込みにより資金を調達し事業を完遂させ、困難を克服し将来を切り開こう、と総会議長ジェームズ・エルフィンストンが提案した。労働問題も解決に向かい採掘権を有する大量の石炭も利用できる。モレルの測量に基づき三万ポンドの費用をかけて鉄道を建設し石炭採掘量を増やし収益改善を図る、という案だった。しかし株式が市場で一割弱も未消化で、一・六万ポンド余の負債があることなどで、この提案は採択されなかった。そこで顧問ソリシターのJ・H・マッケンジーが追加的な財務報告を行い、一株当たり一・五ポンドの追加払い込みを行って負債を一掃し、五万ポンドの社債を新会社に移すという修正案を提起し、これが採択された。同時に、ラブアン社の保有する船舶が売却されるまでは新たな払い込み請求はしない、との条件がつけられた。

ラブアン社は、ラブアンの資産を約二二・二万ポンド、保有船舶四・四万ポンドと財務状況を説明している。この数字は、モレルがラブアンでの石炭採掘に二五万ポンドも注ぎ込んできたと述べているのとほぼ符合する。

株主総会のあった一五日午前中に、取締役たちが植民省次官に面会した。この面会にヘネシー新総督も同席していたので、彼らは新総督にラブアンでの助力を要請した。それまで何かにつけ政庁はラブアン社の妨げとなってきたが、ヘネシー就任によって状況が一変するとエルフィンストンは確信した。キャラハンがモレルに親身だったことを勘案すると、ラブアン社の不満の対象はロウ総督代理のことを指しているようだ。

この『デイリー・ニュース』記事は、モレル報告と相俟って、ラブアン社が資金提供せず、労働者の手配もうまくいかなかったため鉄道が建設されなかったことを示している。

結局ラブアン社は資金的に行き詰まり、六七年に清算された。炭鉱の西洋人たちは、六八年一月に給料五カ月分が未払いとなった。外科医のジョン・ガヴァロン・トリーチャーが、ラブアンの法廷に

英国国立公文書館のラブアン関係資料

公文書館請求番号	主な内容
BT31/481/1885 〔BT：商務省〕	ラブアン石炭会社の約款，株主一覧。1株10ポンドで1万株，資本金10万ポンド。 1861年6月19日，ロンドンのロンバート街からスレッドニードル街に住所変更。W・W・カーギルも出資。
BT31/1058/1878C	中国汽船ラブアン石炭会社という名称。65年2月8日設立申請。1株20ポンド，2.5万株，資本金50万ポンド，本社ロンドン。
BT31/1065/1914C	ロンドン市内で住所を2回変更。1906年10月清算申請，07年3月清算。 株主一覧にW・W・カーギル（140株保有）の名前がある。
BT31/1314/3394	ラブアン社の約款。1866年12月28日登記。1株5ポンド，8万株，資本金40万ポンド。 その第7項に，鉄道敷設を謳う。
BT31/4635/30445	中国汽船会社，1897年6月特別清算。
BT41/339/1954	ラブアン社の約款と整理宣告書。
CO144/24 〔CO：植民地省〕	ラブアンとの交信 1865年4月8日，ヴィクトリア港から炭鉱（タンジュン・クボン）までの鉄道建設計画。 5月8日付書翰で，ラブアンの地理的な戦略上の利点を述べた後，鉄道敷設によって季節・天候によらず恒常的に石炭の採掘・配送ができるようになると主張。 10月2日，建設予定路線の調査のため，技師モレル氏がロンドンを出発した。 10月11日，キャラハン総督宛，モレルが出発したから宜しくという趣旨の手紙。
CO144/25	キャラハン総督の報告書 1866年3月6日ラブアンから発信：ラブアン石炭会社から派遣された技師モレル氏が到着した，とカードウェル植民地大臣に指示されて報告。 2月15日発信：鉄道は予定よりやや長く7.5マイル，総額は3万ポンドを超えないだろう。モレルに同行して走査し，技術上の困難はないと報告。ただし，発着駅をヴィクトリア港の東に移動したい，と。 2月3日発信：モレルは，総工費＋技師報酬で，総額3万ポンドと見積る。 2月19日発信：炭鉱から2.5マイル離れた密林の深い穴で，石油が3つの池で湧出しているのを発見した。ラブアンの埋蔵量は未調査で不明。
CO144/26	中国汽船ラブアン石炭会社関連で，モレルの手紙が活字印刷されて収録されている。1867年5月18日，24日，6月18日，25日。 6月8・10日，21日，7月4日付の手紙で，プライスがモレルのことを述べている。
CO144/27	1867年12月31日，ピットマンと連名でモレルが，タンジュン・クボンから手紙。68年1月1日の返信。 68年2月1日，モレルからコーディ宛手紙。2月2日の返信。
CO144/69	1890年9月16日，北ボルネオ会社W・M・クロッカー宛アーサー・ダッジョンからの鉄道などに関する書翰。 9月25日，中央ボルネオ会社ウィンチェスター・ホース宛クロッカーからのラブアン鉄道に関する書翰。
CO146/45 CO146/46	1892年までに5マイル，93年に8マイルの鉄道全部が完成した。ゲージは，2フィート5インチ。総工費は，約3万ポンド。 60年代後半の計画図と照合して，路線や工費の面で，モレルの計画と類似している。
CO146/45～59	鉄道に関する簡単な報告が載っている。
CO352/3	1860～67年，ラブアンとの往復書翰 1865年7月5日キャラハンの書翰：ラブアン石炭会社が建設予定の鉄道。 66年1月9日キャラハンの書翰：モレルが12月13日に到着し，建設予定路線の可能性について好意的な報告を行った。100人の中国人苦力とその家族が来る予定。 2月15日，モレルが，鉄道建設費用を£3万と見積り，始発駅を港の西側でなく東側に提案。 2月19日，石油探査についてフェニックとモレルが対立。 8月2日，9月22日にも建設予定鉄道について報告。 12月から，キャラハン総督に代わりロウが総督代行となる。 1867年2月1日，ラブアン石炭会社の頭痛の種は炭鉱の状態である。 日付の記載がないが，モレルがシンクレアから100ポンドの損害を被った，とある。

CO352/4	1868～77年，ラブアンとの往復書翰 1868年1月1日，ライフル義勇軍にモレルが参加した，とある。 3月27日，平和委員会にモレルの名前がある。 1869年5月26日，発着駅用地とヴィクトリアの都市計画について。 5月27日，ヴィクトリア港が東洋最高の港と自讃。喫水線，台風回避など。
CO386/111	地中海，セイロン，香港，ラブアン，フォークランドからの報告書 1865年4月13日，中国汽船ラブアン石炭会社による鉄道建設に言及。
CO386/147	1869年3月，ラブアン石炭会社と中国汽船ラブアン石炭会社から，オリエンタル石炭会社への譲渡書。
CO404/4	1865年4月24日，E・カードウェル植民地大臣からキャラハン総督へ，ラブアン社が炭鉱とヴィクトリア港間の鉄道を計画していると報告。 10月11日付，カードウェルからキャラハン総督への書翰：ラブアン石炭会社からの手紙を転送。技師モレル氏がロンドンを発ちラブアンへ向った。モレル氏は，鉄道予定線の調査を行うので，全面的に協力するよう要請している。
CO700	ラブアン，ボルネオの地図：1906年エドワード・スタンフォード作成の地図。北部の炭鉱とヴィクトリア港を結ぶ鉄道が建設中とある。シンガポールと香港へ海底電信も記入されている。
CO714/90	ラブアンからの報告書 1850年エドワーズ総督，61年7月に総督代理キャラハンが62年総督に。 63年2月ロウが総督代理に，12月キャラハンが総督に復帰。 1860年10月28日，石炭会社に西洋人10人らが到着したという報告。 62年2月27日，ラブアン石炭会社マネージャーのシンクレアが到着。 6月20日，石炭試掘報告。 63年1月13日，英国王室船への石炭の供給不足。 9月1日，ラブアン石炭会社がブルネイのサルタンに炭鉱の賃借料を支払う。 65年4月28日，石炭の埋蔵量，採掘量，配送に関する報告。 6月5日，ラブアン石炭会社による鉄道敷設計画の提案。 66年1月9日，モレル到着との報告。 2月15日，提案されている鉄道の見積り。 2月19日，石油発見の報告。 8月2日，ヴィクトリア港と鉱山を結ぶ鉄道の提案。 9月11日，石油試掘せず。 9月22日，中国汽船ラブアン石炭会社による鉄道敷設計画。
FO12/34A, B 〔FO：外務省〕	1864～65年，69年のラブアン関係外交文書：石炭採掘に関し，悲観的見解。サルタンに年＄3000支払うことにコメント。
FO572/2	ブルネイ，サラワク，北ボルネオ会社に関する秘密報告書
FO572-38	1904年，ボルネオ事情に関する報告書：No. 18，24にヒューイット領事が北ボルネオ鉄道について報告。No. 86～88，ラブアンの吸収・統合に関するコメント。
FO572/39	1904年，ボルネオ事情に関する追加報告書：1905年5月17日植民地省宛に，ラブアンの統治を海峡植民地管轄に移行するように，というルーカスの提案。6月10日，外務省から植民地省へ，5月17日提案を通告。
MPG/1/824 〔MPG：地図〕	ラブアンの町づくり計画地図，鉄道予定線の記入あり。

（註）　英国公文書館資料より，筆者が作成した。

三六〇〇ドル（七五〇ポンド）の債権支払いを求めてラブアン社を提訴した。六九年五月一九日に判決が下され、ヘネシー総督、ブライアン・アークデーコン・コーディ、中国人が判事となった法廷は、ラブアン社に二割減の二八八〇ドルの支払いを命じた。この経緯が、シンガポール発行の『ストレート・タイムズ』六月五日に掲載されている。

会社整理に伴い、ラブアン社は株主に第一回清算金として六二・五％を（一ポンドにつき一二シリング六ペンス）、六九年三月一日に支払った（二月二六日『デイリー・ニュース』などに拠る）。

公文書館所有のラブアン関係史料を表として整理したので参照してほしい。

鉄道の完成と廃線

結局、ヴィクトリア港と北部の炭鉱を結ぶ鉄道は、「北ボルネオ会社」時代に英国人技師アーサー・J・ウェストにより九三年に完成した。延長八マイルの軽便鉄道であった。石炭だけでなく乗客も運んだ、とあるがそれは炭鉱労働者だと思われる（K. G. Tregonning.『勅許会社支配下で』五六頁参照）。ウェストは九〇年代初頭からラブアンの鉄道、完成後は一九〇三年までボルネオ本島サバ州の木材運搬を主とするバカウ線建設（一ｍ軌間）に従事していた。土木学会名簿に、ウェストの名前はなく、出自や経歴も判然としない。またラブアン博物館、「煙突資料館」の説明文や写真からも軽便鉄道だったことが見て取れる。なお九四年にシンガポール、ラブアン、香港間に電信が敷設された。

国立公文書館の「北ボルネオ会社」資料に拠れば、九二年までに五マイル、九三年に八マイル全部が完成した。二フィート五インチの軌間で、総工費約三万ポンドだった（【CO146/45】二七六頁、

【CO146/46】二九二頁）。六〇年代後半の計画図と照合して、距離が一マイルほど長いが路線や工費の面でモレルのプランとほぼ同じであろう。この軌間選択で、日本との関連を裏づける資料は発見できない。ダブリン発行の『フリーマンズ・ジャーナル・アンド・コマーシャル・アドヴァタイザー』（『フリーマンズ』と略す）九二年六月二二日に、ラブアンの鉄道関連で、機関車、車両、石炭船などを二〇万ポンドで購入した旨の記事が掲載されている。

長年ラブアン政庁に務めていたヒュー・ロウは、八九年に引退していたが、九七年一月三〇日（土）「ボルネオ北西部の海岸」と題して、ロンドンの勤労者学校で講演した。ラブアンで採掘される石炭は船に積み込む際に全く埃を出さず、燃焼時の煤煙がほとんど出ず水蒸気も有毒ガスも発生しない良質のものである。さらに、熱帯雨林地帯なので様々な種類の樹木が生えているが、その中でサゴは

ラブアンの石炭産出高と採掘料（1880〜1910年）

年	石炭産出量：トン（採掘料：ポンド）	年	石炭産出量	年	石炭産出量
1880〜82	*2,150* *(1,053)*	1899	38,100 (1,952)	1905	14,816 (1,370)
1890	*2,600* *(1,065)*	1900	31,488 (1,787)	1906	21,487 (1,537)
1894	*14,957* *(1,374)*	1901	21,136 (1,528)	1907	35,224 (1,880)
1896	52,071 (2,302)	1902	27,476 (1,686)	1908	38,026 (1,950)
1897	43,891 (2,097)	1903	27,161 (1,679)	1909	61,855 (2,546)
1898	46,770 (2,169)	1904	13,033 (1,325)	1910	86,689 (3,167)

（註）1896〜1904年分は『植民地省年鑑』，それ以前はラブアン博物館展示パネル（イタリック）に基づき筆者が作成した。産出量４万トンを超過した場合にも，1869年契約に準拠して採掘料を計算し，シリング以下は切り捨てた。なお1883〜88年は採掘されなかった。

鉄道完成前後の貿易収支（1889〜1898年）

年	輸出額 輸入額 ドル表示 （貿易収支）	年	輸出額 輸入額 （貿易収支）
1889	378,339 299,346（ 78,993）	1894	482,820 852,880（▼370,060）
1890	207,898 337,376（▼129,478）	1895	566,621 685,889（▼119,268）
1891	265,107 363,022（▼ 97,915）	1896	593,938 707,749（▼113,811）
1892	365,556 565,772（▼200,216）	1897	653,688 884,833（▼231,145）
1893	247,399 518,414（▼271,015）	1898	797,615 928,829（▼131,214）

（註） 1900年版『植民地省年鑑』により，筆者が作成した。▼は赤字を示す。

貴重な野菜源である。彼はこのように、ラブアンのことを紹介している（九七年二月一日『タイムズ』）。九三年に鉄道が完成し石炭採掘料が増え、話題になっていたので、四〇年余ラブアンに在住していたロウが講演に呼ばれ、美辞麗句を並べたのであろう。

鉄道完成と併行して石炭採掘量が増加した。しかし六九年に締結された石炭採掘契約が四二年間の期限を迎え、炭田は放棄され、一九一一年鉄道は完成後二〇年弱で廃線になった。

一八八〇〜一九一〇年の石炭産出高の変遷表から次のようなことが読み取れる。一八九六年以降一五年間の平均産出高は三・七万トン強で、六五年頃と比べて三倍強、八〇年代（の採掘された年）の約一五倍に増加している。鉄道効果といえよう。採炭量は、鉄道完成直後に増加し、その後湧水に悩まされ、減少した。やがて排水用に強力なポンプを設置し、採掘契約が満期を迎える前に「駆け込み」的に増加した。

一五年間の平均採掘料がトン当たり一シリング強だった石炭は、英国船にトン一五シリング（三・

六ドル）で販売されていた。ヴィクトリア港に運ばれた石炭は、蒸気船でマニラやシンガポールにも運ばれた。なお水はトン当たり一ドルで頒布された。

また鉄道完成前後の貿易収支を調べてみよう。九二～九四年に大幅な輸入超過となっているが、それは敷設用資材や運行用機材の輸入によるものであろう。九五年から輸出が増加しているのは石炭産出量が増えたことを示している。

鉄道廃線後、そこは道路として使用されていた。太平洋戦争で日本軍が占領し、ボルネオ守備軍司令官前田利爲（旧加賀藩主前田本家第一六代当主）に因んで「前田島」と改名した。戦争末期、激戦を経てアメリカ軍に占領された。島に両軍の兵士の墓と慰霊碑がある。そして、この道路が総司令官に因み「マッカーサー道路」と命名された（S. R. Evans et al.,『ラブアンの歴史』参照）。

余談ながら、母方伯父ギルバート・アボット・アベケットの孫娘の夫サー・ヒュー・チャールズ・クリフォードは、一九〇〇～〇一年ラブアン・北ボルネオの総督となった。また幕末期の初代英国公使サー・ラザフォード・オルコックは後年「北ボルネオ会社」の社長を務めた。何かの縁であろう。

2　ラブアンの環境と総督

歴代総督

モレルがラブアンにいた一八六〇年代後半の総督は、キャラハンとヘネシーである。七歳の違いはあるが、両名ともにアイルランド南西部コーク出身で、アイルランドの大学を経て、ロンドンで法曹資格を取り、転じて植民地省に入った。主たる任地は英国領島嶼《とうしょ》が多かったが、その一つがラブアンである。奇しくも、両名は五〇代半ばで世を去った。

ところで、ジェームズ・アーサー・ポープ・ヘネシーが祖父ヘネシーの伝記『ヴェランダ』を一九六四年に出版した。三〇〇頁ほどの書物で、国立公文書館史料、任地の新聞記事、加えて手紙やメモなど手書きの私文書に当たり、現地も訪れて著した。その中で、ジェームズは、往時のラブアンの生活環境、関係者の性格や行動、祖父の私生活を活写している。特にヘネシーと義父ロウを巻き込んだ妻カサリンとの夫婦間の確執が、第二巻「ラブアン」三章三節で赤裸々に述べられている。同書は六〇年代後半、ラブアンにいたモレルの暮らしぶりや人間関係を知る上で参考になる。

本節では、まずラブアンの環境と人間模様を、ジェームズの著書に則りながら説明する。次に二人の総督の経歴を紹介し、モレルとの関係を推測する。その前に七〇年までの歴代総督を記しておこう。

四七年　ジェームズ・ヘンリー・ブルック
四八年　ウィリアム・ジョン・ジョージ・ネイピア副総督
五〇年　ジョン・スコット副総督
五六年　ジョージ・ワレン・エドワーズ
六一年　トーマス・フィッツジェラルド・キャラハン
六六年　ヒュー・ロウ総督代理

六七年　ジョン・ポープ・ヘネシー

六〇年代には、シンガポールからラブアンまで、蒸気船だと四～五日で着けた。定期便ではない帆船二艘が往来し、風まかせで一週間以上、時には三週間もかかっていた。ラブアンまでの電信ケーブルは未だなく、貴重な情報源である郵便や新聞も、帆船に頼るしかなかった。

島での生活

島の西からボルネオ本島の高山（最高峰は北部のキナバル山、標高四一〇一m）に向けて厚いカーテンのような鉛色の雲が次々に押し寄せ、べっとりとした湿気をもたらし、雷が頻発する。藪蚊と耳障りな熱帯密林に生息する鳥の鳴き声で、慣れるまで眠れない夜が続く。

マカダム法舗装道路はなく貝殻が敷いてあるが、果物の皮、魚の頭、ココナッツ殻が散乱し、雨が降ると泥濘《ぬかるみ》がひどく踝《くるぶし》までのめりこみ、歩くのに骨が折れた。ごく一部の者が馬やポニーを持っていた（『植民地省年鑑』に職権上の保有者を記入）。排水施設、便所も貧弱で衛生状態は劣悪だった。

特に外部調達の難しい野菜類は、種類のみならず質量ともに思うようには入手できず、生鮮品は腐りやすく、食生活を制約した。前述のロウ講演と違い、生活は不自由だった。

このような環境下で、香港から転任してきたキャラハン総督は病気に罹り、六六年に離任した。後任のヘネシー総督は、政庁を四〇〇mほど内陸に移し環境の改善を図り、同時に病院を建て天然痘予防に尽力した。またシンガポールからガス灯を買いつけ、明りを灯した。軍人を減らして費用を削減し、代わりに飲酒取り締りにアイルランド人警察官を呼び寄せた。六八年一月一日にライフル義勇部隊が結成されたが、軍人の穴をうめるためでもあった。モレルもこの部隊に参加した（【CO352/4】一頁）。ヘネシーは、アヘンと酒の独占も廃止し、ヴィクトリアの町を清潔にし、お蔭で船の寄港も増え貿易が盛んになり歳入も増えた。

電信が通じておらず、ロンドンとの交信に日数がかかるので、総督が独裁者として振舞う素地があった。事実ラブアンで、改革を進めようとした喜怒哀楽の激しいアイルランド人総督と物静かなイングランド人部下との間に軋轢《あつれき》を生んだ。部下が植民地省へ実情を訴えようにも、総督を通じないとできず不満が鬱積していった。そして極端な係争が、度々ヘネシー総督と義父ロウとの間で持ち上がった。熱帯雨林の気候、外界からの隔絶、目標のなさが、西洋人社会を緊張と苦悩の坩堝《るつぼ》という閉塞状態に陥らせていた。

ジェームズは、炭鉱のことにも触れている。石炭はウェールズ産より燃焼が早く、多量の煙を排出し、洗浄し難く、裁断粉砕しにくい（ロウ講演と違い評価が低い）。石炭層には恵まれているが、密林の峡谷にあり、排水も困難で採掘は容易ではない。炭鉱とヴィクトリア港を結ぶのは、海岸に沿う小さな船だけだった。それも浅瀬が多く搬送には危険を伴った。そこで密林を切り拓き、延長八マイルの（鉄道ではなく）道をつくった。

炭鉱では一五人ほどのスコットランド人が働いていたが、鬱蒼と生い茂る密林、心臓にこたえる蒸し暑さ、マラリアなどの病気に苛《さいな》まされた。特に降雨後の水浸しの坑道、天井を支える腐りかけの柱と梁。それでも地上の熱帯雨林より、坑道の中の方が涼しい。とはいえ、政庁の役人や船乗りよりも、鉱夫たちの境遇は過酷だった。会社が雇った医者が炭鉱に居たが、鉱夫の死亡率は並外れて高かった。若い西洋人女性は一人もいない。賃金は証票で支払われ、鉱夫たちは中国人商人に現金化してもらうために四割も買い叩かれた。

ヘネシーは、炭鉱を訪れ坑道にも入った。帳簿を克明に調べた結果、マネージャーが法外な給料を受取り、会社の金が浪費されていることを知って愕然とした。石炭会社は二〇年間で二五万ポンドも注ぎ込んだが、一ペニーの収益も上げず、政庁に賃料を払ってこなかった、と批判した。石炭は存亡の鍵とジェームズは述べている。

モレルの後任マネージャーとして、アレクサンダー・ラムスデンが赴任し、ヘネシーの妹メアリーと結婚した。

政庁の役人

二四年五月一〇日生まれのヒュー・ロウは、四八年以降島に住みつき、動植物の専門家で会計官を務めていた。六〇年代初頭から、警察署長を兼ね立法行政委員会にも名前を連ね、総督不在時には代理に任ぜられた。現地語を解し、自宅の周りには何種類もの植物を植えていた。七九年に叙勲され、八九年の引退時にGCMG勲章を授かり、一九〇五年四月一八日イタリアのアラッシオで客死した。遺産は四六〇ポンド弱だった。

ロウは、スコットランド人ウィリアム・ネイピアを父に、マレイ人を母に持つキャサリンと、四八年八月シンガポールで結婚した。ロウ夫妻には、息子ヒュー・ブルック、娘カサリン・エリザベス

（一八五〇～一九二三年）がいた。五一年母キャサリンが亡くなった後、彼らはロンドンで造園業を営んでいた叔父スチュアート・ロウに育てられた。カサリンは、その後スイスで教育を受け、六六年一二月にラブアンに戻った。当時の島には、若い西洋人女性は彼女一人だった。つまりハリエット夫人は、島に来ていないことを意味する。

ヘネシーは、着任一〇週間後の六八年二月、一七歳のカサリンと結婚した。しかし、改革を志向するヘネシーと守旧派の義父ロウが度々ぶつかり、その都度カサリンは実父ロウ側につき、子供を連れて実家に戻り、公私も絡み夫婦関係には波風が立っていた。ヘネシーが選挙がらみで借金を抱え、本国に婚外児がいたこと、カサリンは持参金なしだったこと、ヘネシーが妹メアリーと従弟コーディを私設秘書として同行したこと（六七年七月二五日『フリーマンズ』で確認できる）、現地語を解するロウの長年の経歴、これらが事態をこじれさせる。ヘネシーは敢然とロウを公職から追放しようとし、コーディを会計官兼立法行政委員に命じ、その後、私設秘書として弟ウィリーを呼び寄せた。両者は、このように徹底して反目した。

夫妻には三人の息子が生まれたが、諍《いさか》いが絶えなかった。現にヘネシーの死後、カサリンは亡き夫の本を売り払い、文書を焼却し、九四年にはさっさと再婚してしまった。

トリーチャーという医者（一四～八六年）が四八年以来、島に居た。年齢よりも老けて見え、当時あまり仕事もせず、若いジェームズ・マクロスキーに任せていた。ノートもつけず、天候も記さず、足が弱って往診もせず、政庁関係者しか診ず、炭鉱には出向かなかった。二五年も前の医学書しか持っておらず、病気の原因追及には無関心で、予防のための衛生面での重要性にも気をとめない頑迷な札付きだった。ロウとこの医者が立法行政委員会の古参委員で、改革に反対する守旧派の頭目だったので、ヘネシーは彼らを引退させようと画策した。

測量士ジェームズ・セント・ジョンは五一年、二〇歳で英国を離れ、ラブアンで書記官代理、会計官、土地登記官も務めた。仕事を迅速にこなし、知的で活動的人物だが、測量士の地位には相応しくない、とキャラハンは評していた。マレイ語に堪能だったが、会計官としての訓練を受けておらず、つけていた帳簿は丼勘定だった。

港湾局長、郵便局長を兼ねていたクロード・ド・クリスピーは、政庁がアヘン畑と酒を独占していた頃に農場を管理していた。彼はロンドン郊外のブロムリーで、八四年に五六歳で亡くなった。

六九年調査時点で、島にはカトリック教徒八六人（主に軍のアイルランド人）、長老派二〇人（主に炭鉱で働くスコットランド人）、英国国教徒（子供四人を含む）一七人、バプティスト派四人と合計一二七人のキリスト教徒がいた。表の人口との差は、軍人である。ジュリアン・モアトン牧師（一八二六～一九〇〇年）は六二～六八年在島し、夫妻で現地人用の学校をつくろうと尽力した。しかし後任のノリッチ出身のウィリアム・ビアードは、全くマレイ語を知ろうとせず、学校を閉鎖してしまった。

ラブアン駐留のセポイ（インド人傭兵）は、衛生観念が希薄で一年間も便所掃除をせず、しかも便所と水飲み場が近接していた。セポイは雨の中での歩哨《ほしょう》が終わった後、ズブ濡れの服のまま掘立て小屋で寝ることが多く、罹病率は極めて高かった。また彼らにアヘン服用者が多く健康を蝕まれていた。

他方六八年早々、ヘネシー総督側から協力要請があり、モレルはセポイの便所問題で報告書をまとめたが、部隊長との人間関係を加味して要請を辞退し、二月一日コーディ宛に手紙を出した。二日にコーディは、辞退やむなしとしながらも報告書への礼を述べ、他の衛生問題も井戸と直結していると結んでいる（【CO144/27】九〇～九二頁）。総督側は、技師モレルの見識を評価した。なおこの環境改善問題が発端となり、ヘネシーとロウは対立を深め、抜き差しならぬようになった。

その他、サゴ工場を有し、ブルネイと商いをしている金持ちの中国人が七人いた。過酷な気候、劣悪な住環境と衛生問題、不馴れな食事、か細い外界との交信、多数の有色人の中の英国人同士の亀裂と対立。これらのことが、ジェームズの『ヴェランダ』から読み取れる。モレルのラブアン時代の環境と人間模様を窺い知る手立てとなる。

キャラハン総督

キャラハンは、父マシアス、母シャーロッテ・フィッツジェラルドの四男として、アイルランド南西部コークで二七年一二月二一日に生まれた。カトリック教徒だった。四八年二月一日に、一八歳で名門トリニティ・カレッジ・ダブリンに入学して古典学を学び、五二年に卒業した。『大学要覧』でカリキュラムを調べると、古典学は現在の教養学部に相当する。五一年トリニティ期に（五～六月）、リンカーンズ・インに入り、五四年ヒラリー期（一月）に法曹資格を得た。ダブリンに戻り、北グレイト・ジョージ通り（市内北部）で事務所を開き、バリスターとなった。その後アイルランドの法務総裁（Attorney-General）となり、ダブリン統計協会の政治経済学バリントン講師も務めた（『フリーマンズ』五九年三月二四日、八月五日）。

キャラハンは転じて植民地省に入り、六〇〜六一年香港の行政長官となった（『フリーマンズ』六〇年九月八日）。六一年五月二七日から六二年四月一〇日まで、ラブアン総領事代理、その後六七年二月一日までラブアン総督を務めた。俸給は年八〇〇ポンドだった。七一年国勢調査時、ピカデリーのモレルの店のすぐ近くのジャーミン通りに間借りしており、モレルとの関係を窺わせる。七一年五月一日にガンビア行政官（アフリカ西部）、七六年五月一八日にフォークランド諸島総督（アルゼンチン沖）、八〇年九月一一日にバハマ諸島（カリブ海）の総督に任ぜられた。この間ずっと、ダブリン法律家名簿にも記載されている。

ここまでの経歴紹介は『トリニティ・カレッジ・ダブリン同窓生名簿』『キングス・イン入学者名簿』『ダブリン住所録』『外務省年鑑』『植民地省年鑑』に基づく。

キャラハンは六九年一〇月二七日、ジョージ・M・アーノルドの長女アリス・モードとテムズ河口付近のグレーブセンドで結婚した（一〇月二九日『ポール・モール・ガゼット』）。アリスは一九二三年八月一日、七二歳の時ウェストミンスターで亡くなり、三万ポンド強を遺した。

キャラハンはバハマからの帰途、病に罹り、八一年七月九日ニューヨークのメトロポリタン・ホテルに到着し四時間後に死亡した。死因は心臓麻痺、五三歳だった（『タイムズ』八一年七月一二日、『法律時報』八一年七月三〇日）。「遺産検認」に拠れば、遺産額は一〇〇二ポンド一五シリング四ペンスだった。キャラハンは「遺言書」で子供のことに全く触れていないので、アリスとの間に子供はいなかったと考えられる。

なぜか植民地省における勤務先はすべて小さな島や狭い植民地に限定されており、大学や法曹学院の学歴、ダブリンでの経歴を勘案すると、キャラハンは不遇だったといえよう。カトリック教徒のアイルランド出身者は冷遇されていたのであろうか。なお法曹界から転じた理由や背景は、わからない。

ヘネシー総督

キャラハンを継いで総督となったヘネシーは、三四年八月八日に五人兄弟の三番目としてコークで生まれた。両親はバター商人で、筋金入りカトリック教徒の反イングランド主義者だった。クイーンズ・カレッジ・コークで、優秀な成績で外科と薬学を修め、五五年ロンドンに移り、当初は医学の道を歩んでいた。

やがて他のアイルランドのカトリック教徒と同様、自由党の政策に我慢がならず保守党員となった。五九年総選挙でアイルランド民族保守党から立候補したところ、強力な後ろ盾や資金もなかったが、当選した。これがカトリック教徒保守党議員の嚆矢《こうし》だった。ディズレリー首相に引き立てられ、アイルランド関係法の修正に力を尽くした。その間、六一年インナー・テンプルで法曹資格を得た。

前の選挙で遊説車の賃借料を支払えなかったのがもとで、六五年選挙では有権者を投票所に動員できず、七票差で落選した。その後負債を抱え苦しんでいたところ、六六年保守党政権に替わり、首相に返り咲いたディズレリーの推挙もあって、六七年ラブアン総督に就任し、九月二七日同島へ向け出航した。

六七年一一月二〇日の到着から七一年九月まで、総督を務めた。「同島は沼地が多く、不健康で、貧困にあえいでおり、あらゆる面で遅れており、得るものは何もなかった」旨述懐している。その間、恩赦により囚人を釈放し、増税を行い、他の官吏とぶつかり、本国の植民省から叱責を受けた。現に酒税・煙草税を引上げ、表で示したように六九年から税収を倍増させている。

七一年、ヘネシーは転任を命ぜられ、九月にラブアンを発ち一二月にロンドンに着いた。七二年二月にバハマに赴いたところ、九月から、シエラ・レオネ、ガンビア、黄金海岸（ガーナ）、ラゴス（ナイジェリア）を総括する西アフリカ植民地の総督に任命され、その統治に苦労した。七三年バハマ、七五年バルバドス（両方とも西インド諸島）、七七年香港、八三年モーリシャス（インド洋）の総督を歴任し、八七年植民地省に召還された。赴任した各地で、従来の方法の変革を試み、いつも一悶着起こした。

なお七七年四月の香港着任後、条約改正交渉を画策していた大隈重信大蔵卿や井上馨工部卿の招きで、六月から三カ月間日本を訪れている。

引退して八九年一二月からコークに帰り、年金生活に入った。九〇年一二月の補欠選挙に立候補し当選したが、在職中の九一年一〇月七日、心臓病のため五七歳で死亡し、コークのセント・ジョセフス墓地に埋葬された。遺産額は四一五二ポンド六シリング四ペンスだった。

長男のジョン・パトリックは、七三年西アフリカで、三歳で死亡した。リチャード（一八七五〜一九四二年）は陸軍少将になり、リチャードの長男ジョン・ウィンダム（一九一三〜九四年）はヴィクトリア・アルバート博物館館長（一九六七〜七三年）、大英博物館館長（一九七四〜七六年）を務め、オックスフォード大学やケムブリッヂ大学でも教鞭をとった歴史家である。リチャードの次男ジェームズ・アーサー（一九一六〜七四年）は作家になった。一家は名門といえる。

以上ヘネシーの経歴や性格は『ヴェランダ』をはじめ『外務省年鑑』『オックスフォード人物事典』、九一年一〇月八日『タイムズ』「追悼記事」などに基づく。なお、物理学者で発明家でもあった次兄ヘンリー（一八二六〜一九〇一年）、孫ジョン・ウィンダム、作家の孫ジェームズ・アーサーらが、彼自身を含めて『オックスフォード人物事典』に載っている。

ヘネシーは極端な性格の持ち主でいつも議論を呼び起こし、毀誉褒貶《きよほうへん》半ばした人物、と総括できよう。なお八七年四月一〇日『サンデー・タイムズ』に、植民地経営などについて彼に対する長いインタビュー記事が載っている。

ヘネシーが赴任地でどう評価されていたのかを、ラブアン博物館の紹介文にみておこう。ジェイムズが、祖父を身贔屓《ひいき》しているのではないことが知れる。医者の素養が政策に現れており、台湾総督府民政長官時代の後藤新平と相通じるものが窺える。

サー・ジョン・ポープ・ヘネシーは、一八六七年一一月二〇日に着任し、最良の総督と評されている。在任中に社会的経済的な改善が、大きくなされたがゆえに。総督は、例えば六七年の植民化二一周年記念事業の折、政庁にマラヤ人、中国人、インド人を招待したように、人種間の差別はないという固い信念を有していた。これは英国植民地の歴史上最初の出来事であった。総督はまた、特に中国人に課されていた人頭税を廃止し、中国人学校の建設を援助し、「アルバート埠頭」を築造し、「サー・グレイ魚市場」を建設し、タンジュン・クボンに警察官詰所をつくり、新しい井戸を掘った。六八年一〇月、ベッド数二〇を擁する病院の開業を祝い、石炭採掘を開始し、町を清掃し、衛生健康面を改善した。七一年、一層の発展を図るべく海峡植民地と合体させることを提起したが、植民地省に受け入れられなかった。彼は、七一年九月バハマ総督に任ぜられ、退任した。

総督とモレル

ラブアン社幹部は六七年八月株主総会の前に、総督就任が内定していたヘネシーと面会した。モレルはピットマンと連名で、六七年一二月に炭鉱の窮状を訴える手紙を、測量士兼土地登記官セント・ジョンに出した。六八年二月には、モレルはセポイの便所問題で私設秘書コーディに報告書を提出した。ヘネシーは六七年一一月に着任したので、職務上これらは総督に伝わっていたはずである。

モレルは、少なくとも六八年七月まで同島に居たことが確認できる。両者の接触があったはずなのに、なぜかヘネシーの報告書にはモレルの名前が少ない。六八年七月四日と六九年一月一二日付報告書で、ラブアン社清算に関してモレルの名前が言及され、モレルの手紙が同封されている(【CO144/29】)のみである。ジェームズの著書でも全く触れられていない。

石炭会社のマネージャーのお金の管理が杜撰だったことをヘネシーが糾弾したこと、環境衛生改善についてモレルが積極的には協力しなかったことなどが影響しているのであろうか。

対照的に、キャラハンの本省への報告書には、モレルの名前が頻出する。キャラハンのダブリン時代の経歴、および彼との良好で密接な関係は、日本着任早々のモレルの建議の素地となったのかもしれない。ダブリン時代にバリントン講師も務めていることを考慮するとその可能性がある。

両者の植民地省人脈や総督就任に至る経緯の違い、および性格の相異によるラブアンでの基本姿勢や政策の実施方法が異なり、その結果としてモレルに対する姿勢が対照的になった。つまりモレルへの接し方は原因ではなく、結果としての現象形態の一つにすぎない。このように考えられる。

3 南豪州

往時の南豪州

ラブアン以降、来日するまで、モレルはどこで何をしていたのか。『土木学会誌』「追悼記事」は、一八六六九年健康を害し南豪州に移動し、インド的保証制度導入協会の顧問技師になり、続いて日本で鉄道建設の技師長に就任するため、それを辞し来日したと記している。『メイル』では、ラブアンの後、南豪州で鉄道に関する報告を行うはずだったが、来日を受入れ、中止したという。

ところで六九年一一月、南豪州議会特別委員会で、モレルが召喚され証言した。この第一級史料により、モレルの動向の間隙を埋め、計画した鉄道の基本仕様を知り、同時に日本赴任に至る動機を窺うことができる。またモレルの〝肉声〟を伝える貴重な記録でもある（巻末史料②）。

南豪州の鉄道と日本の関連を中心に、史料に依拠しつつ詳しくみていこう。

モレルが滞在していた頃の南豪州の概況を、『植民地省年鑑』に則して隣のヴィクトリア州と比較しながら紹介しよう。

南オーストラリア州は、東経一二九度と一四一度（ほぼ日本の真南）、南緯二六度と海に囲まれた（最南端は南緯三八度）、約九八万平方kmの面積を有する（日本の二・七倍弱）。全体としてやや乾燥した気候で、夏の最高気温が平均二八度、最低気温が一六度、冬の最高気温が平均一五度、最低気温が七度、年間降水量は五五〇mmほどで過ごしやすい。青い空、輝く太陽、温暖な気候だが、時折夏に熱風が吹くと華氏一〇〇度（摂氏三八度強）を超えることがある。

五六年に自治権が付与され、議会は一八人からなる諮問会（上院）と三六人からなる代表者会（下院）の二院構成となった。

諮問会は大選挙区制で、総督に解散権がなく一二年任期で四年毎に六人ずつ改選される。二一歳以上（英国籍以外の場合、帰化後六カ月以上経過した者）の成人男子で五〇ポンド以上の資産保有者、年二五ポンド以上の家賃収入のある住居の所有者、あるいは年二〇ポンド以上の収益をもたらす資産を三年以上保有している者に選挙権がある（八〇年時点で、成人男子の約四〇％が有権者）。そして三〇歳以上で、同州に三年以上居住した者には被選挙権がある。

代表者会は、総督に解散権があり、三年任期で二二の選挙区から選出される。二〇歳以上で選挙人名簿に六カ月以上記載されていれば、選挙権も被選挙権もある（八〇年時点で、成人男子の約七五％が有権者）。

総督の下に議員でもある書記長、法務長官、財務長官、国土弁務官、公共事業弁務官の五人の諮問委員が職名で内閣を構成し、責任内閣制をとっている。

六〇年代の総督の名前を記しておこう。

五五年六月～六二年三月　リチャード・グレイヴス・マクドネル総督

六二年三月～六八年二月（死亡）　ドミニク・デリー総督

六九年二月～七三年四月　ジェームズ・ファーガソン総督

以下『植民地省年鑑』七〇年版に基づき、社会経済面を述べていこう。

人口の六〇％が南豪州で生まれ、二二％がイングランド、七％がアイルランド、四・五％がスコットランド、四・五％がドイツ出身である。信教面では八五％がプロテスタント、一五％がカトリックで、うち英国国教会は二六％である。六歳以上の識字率は八一％だが、学校教育の普及とともに識字率は上がってきている。

人口の約七五％が農牧業や鉱山で働いており、老若男女を問わず一人当たり約一三ha、成人男子一人約六二haまでの土地が譲渡される。譲渡された土地の約二〇％が耕作され、うち三分の二で小麦が植えられている。気候、地形、土壌に恵まれ、葡萄畑も増えワイン生産量が増加している。国際博覧会でもワインの評価は高く、一部は輸出されている（現在リバーランド、バロッサバレーなどがワイン産地として有名）。海岸線から二四〇kmまで農業、その奥八〇〇kmまでが牧畜業で、羊、牛、馬が飼育されている。工場といっても製粉や皮なめしという初歩的なものばかりである。

輸出入の約半分は、対英国である。輸出の七九％が原材料で、うち小麦三一％、羊毛四五％、銅八％となっている。

道路は約五〇〇〇km、うち六〇％弱が舗装されているが有料ではない。メルボルン、シドニー、ブリスベイン、ポートダーウィン、パースなど豪州内の都市間のみならず、英国、欧州、東洋とも電信が繋がっている。七〇〇kmの鉄道が敷設され、さらに五八〇km弱が建設中である。約一六％の利益を生んでおり順調である。

六〇年代の人口、財政、貿易ともに、南豪州はヴィクトリア州の約四分の一である。面積がおおよそ四倍なので、人口密度は一六分の一しかなく、開拓の余地が大きい。男女比がほぼ等しく、ゴールドラッシュの影響はない。六五年、六六年にのみ歳入が約三〇％増え、一年遅れで歳出も同じように増加した。六〇年代を通じて、財政は概ね均衡している。貿易収支は黒字基調で、ほぼ州内生産分で輸入をまかなっている。財政規模の三〜四倍程度の貿易額となっており、貿易依存度が高い。

ファーガソン総督着任当時、南豪州では農産物の作況が悪く、主産品である銅や羊毛の価格が下落し、失業が蔓延し、隣のヴィクトリア州やニュー・サウス・ウェールズ州に移住する者も多かった。七〇年の歳入減、歳出増、七一年の人口減、およびデータの不備はその事情を示している。

ポート・オーガスタの町

ポート・オーガスタは、南緯三二度（北緯では熊本市に相当）、東経一三七度（浜松市辺り）にある。州都アデレード市の北北東約二五〇kmに位置し、楔状に入り込んでいるスペンサー湾の最北部にある港町である。それゆえ干満の差が大きく（大潮時

南豪州の財政，貿易，人口

年	歳　入 歳　出 （財政収支：ポンド）	輸　出（うち南豪州内生産） 輸　入 （貿易収支：ポンド）	男 女 （総人口：人）
1861	558,586 482,951 75,635	2,032,311（1,838,639） 1,976,018 56,293	65,048 61,782 126,830
1862	548,709 579,381 ▼30,672	2,145,796（1,920,487） 1,820,656 325,140	69,608 65,721 135,329
1863	631,700 635,205 ▼3,505	2,358,817（2,095,356） 2,028,279 330,538	72,109 68,307 140,416
1864	775,837 626,688 149,149	3,305,545（3,015,537） 2,412,931 892,614	75,888 71,453 147,341
1865	1,089,128 790,504 298,624	3,129,846（2,754,657） 2,927,596 202,250	80,686 75,919 156,605
1866	949,774 1,064,323 ▼114,549	2,858,737（2,539,723） 2,835,142 23,594	88,272 80,881 169,153
1867	716,294 1,003,271 ▼286,977	3,164,622（2,776,095） 2,506,394 658,228	89,991 82,869 172,860
1868	716,804 852,689 ▼135,885	2,819,300（2,603,806） 2,238,510 580,790	91,347 84,952 176,299
1869	773,351 653,107 120,244	2,993,035（2,722,438） 2,754,770 238,265	97,241 91,754 188,995
1870	564,640 756,160 ▼191,520		
1871	778,094 759,477 18,617	3,582,397 2,158,022 1,424,375	185,626

（註） 各年の『植民地省年鑑』を基に，筆者が作成した。

ポート・オーガスタ港に着いた駱駝
（Mayes, *Pictorial History of Port Augusta.* 21頁より）

で約三m）、船舶用ドックを建造する必要はなかった。陸地の裂け目である湾の頂点部にあり、特に東部や南部の褶曲山脈が、その方面の陸路からの接近を困難にしている。

年間降水量二五〇mm強、夏場の最高気温は三〇度余（時には四五度を超す熱風に苛まれる）、冬場の最低気温は一〇度を下回る半乾燥地帯で、周辺には赤色土が広がっている。

〇二年、マシュウ・フリンダース（一七七四〜一八一四年）がスペンサー湾の最深部を探検した。五〇年代から入植がはじまり、五四年にポート・オーガスタの測量が行われた。その間、先住民アボリジニとの諍いが続いたが、頻繁に船が入港するようになり、警察、ホテル、教会、郵便局、銀行、電信局、裁判所など町を構成する施設が次々に建てられ、開発入植の拠点となった。

六六年一月奥地の探検、物資の輸送のため、試験的にアフガニスタンから駱駝（＋駱駝使い）が船で運び込まれた。駱駝は九日間飲まず食わずでも、二〇〇kgの荷物を一日四〇km運べる。こうして駱駝の有効性が実証され輸入頭数が増え、開発が進ん

ポート・オーガスタ駅
（2013年8月撮影）

だ。今日でもアフガンに因み、ポート・オーガスタから北伸する路線が「ガン鉄道」と呼ばれている（二〇〇三年に貫通したアデレードからポートダーウィンに至る、二日余をかけて大陸を縦断する現在の線を含む）。

七五年に町制が敷かれた頃の人口は六五〇人ほどだった（Mayes, *Pictorial History of Port Augusta* で往時の様子を窺える）。町の名前は副総督サー・ヘンリー・フォックス・ヤング夫人オーガスタに因んでいる。

「鉄道促進法」　南豪州で六七年、ポート・オーガスタから北方へ向かう鉄道建設を促すための法律が制定された。六七年一二月一九日、デリー総督が署名して成立したもので、二二号法と呼ばれる。概要を紹介しよう。

鉄道建設を目指す会社は国土弁務官宛に、事前に設立目的などを詳細に報告し、許可を得なければならない。会社は、乗客や荷物を運ぶ公共交通機関を六年以内にポート・オーガスタから最低二〇〇マイル北方に建設しなければならない。総督は、鉄道建設に必要な荒地を五七年荒地法五号に遵《したが》って提供する全権限を有し、会社は土地、駅舎などを九九年間、年一ポンドで賃借できる。

軌間は五フィート三インチで、鉄製レールは四〇ポンドを下回らないものとし（強度をヤード当たり重量で表示）、建設費は一マイル三七五〇ポンドを超過しない。平均時速八マイル以上で運行し、客車・貨車の最低運行本数も規定されている。維持管理・修理は、会社の責任と負担で行われる。

乗客や荷物の料金表は、毎年一月二日に総督の勧告により決定される。会社は、総督が任命した担当官に毎月、料金、収入、利潤を報告しなければならない。会社の責任者は、求めがあれば前六カ月間の乗客数、荷物重量、および総運賃収入を報告しなければならない。担当官は、会社のあらゆる書類を閲覧する権限を有し、少なくとも六カ月ごとに会社の書類を閲覧する。

一二月三一日か翌年の六月三〇日に、また一〇マイル完工ごとに、投下資本に対して五％の利子が支払われる。会社の収益が五％を上回った場合、その分は財務省に収める。また運行費を控除した会社収入は、毎月一日に州政府財務省の国庫に入れられる。なお、最初の一〇マイルが完工した後三〇年が経過すれば、州政府は保証の責務を終える。

会社に不履行の疑いがある場合、法務長官は最高裁に提訴できる。会社側にその責があると法廷が断じた場合、協定は無効となる。また一二カ月前に書面で通告すればいつでも、総督および会社が選んだ人物が評価した額で、総督は鉄道を買収できる。

この六七年二二号法を「鉄道促進法」と呼ぼう。

「鉄道促進法」は五％の収益率を保証しているが、総額七五万ポンド以上を要し、一向に資金を提供し建設しようという動きはなかった。典型的な「開発型」鉄道で、州政府の保証はあるものの、会社はその監視下にある。他方、経営努力により収益を上げても、州政府にその分取上げられるので、

昔のガン鉄道
（ポート・オーガスタ Wadlata Outback Cenre 前の案内板，2013年 8 月撮影）

モラル・ハザードに陥ることは明白だった。投資家が二の足を踏むのは必定である。

「グレート・ノーザン鉄道会社」

他方、六二年イングランド会社法に基づき、六九年四月九日ロンドンで「南豪州のグレート・ノーザン鉄道会社」の発起人総会が開催され、四月一三日に登録申請された。

ロンドンの国立公文書館にある登記書にしたがって、概要を説明しよう（【BT31/1457/4368】）。同社は、南豪州政府との合意に基づき、ポート・オーガスタを基点に北部へ延伸し、乗客および銅を中心とする鉱産物や農産物などの物資を運ぶための鉄道建設と運行に付随する業務を担うことを目的としている。一株二〇ポンド株式を引き受けた七人が発起人となり、五万株発行し、合計一〇〇万ポンドの資金調達を目標にしていた。

会社の最高議決機関である株主総会が、少なくとも年一回、七人以下の取締役で構成される取締役会により招集される。取締役会および南豪州総督が適当と判断した場合、南豪州の経営委員会に業務を委託できる。取締役会は議事録と会計帳簿を作成し、株主総会に報告しなければならない。同様に経営委員会は文書を作成し、取締役会に報告する義務を負う。取締役会は、経営責任者を選定できる。

南豪州のグレート・ノーザン鉄道会社の発起人リスト

氏　名	職　業	住　所
ジョージ・パーカー・ビッダー（1806～78年）	土木技師	ウェストミンスター，グレイト・ジョージ・ストリート24番地
ジョン・アンバー・コール（1811～90年）	陸軍大佐	ポール・モール116番地
アルバート・リカード（1821～1908年）	株式仲買人	バンク，エンジェル・コート11番地
エドウィン・クラーク（1814～94年）	土木技師	ウェストミンスター，ウェストミンスター・チャンバース５番地
フランシス・トシル（1823～1900年）	バリスター	イーウェル，ピットハウス〔サリー州イプソン〕
トーマス・グラハム・ロビンソン（1845～1900年）	紳　士	バーカムステッド〔ハートフォード州〕
ウィリアム・ヘンリー・パンチャード（1835～91年）	公共事業のコントラクター	ウェストミンスター，ウェストミンスター・チャンバース６番地

（註）英国国立公文書館所蔵の会社登記書から筆者が作成した。

同社の設立申請が六九年六月七日に受理された。七一年八月四日、六二年会社法と六七年会社法に則り七〇年八月四日時点での出資者七人と届けられたが、他に株式を購入した者は一人もいなかった。

ビッダーは、六九年一二月から二年間土木学会会長を務め、『オックスフォード人物事典』にも載っている。コールは、六八年少将、七八年中将、そして八一年に大将に昇進した。トシルは、インナー・テンプルで学び五七年六月にバリスターになった。またクラーク・パンチャード社は、一連の『タイムズ』に拠れば、ブエノスアイレス、タスマニアへの鉄道、リスボンの市電、ペテルスブルグからコンスタット間の運河など七一年から手広く関わっていた。『ロンドン郵便住所録』七〇年版に拠れば、同社はクラーク兄弟と同じウェストミンスターの建物に事務所を構えている。七〇年代中葉から同社は、リスボン市電事故などもあって、いくつもの訴訟を抱え（例えば【J55/5/67】）、最終的に七九年九〇万ポンドもの負債を抱えて破産した（七九年五月三一日『ザ・スター』）。それが、クラークが早めに生まれ故郷に隠遁し、遺産もそれほど多くなかったことの理由かもしれない。W・H・パンチャードは九一年一二月五日サリー州アシュレイ・ノービトンで亡くなり、遺産額は二万ポンド弱だった。ところで、古典派経済学の泰斗デイヴィッド・リカードの弟ジェイコブ（一七七九～一八三四年）の息子がアルバート・リカードである。『リカードウ全集』第一〇巻六九～七一頁にジェイコブの説明がある（ただしパリの墓石では「一七七九年生まれ」）。この親子とも株式仲買人であった。

　七八年八月一日、同社は休眠状態と指摘されて清算勧告を受け、八三年二月一四日八〇年会社法により、活動していないことを再び指摘された。最終的に、八四年一月一五日付で解散を宣告された。

「ポート・オーガスタ鉄道」

　六九年五月一一日『サウス・オーストラリアン・レジスター』（アデレードで発行、『レジスター』と略す）に拠れば、五月六日にメルボルンへ向け出港したアヴォカ号の乗客名簿にJ・ウォレス、およびE・モレルが載っている。五月一三日『エイジ』（メルボルンで発行）に、セイロンからキング・ジョージ・サウンド（西豪州オールバニー市の湾）経由でホブソン湾に一二日到着したアヴォカ号の乗客名簿に、両者の名前がある。同紙五月二〇日に拠れば、四六〇トンの蒸気船ランガティラ号（グレインジャー船長）で一九日に両名がアデレードに向けて出港し、『レジスター』五月二二日に拠れば、二一日にアデレードに到着した。なお各新聞の乗客名簿には、"Morey, Wallace"と並んでいるので、両者の関係や行動から、前者はMorelのミスであろう。

そして六月一〇日『レジスター』に、「ポート・オーガスタ鉄道」の見出しで、モレルの名前が出てくる。以降アデレードの新聞に頻出する。

議会が提供した保証の下に、「ポート・オーガスタ鉄道建設会社」がつくられ、「イングランド会社法」に基づき登録された。発起人氏名や他の条項を記した定款の写しが、本日「鉄道委員会」に供託された。現在、本植民地に「会社」に関係する三人の紳士がいる。「総代理人」ハーヴェイ氏、技師ウォレス氏、および技師モレル氏。

同紙六月一一日では前日の記事に、モレルの助力を得てジェームズ・ウォレスがポート・オーガスタに行く予定であるという点、および一一日朝ウォレスの馬車隊が出発するはずで、彼はモレルと一緒に蒸気船でそれに続く、と付け加えられている。

『サウス・オーストラリアン・アドヴァタイザー』（アデレードで発行、『アドヴァタイザー』と略す）六月一二日に、「ポート・オーガスタ鉄道」の見出しで、次のような記事が載っている。ポート・オーガスタからファー・ノース（ポート・オーガスタの北方約五〇〇km辺り）に至る鉄道の建設計画がある。ウォレスとモレルが全予定線を精査し、調査後ウォレスは南豪州政府に説明する予定である。開発型鉄道なので、投資家への保証など問題を内在している。

一九日『レジスター』に、ポート・オーガスタ鉄道の短い記事が、二四日『レジスター』に、同鉄道の小見出し付きで次の記事が載っている。

ウォレス氏とモレル氏はシェパード氏を伴い、建設予定路線地域の調査のためポート・オーガスタに到着した。路線調査のため明朝ブリンマン（同市の北北東約二〇〇km）へ向け出発すると思われる。ポート・オーガスタの住民たちは、現在あらゆるものが沈滞しているのと対照的に、（鉄道建設によって）すべてが上向きになり、一日も早く開始されることを望んでいる。

二八日『アドヴァタイザー』に拠れば、ウォレスとモレルが六月二三日ポート・オーガスタに到着した。鉄道建設が需要を喚起し、沿線が開発される効果を見込んで、記事は沈滞していた当時の南豪州の社会経済への刺激も期待している。

少し経った九月二〇日『レジスター』に、二二日からモレルがペノラからポート・マクダネルに至る（ヴィクトリア州に隣接し、両市間は直線距離で約七〇km）南東部鉄道の測量を始めるとの記事がある。

また一〇月一四日『アドヴァタイザー』に、「ポート・キャロライン　一〇月七日」（アデレード南南東約二〇〇km）の見出しで、州政府自身が公債を発行し建設する見通しを述べている。

このように地元の期待を担ってモレルは測量していたのに、その後の進展を伝える記事がピタリと途絶える。その背景を説明するのが南豪州議会議事録――一八六九～七〇年、第三巻一一九号である。

「タウンセンド委員会」

六九年一〇月一三日、ポート・オーガスタ鉄道建設問題に関連するあらゆることを調査することを目的に下院特別委員会が発足した。公共事業委員会理事他六人の委員から構成され、ウィリアム・タウンセンドが委員長に選ばれた。これを「タウンセンド委員会」と呼ぼう。一〇月一四日以降、一一月三〇日までの一三回会議を開催した（うち二回は定足数に満たず、審議できなかった）。モレルを含む七人が、一〇月一六日から一一月八日にわたり延べ九回（うちウォレスが三回）委員会に召喚され、また九通の手紙と一通の電報も委員会に提出された（これらは議事録に採録されていない）。

委員会証言は、偽証のない第一級の資料である。質疑応答の中での速記録なので、厳密性に難があるが、会話独特の息遣いや雰囲気が伝わってくることもある。

召喚のトップを切ったウォレスは一〇月一六日、次のように説明した。ポート・オーガスタから北方に向かう鉄道を敷設することを目的に、グレイト・ノーザン鉄道会社が設立され、ウォレスがロンドンを発った後、正式登録された。発起人氏名や職業は前述の七人と符合している。そして同社の南豪州における唯一の代表者として、ウォレスが派遣された。またウォレスは、クラーク・パンチャード社を代表している。

全長約二〇〇マイルを、一マイル四〇〇〇ポンドの建設費で三年以内に完工させ、三〇年間六％の配当を保証する。北部測量の目的は、建設費の見積りであった。（原野を流れる）クリーク以外建設上の障害はなかった。しかし、沢山の橋を架ける必要があり、そのうち六〇〜七五m幅になるものがあり、それが事前の情報と最も違う点である。

そしてモレルが一一月三日に召喚され、技術面から計画の概要を次のように説明した。主として鉱産物の運搬のため、ポート・オーガスタから北方へ向け約二〇〇マイルの鉄道を建設する。荷重や速度を勘案して四〇ポンド・レールで、費用と維持管理の観点から鉄製枕木を用い、機関車は一二トンのシャープ・スチュアート社製を想定している。一マイル当たり四〇〇〇ポンドの建設費で充分であり、三〇〇〜四〇〇〇人の作業員を使い、一八カ月で完工できる。開通後、時速二〇マイルで運行する。

モレルは、軌間について問われなかったので、何も答えていない。質疑の多くは、クリークに架ける橋、運行速度、レールの強度、枕木の選択など、建設費に直結するものだった。また一八カ月で完工すると、モレルは請け合っている。他方、自らの経験を問われ、「東洋で大きな炭鉱のマネージャーとして二年間」とラブアン時代をぼかし、どこを指すのか不明だが「東インドで、標準軌、木製枕木で二〇マイルの鉄道を建設した」旨答えている。これは、六〇年代後半に工事していたジャワ島東部のスマランとヨクヤカルタ間の鉄道、もしくはカルカッタ（現コルカタ）近郊の鉄道のいずれかであろう。筆者は、オランダの公文書館と大英図書館、それに新聞記事で可能性を探ったが、未だ確認できていない。

残念ながら委員会は、モレルの職務経歴を克明に尋ねていない。またモレルはラブアンでの経験をはぐらかしている。モレルには鉄道建設の経験がほとんどなく、彼が委員会で誠心誠意忠実に答えているとはいえない。これらをわきまえて、読む必要がある（巻末史料②）。

七人の召喚を終え、一一月三〇日、タウンセンド委員会は、議長名で次のような報告書を提出し、役割を終えた。

《現況》――ファー・ノース地域は鉱物資源が豊富で資本投下に適している。現在ブリンマン鉱山だけが一五〇〇人を雇用し操業しているが、他の鉱山への輸送手段が整備されれば、他の多くが同鉱山に勝るくらいに投資先として有望となる。

《結論》――ファー・ノースまでの鉄道建設は極めて重要である、と委員会は考えている。もっとも委員会としては、六七年二二号法で謳われている利子保証条項を拡大して適用することは推奨できない。その代わり、ポート・オーガスタの北まで最低二〇〇マイルの鉄道を建設し、かつ投資家が受託後例えば五年以内に建設するという条件で、鉱山地帯あるいは他の地域を開発する権利を資本家に提供することを推奨する。

一二月一五日『レジスター』には、一四日に二九一トンの蒸気船アルディンガ号がメルボルンに向かい、二四日『アドヴァタイザー』には同船がメルボルンから二一日に到着したと記されている。それらの乗船名簿に、モレルの名前が載っている。委員会証言、報告書提出が一段落した後、モレルは母方親族がいるメルボルンで骨休めをしたと思われる。

七〇年一月八日『レジスター』に、「南東部鉄道法案」の見出しで、匿名の土木技師から編集長宛の手紙が掲載された。

この匿名技師はまず、六九年議事録一一九号の中から〔タウンセンド委員会〕、一〇項目の質問にモレルが答えた部分を要約紹介した。その上で、技師長を槍玉に挙げ、建設計画を辛辣に批判している。建設費用、期間、および運行面など多岐にわたって計画の中味を具体的に逐一取上げ、技術的根拠に基づき計画を論難した。そして費用対収益の予想、収益保証などの宣伝文句に疑問を呈している。

これに対しモレルが早速、一月一〇日『レジスター』に同じ見出しで、土木学会準会員と署名入りで寄稿反論した。モレルにとって、匿名は礼儀を欠き、批判の中に事実誤認があることに我慢がならなかったのであろう。「二〇〇マイルの鉄道が約一八カ月でほぼ完成可能」と繰り返している。枕木について述べている後半部分を訳しておこう。

> 鉄製と木製枕木の費用比較をした私の言説が「全く事実に反する」と述べられています。私の試算では、木製枕木は平均で一本五シリングになります。私が提案している鋳鉄製枕木は、棒軸と割りピン付きで、輸送〔費〕および保険料込みで一マイル当たり七五〇ポンドになるでしょう〔一ヤード一本として約八・五シリング〕。しかし「南東部」〔鉄道〕に関して、顧問技師ビッダー氏〔グレート・ノーザン鉄道会社の発起人の一人〕に確認せずに鉄製枕木の使用を推奨するつもりはありません。この地の自然条件は、私自身が鉄製枕木を観察し使用してきたものとは幾分異なっているからです。

保証制度や他の原則に立ち入って議論することで、紙面を割こうという意図は毛頭ありません。この種の純然たる資金問題は、立法府で扱って然るべきものです。

敬具　　E・モレル　「土木学会準会員」

匿名技師の投稿による批判、モレルの反論、これらをめぐって『レジスター』で、他の技師も巻き込んで議論が沸き起こった。

ジョン・イングランドが、土木学会会員と明記し七〇年一月一一日紙面に寄稿した。彼は、匿名技師が事実誤認に基づいて批判しているとし、例えば地盤との関係で枕木選択を取上げて逐一事実を挙げ反論している。また機関車や貨車の保有台数にも言及し、延伸部分の建設費用を見積もっている。これらが、ジョン・イングランドの反論の要旨である。

次に「部外者」と称する人（氏名不明記）の一月一一日付寄稿を紹介しよう。匿名の技師が、ウォレスが代表を務める「イングランドの会社」に不信感を突きつけた、とこの「部外者」は冒頭で述べている。「ポート・オーガスタ線」では一マイル当たり四〇〇〇ポンドの建設費で六％の収益が保証され、「南東部線」では五〇〇〇ポンドで五・五％保証となっている。しかし、南豪州政府は建設費三七五〇ポンドに対して五％を保証している。その算定の中に整備工場などの関連設備、車両、資材を含むかどうかという条件、およびイングランド金融市場の変動にも言及し、見積りの根拠ひいては保証原理に注意を促している。

続いてモレルに対し、かの匿名技師が反論している。冒頭で、建設条件と枕木の件である、と論点を絞りながら、モレルの建設費見積りが間違っており、したがって収益保証が過大で、二二号法に抵触している、と長い論陣を展開している。匿名技師はこれで投稿を打ち切る、と明言し締めくくった。最後に一一日付で、チャールズ・タウンシェンド・ハーグレイヴの署名入り寄稿が載っている。モレルの反論の中に、技師の仕事が専門職ではない、というような誤解を招く表現があると指摘している。そして、土木学会の勅許状を引用して注意を促している。因みにハーグレイヴ(一八二五〜一九〇五年)はアイルランドで生まれ、アデレードに移住し、論争当時、南豪州政府中央道路局測量監督(五人のうちの一人)で、年俸は五〇〇ポンドだった。六三年土木学会準会員、七九年会員となっている。

以上が匿名技師、モレル、イングランド、「部外者」、およびハーグレイヴによって『レジスター』の一月一〇日、一一日号で交わされた論争である。

それから八カ月以上経過した九月二八日『アドヴァタイザー』に(この時モレルは技師長として日本にいた)、地方長官から編集長宛の投稿記事が掲載されている。ウォレスとモレルが推奨した、鉄道建設資金を呼び込むための保証制度を地方政府が採用するであろうとし、具体的にポート・オーガスタ鉄道を取上げて評している。ただし、いくつかの異なる一マイル当たり建設費用見積りが提示されており、収益計算の観点からも、それらの比較精査が必要であると結んでいる。ここで、二回ウォレス氏とモレルの名前が挙げられている。

南豪州で何をしていたのか

南豪州六七年二二号法、イングランドでの会社設立、ポート・オーガスタ鉄道の測量、「タウンセンド委員会」での証言、および『レジスター』紙上の論争から、モレルの南豪州での動向について、以下のようなことが浮かび上がる。

モレルは遅くとも六九年五月六日までには「グレート・ノーザン鉄道会社」に雇用・派遣されたウォレスと行動を共にしていた。同社の発起人にクラークが名前を連ねており、クラークの指示もしくは依頼でウォレスと組んで鉄道建設に従事する手筈であった。また初めにメルボルンに足を伸ばしたのは、資材調達も兼ねて、母方伯父や従兄たちと再会し助言を求めるためだった、のであろう。

モレルは五月下旬にアデレードに到着し、六月一〇日頃からポート・オーガスタ鉄道計画路線の測量を始めた。

イングランドの投資家たちは、南豪州二二号法と関係なく「グレート・ノーザン鉄道会社」を設立し、資金を募り、ウォレスを現地に派遣した。ウォレスとモレルが測量を始めてから、南豪州二二号法との整合性が問題となり、同社の建設計画にブレーキがかかる。そして六九年一〇月、「タウンセンド委員会」が設けられ、関係者を召喚していく。モレルも一一月三日に証言し、委員会は三〇日に「鉄道促進法」の趣旨に沿った報告書を提出した。

「ポート・オーガスタ鉄道」は、南豪州の開発を主たる目的で計画されたもので、自然条件や地形の違いもあるが土地がほぼ無償で提供されることもあって、建設費は日本の半分以下と見積もられている。しかしこの鉄道は、主として鉱産物や農産物を運ぶがゆえに、その採算・収益性が懸念され、

豪州，NZ の新聞にみるモレルの足跡（1869〜72年）

日付，新聞名	記事内容
1869年５月11日 ５月22日 『レジスター』A	５月６日，E. モレルがJ. ウォレスとアヴォカ号でメルボルンへ向かう（12日到着）。 21日，両名がランガティラ号でメルボルンからアデレードに到着。
６月10日 『レジスター』A	「ポート・オーガスタ鉄道建設会社」が「イングランド会社法」に基づき登録された。関係者３人の中に，技師モレルの記載がある。
６月11日 『レジスター』A	前日の記事に加えて，モレルの助力を得てウォレスがポート・オーガスタに行く予定である，などと伝える。
６月12日 『アドヴァタイザー』A	ポート・オーガスタから北部への延伸計画についての記事。ウォレスとモレルが，次にルブラへ行き，予定路線の土地を精査する予定である。この任務に約１カ月を要する。同紙６月21日号も同じ文章。
６月19日 『レジスター』A	議会が提供した保証のもとで，「イングランド会社法」に基づき「ポート・オーガスタ鉄道」建設会社が結成され登記された。関係者の一人として，モレルの名前。
６月24日 『レジスター』A	ウォレスとモレルはC. シェパードを伴い，建設予定路線地域の調査のため最後の旅でルブラを経てポート・オーガスタに到着した。路線調査のため明朝ブリンマンへ向け出発する。
６月28日 『アドヴァタイザー』A	ウォレスとモレルが23日にルブラに到着した。
９月20日 『レジスター』A	モレルが，22日からペノラからポート・マクダネルに至る南東部鉄道の測量を始める。
10月14日 『アドヴァタイザー』A	モレルが，引き続き鉄道建設予定線を調査している。イングランドの資本家を代表しているうちの一人モレルは，引き続き鉄道建設予定線を調査している。
12月15日 『レジスター』A	14日に291トンの蒸気船アルディンガ号がメルボルンに向かった。乗船名簿にモレルの名前がある。
12月24日 『アドヴァタイザー』A	21日アルディンガ号がメルボルンから到着。乗船名簿にモレルの名前がある。

1870年1月8日 『レジスター』A	匿名の土木技師から編集長宛に手紙。建設費用，期間，および運行面など多岐にわたって建設計画の中味を逐一取上げ，技術的根拠に基づいて計画を論難し，収益保証などの宣伝文句のでたらめさを追求した。モレルも遡上に上がっている。
1月10日 『レジスター』A	モレルが署名入りで寄稿し，匿名投稿に反論。諸条件のものとで，200マイルの鉄道がおよそ18ヶ月でほぼ完成可能と述べ，鉄製枕木と木製を比較して論じた。
1月11日 『レジスター』A	1月8日匿名技師の投稿に端を発した論争を掲載 ①ジョン・イングランド（後日「建築副役」として来日）が寄稿。匿名技師が事実誤認に基づいていると批判。②「部外者」の寄稿。見積りの根拠，ひいては保証原理に注意を促している。③かの匿名技師が，モレルに反論。建設費見積りが違い，収益保証が過大となり，法案の根拠が崩れていると論難。④タウンシェンド・ハーグレイヴの署名入り寄稿。モレルの反論のなかに，技師の仕事が専門職ではない，というような誤解されかねない表現があると指摘。
1月25日 『レジスター』A	南豪州の匿名の人物が，フランス，ベルギー，ドイツなどの事例を挙げながら，必要資金を調達するために保証制度が必要であると主張。寄稿は14日。
5月10日 『オタゴ・デイリー・タイムス』NZ	「クルサ鉄道」と題した長い記事。その中に，モレルが故トーマス・パターソン宛に出した手紙の抜粋を同封している。「植民地での保証原理に基づき鉄道建設を積極的に促進しようとしているイングランドの資本家協会の顧問技師として，私はこれらの路線が実現することを切に望んでいます」とモレルが述べている。
9月28日 『アドヴァタイザー』A	地方長官から編集長宛の投稿記事に，モレルの名前が2度挙げられている。ポート・オーガスタ鉄道の建設費用見積りと収益計算の問題。
1871年8月3日 『レジスター』A	編集長宛に，モレルが「工学の素晴しさ」の題で5月20日に寄稿。元同僚のウォレスが批判されている，としてロバート・C・パターソンに激しく反論している。
1872年1月23日 『レジスター』A	モレルが肺結核のため11月3日，官舎で死亡。翌日，妻もその12時間後に亡くなった。71年11月21日号『ジャパン・ガゼット』がニュース・ソース。
2月3日 『イヴニング・ポスト』NZ	11月22日『ジャパン・メイル』は，日本帝国鉄道の技師長，故エドモンド・モレルの長い追悼記事を載せている。モレルは，2年間にわたりNZ政府の道路技師の首席補佐を務めていた，と述べている。

（註）　豪州とNZの新聞記事から，筆者が作成。Aはアデレード，NZはニュージーランド，『レジスター』は『サウス・オーストラリアン・レジスター』，『アドヴァタイザー』は『サウス・オーストラリアン・アドヴァタイザー』の略。

資金を呼び込むため、開発型の常套手段として利子保証が必要とされた。

モレルは南豪州に移動し、豪州のインド的保証制度導入協会の顧問技師になった、という『土木学会誌』「追悼記事」の経歴紹介が、タウンセンド委員会議事録や新聞記事と符合する。

また滞在中に建設が始まったわけではない。すなわち、ここでも、モレルは実際に鉄道建設に携わっていない。したがって豪州、ニュージーランド、およびラブアン滞在中を含め、日本赴任以前のモレルは、測量に基く積算までは確認できるが、実際の鉄道建設の経験はなかった、と言える。

この時モレルが「タウンセンド委員会」で述べている鉄道仕様と日本の規格を比べると、四〇ポンド・レールを時速二〇km走行し、枕木は鉄製にこだわっている点が異なっている。

なお『レジスター』紙上の論争で、モレル側で論陣を張ったジョン・イングランドは、七〇年に来日し横浜で亡くなるまでの七年間建築副役などを務めた技師である（山田直匡『お雇い外国人④交通』一五六〜一五七頁参照）。

七〇年二月一日『レジスター』、二日『アドヴァイザー』に、モレルが横浜に向けて郵便汽船で出航する旨、掲載されている。三日『レジスター』には、蒸気船アレクサンドラ号四二五トンで、キング・ジョージ・サウンド経由で二月二日に出航したと記されている。

モレルは、「ポート・オーガスタ鉄道」に見切りをつけ、レイからの要請に応じた。そこに性急さや多少の無責任さも感じられる。しかし七二年一月二三日『レジスター』、二月三日『イヴニング・ポスト』（ニュージーランドのウェリントンで発行）のモレル「死亡記事」は、彼の評判が悪くなかったことを示している。日本へ赴くことは魅力的で南豪州を後にすることは確かに慌しかったが、当事者たちの合意を得ており円満退任だった、といえよう。つまりモレルは、それらを途中で抛り出したわけではない。

南豪州時代を中心にモレルの行動を、新聞記事から拾い出し表にまとめたので、参照してもらいたい。

第四章　日本へ

1　赴任

セイロンを経て日本へ

本章では、モレルが一八七〇年二月初めに南豪州を発った後、いつ、どこで、誰と会い、何をしてから日本に着いたのか、またそれは何故かということを追っていく。つまり、日本の土を踏むまでの動向を探る。こうして人的ネットワーク、鉄道の基本仕様の決定という面で、豪州やニュージーランドとの関係がレリーフのごとく浮かび上がる。モレルが主導して軌間（ゲージ）を決定したという説を提唱するが、これもそのうちの一つである。最後に、来日までのハリエット夫人の足取りを追う。

モレルは、南豪州からセイロン（現スリランカ）に向かい、上海に立ち寄り、その後来日した。ところで初期「お雇い外国人」の中に、モレルの推薦と思われる技術者たちがいる。彼らとモレルとの関係、および来日の経緯を確かめよう。またモレルは、セイロンで鉄道建設に従事していたが、その完成後に来日したという「セイロン説」がある。史料によってその真偽を確かめ、その主張の源を追う。さらに、雇用条件を語る場合に重要な意味合いをもつ、上海での行動を確認しよう。

モレルの日本での功績の前段部分といえる。

レイ契約

説明の都合上、はじめに日本が鉄道建設を決定したレイ契約について簡単にまとめる。

明治初期、大隈重信や伊藤博文などの開明派は（英語ではリベラルと呼ばれていた）、鉄道によって国民経済の形成と発展を期し、社会的衝撃を与えることを目指した。だが維新政府は、それに必要な資金、資材、人材、組織、また知識すら持ち合わせていない。そこへH・N・レイが来日し、鉄道建設とそれに要する借款の供与を申し入れた。開明派の意欲、駐日公使ハリー・スミス・パークスの説得もあり、日本側は鉄道建設方針を決定する。

一八六九年一二月一四日（明治二年一一月一二日）に締結されたレイとの「第一約定書」は、主として鉄道収入を担保とした融資償還条件を規定し、建設予定路線は江戸～大阪～兵庫、横浜への支線、琵琶湖～敦賀港と記している。二二日（二〇日）の「第二約定書」に拠れば、建設に必要な技術者や他の外国人の雇用・解雇権はレイにある。賃金もレイを通じて支払われ、彼ら外国人の監督権は、元本償還までレイにある。翌七〇年一月二三日（一二月二二日）、レイが日本政府に送った「別項約書二」に、技師長の給料、公務出張旅費、住居などに関する条項が明記されていた。

英国に帰ったレイは、七〇年四月二三日ロンドンで、結果的に「日本関税公債」を発行し資金調達を試みた。六月にこの情報を入手した日本政府は、公募であること、担保が過大であること、および三％の利鞘設定を理由に契約破棄を宣告する。最終的に一二月六日、レイは違約金一・三万ポンドを受け取ることで示談を受け入れた。これにより、レイと日本政府の関係は完全に清算された。

以上の詳細な経緯や意味合いは、次項のトロートマンの動向を含め、林田治男『日本の鉄道草創期』を参照してほしい。

レイ、トロートマンと会談

田中時彦は、一九世紀中葉の中英関係における中国時代のレイの研究を行ったジャック・ガーソンからレイとモレルの往復書翰の写しを譲り受け、それを活用しながら来日時期におけるモレルの地位について、『明治維新の政局と鉄道建設』第四章で詳細に説明している。一五通にのぼるこれら往復書翰は、七一年三月一一日『ジャパン・ウィークリー・メイル』（『メイル』と略す）で、その概要が紹介された。田中のまとめと同紙の内容に矛盾点はない。

田中の紹介に依拠しつつ、来日直前のモレルの行動を再構成していこう。

七〇年二月三日『サウス・オーストラリアン・レジスター』（『レジスター』と略す）に、「二月二日水曜日、出航　蒸気船アレクサンドラ号四二五トン、グレインジャー船長、キング・ジョージ・サウンドへ向け。客室乗客モレル氏〔Morell〕。」の記事がある。

そして田中に拠れば、レイはモレルとセイロンで面会した。

イギリスへの帰航の途次、レイはセイロン島でモレルと会見し、彼にこの借款における鉄道建設工事の技師長となることを依頼した。モレルは、パークスが鉄道建設のための技師長としてレイに推挙した人物で……。（中略）レイは、モレルと会見して今回の鉄道建設事業に関する意見を聴取したのち、明治三年一月二十一日（七〇年二月二一日）付書翰において正式にモレルを技師長に任命している（田中時彦『明治維新の政局と鉄道建設』二〇四〜二〇五頁）。

当時セイロンは、豪州航路との分岐点の一つだった。会談は、『メイル』七一年三月一一日でも確認できる。続いて田中は、モレルがヨハン・F・H・トロートマン配下に属するという内容であったことを紹介し、モレルの来日前の動向や心境を述べている。

モレルは、レイの紹介状を携えてセイロンから上海に赴き、同地に来ていたトロウトマンと会った。そうして一八七〇年三月二十六日、上海副領事ロバートスン（R. B. Robertson）の立会いの下に、正式にレイに傭われる契約を結んだ（田中同書、二〇五頁）。

このような形でモレルは雇傭され、トロウトマンに伴われて日本に来たのである（田中同書、二〇六頁）。

このトロートマンとはどのような人物か。彼の英国への帰化申請書【HO1/116/4463】に拠れば、彼は二四年四月二二日ハンブルグで生まれ、五九年一〇月に英国に移住し、ロンドンで事業を行っていた。そして六四年七月一二日、英国への帰化を申請し、許可された。六七年八月二七日から数回にわたり、上海での事業に伴い長く英国を留守にするのでパスポートの有効期間を延長したいという申請文書も同封されている。また英国の下院文書には、上海在留の英国人で船舶を所有している人物の名前が挙がっているが、トロートマンもその中に含まれている。国勢調査個票に拠れば、彼の英国生まれの妻や家族は、モレルの実家に程近いブロード・ストリートに住んでいた。なお田中は、トロウトマンと記しているが、本書では引用文以外トロートマン表記で統一する。

日本側史料で補足しよう。三月二二日、伊藤は上司の伊達宗城《むねなり》と大隈宛に報告した。

昨日英公使へ面会仕候処、鉄道機関者モレロ自今七日之間に着港可仕段申越、印度セロン島にてレー〔H・N・レイ〕に出会約条も取極申由に御坐候。右に付私は同人着港迄、滞居可仕心得に御坐候（『大隈文書M』【B46-2】、『大隈重信関係文書一』一九〇頁）。

伊藤は、パークスから、モレルがセイロンでレイと会談し雇用契約を結んだことを知らされた。そして来日予定の二九日まで横浜に滞在してモレルを待つ予定である、と伊達と大隈に伝えた。

三月二二日『ノース・チャイナ・ヘラルド』（『ヘラルド』と略す）に拠れば、モレルが香港からガンジス号で上海に到着した。そこでトロートマンと会談し、私人同士の契約にもかかわらず副領事ラッセル・B・ロバートソンが立ち合い、雇用契約を締結した。パークス公使の依頼であろう。モレルは上海で、雇用契約の締結などで日数を要し、当初の予定より一〇日以上も遅く、しかも日本側に歓迎されざるトロートマンと一緒に横浜に着いた。

モレルはパークスから鄭重な招きを受けて、イギリス公使館に滞在した。パークスは彼を激励し、モレルはこれによって前途に光明を見出している（田中同書、二〇六頁）。

南豪州人脈

少し話題を変え、ジョン・イングランド（鉄道建築副役）の離豪から来日までの動向を紹介しておこう。一八七〇年三月三〇日『サウス・オーストラリアン・アドヴァタイザー』（『アドヴァタイザー』と略す）および四月二三日『レジスター』に、次の記事が掲載されている。

技師ジョン・イングランド氏の送別正餐会

蒸気船アレクサンドラ号で日本に向け植民地を出航する予定のイングランド氏は、この前の土曜日に〔三月二六日、アデレード市内の〕プリンス・アルフレッド・ホテルで多数の友人、仕事仲間、その他の人たちからもてなしを受けた。同氏の旅立ちにあたり、将来の成功を望みつつも惜別の言葉が次々に述べられた。信頼できる筋に拠れば、同氏は技師モレル氏を助ける予定であり、日本政府のために約三〇〇マイルの鉄道を建設する。バス勲位ヘンリー〔ホレイショ・ネルソンの誤り〕・レイ氏が、この目的で最近イングランドの市場で巨額の借り入れを行う。土木技師J・イングランド氏が、土木技師E・モレル氏を助け日本政府のために三〇〇マイルの鉄道を建設するため、日本へ旅立った。

モレルの勧誘を受け日本へ赴くイングランドに別れを惜しみ前途を祝すため、アデレード市内のホテルで多数の友人たちに囲まれた盛大な送別会が開催されたことが『アドヴァタイザー』に、現在完了形で現地を出発したことが『レジスター』に載っている。後半で日本の鉄道建設と資金調達について書かれていることから、この記事はイングランドへの取材で書かれたのであろう。

イングランドは、次のような詳しい報告をモレルから得ていた、と考えられる。一月二〇日頃レイからの手紙で、モレルは技師長就任の内示を受け、南豪州鉄道の仕事を切り上げ、二月二日セイロンに向かった。彼は出発前、「紙上論争」での親身な姿勢を示したイングランドに、日本の鉄道建設を手伝うよう要請し内諾を得ていた。二月二一日セイロンの会談でレイと雇用契約を締結したので、モレルが正式に日本赴任を要請した。イングランドは手紙を受け取り、日本行きの準備を始め、かくして三月二六日ホテルでの送別会開催ということとなった。

ところで、鉄道掛は、明治五年十一月「二六日（七二年一二月二六日）傭使外国人の姓名職務及ひ給料等を調査し現員表を製」した（『鉄道附録』一三頁）。そこに、イングランドは「明治三庚午四月十六日より五年間」、ジョン・ダイアックは「仝庚午三月一日より五年間」と記されている。つまりダイアックは七〇年四月一日から、イングランドは五月一六日から雇用された。ダイアックは横浜到着から二日繰り上げて雇用期間が始まっており、イングランドも五月中旬に到着したと思われる。四月二三日にアデレードを発ったという『レジスター』記事と、日程的に矛盾がない。

時おり「モレルは七〇年四月初め、イングランド以下のお雇い外国人を引き連れて来日した」と紹介されることがある。しかし『メイル』四月九日「乗船記録」に拠れば、ダイアックは四月三日サンダ号で香港から横浜に到着している。つまりモレルが、来日時にすでにお雇い外国人を統率していた、という表現は正確ではない。

六九年六月二四日『レジスター』に、シェパードがモレルと調査に同行したとある。この人物は七〇年六月七日から五年間の契約で建築掛副役として雇用された、チェールズ・シェパードと考えられる。彼は、来日後七五年八月、大阪出張滞在中に病没した（『鉄道附録』一三頁、山田直匡『お雇い外国人④交通』一五七～一五八頁参照）。ジョン・イングランドは、七七年九月に横浜で死亡した。不幸にもモレルを含め、南豪州人脈三人が日本で客死している。

「セイロン説」　モレルが日本に赴任する前、セイロン島で鉄道建設に携わっていたという「セイロン説」が、唱えられている。この説が出てきた経緯と影響を述べておこう。

一九六三年、田中はレイとモレルの往復書翰に依拠し、七〇年二月二一日「イギリスへの帰航の途次、レイはセイロン島でモレルと会見し、彼にこの借款における鉄道建設工事の技師長となることを依頼した」と述べ、技師長就任要請と雇用契約締結を紹介している。

その五年後に山田は、次のように表現を改め、内容までも変更してしまった。

モレルはセイロン島で鉄道建設に従事していたが、その完了後、……〔中略〕一八七〇年三月九日、トロートマンとともに横浜に到着した（山田同書、二五頁）。

セイロン島の鉄道建設を完了して来日した（山田同書、一五二頁）。

セイロンで両名が会談したという田中の説明を、山田がミスリードし、この勇み足から「セイロン説」が始まった。戦前『鉄道一瞥』や『明治以後本邦土木と外人』で唱えられ、田中も採用している「ニュージーランド説」がそれまで支配的だったが。

ところで、コロンボで週二回発行されていた英字新聞『セイロン・タイムス』に、六六年二月二七日から七〇年四月一四日まで、モレル兄弟社の広告がほぼ一号おきに掲載され続けた。一部に印刷ミスがあるものの、ほぼ寸分違わぬ内容と書式で、「ピカデリーとインヴァネスに店があり、あらゆる銘柄のワインや食料品を商い、インド各地に船便で送る」という内容である。

同紙六三年二〜三月に（英国から豪州へ）、「乗船記録」を含めてモレル関連の記事はない。六五年二月一四日〜三月二四日（豪州からの帰途）、および六五年一〇月二四日〜一一月二四日（ラブアン赴任前）にも、関連記事はない。六九年三〜五月（南豪州の前）、および七〇年二月にもない（ゴール会談の頃)。

モレルの店の関係者とセイロンとの接点は、モレル以外になく、セイロンで、英国の店の広告を出しても、効果はほとんど期待できまい。広告掲載の理由としてはラブアン赴任前に、モレルがセイロンで熱病などにかかり同紙の発行人に非常に世話になったので、そのお礼として四年間も掲載費を払って広告を出し続けた、くらいしか見当がつかない。そうすると、モレルは律儀な性格となる。

2 後日譚

ニュージーランドと豪州の技師

モレルが日本に到着した頃、友人でニュージーランド在住の鉄道技師宛に出した手紙が当地の新聞に一部紹介された。また、南豪州のある会合でモレルが批判され、それを知った彼はわざわざ日本からペンをとって反論寄稿している。さらに一八七九年、南豪州の鉄道建設に携わった技師が、その概要を英国土木学会で報告した。

これらから、モレルが南豪州で関わった事業の状況をやや詳しく知ることができる。

「クルサ鉄道」

七〇年五月一〇日『オタゴ・デイリー・タイムズ』(『オタゴ』と略す)に、「クルサ鉄道」と題した長い記事が掲載されている。そこにモレルの名前が何回も出てくる。

クルサ川は、ニュージーランド南島のワナカ湖に源を発し、三三八kmを南流するこの国第一の流域面積、第二の長さを有する河川である。ダネディンとインヴァカーギルの中間で、太平洋に注いでいる。

そして、この両市間の路線は「クルサ鉄道」と呼ばれている。

土地事業事務官D・リードからW・N・ブレア宛の手紙をみよう。

クルサ鉄道

以下の往復書翰を〔オタゴ〕地方事務局が委員会に提出している。

ダネディン、一八七〇年四月六日　拝啓。モレル氏が故パターソン氏宛に出した手紙の抜粋を地方政府に検討してもらうために同封いたします。モレル氏は、イングランド金融会社の技師であり、現在豪州にいて鉄道建設の交渉を行っている代理人です。

同封した抜粋からお分かりのように、モレル氏はサザン本線（Sothern Trunk Railway）建設に伴う情報を尋ねています。


つまりモレルは南豪州滞在中に、「クルサ鉄道」に関心を持ち、旧知のパターソンに問い合わせた。「イングランド金融会社」とは、「グレート・ノーザン鉄道会社」のことであろう。

続いて「モレル氏の故パターソン氏宛の手紙からの抜粋」が一部再現されている。


植民地での保証原理に基づき、鉄道建設を積極的に促進しようとしているイングランドの資本家たちの顧問技師として、私〔モレル〕はこれらの路線が実現することを切に望んでいます。……

（中略、イングランドの資本家を褒め称え七人の実名を挙げている）私どもは、南豪州路線のための第一回交渉を行いました。条件すべてに賛同できないとはいえ、一マイル当たり五〇〇〇ポンド〔の建設費〕に対して調整後平均して三〇年間五・五％〔の利子〕保証となりそうです。

続いてモレルはパターソンに対し、「一五年間八％の保証では、株式購入を促すことはできない」と悲観論を述べ、「イングランドの株主は誰一人として、自分の財産を一挙に紙屑にしてしまうような危険を冒すことに決して同意しません」と結んでいる。

リードからブレアへの四月七日付返信で、「サザン本線建設に関して、モレル氏が故パターソン氏に宛てた手紙の抜粋も同封されて」いたので、ブレアが直接モレルに返事を書くよう要望している。「〔南豪州の〕地方政府は鉄道が建設されることを一貫して望んでおり……（中略）条例の枠内で合理的に要求される条件変更を、地方政府は積極的に受け入れる」ので、「会社側あるいは出資者らが受託可能とするため、どの条件を変更することをモレル氏が要求しているのか」を尋ねてくれるよう述べている。そして八日、ブレアが七日付書翰の写しをモレルに転送する旨伝える返事を出した。

モレルがここでイングランドの資本家として名前を挙げている七人のうち四人は、クラークをはじめ前章で紹介した南豪州のグレート・ノーザン鉄道会社の発起人に名前を連ねている。

トーマス・パターソン

モレルは、パターソンが亡くなったことを知らずに手紙を出した。このパターソンとはどんな人物なのだろうか。

六九年一二月一五日水曜日、郵便馬車が洪水で増水していたカカヌイ川（ダネディン市の北北東約一〇〇kmオマル市から同市寄り数km南南西）を渡っていた時転覆し、乗客のトーマス・パターソン氏が亡くなった、と一二月一七日『プレス』（カンタベリーで発行）が伝えている。

パターソンの経歴を『土木学会誌』「追悼記事」（第三一巻七一年一月、二二四〜二二五頁）に則して紹介しよう。三〇年一二月二六日英国エディンバラで生まれ、ジョン・ミラー、続いてホール・ブリスに師事した。五〇年から六三年までブリス社に勤め、専従技師として重要な仕事に従事した。六三年、スティーヴンソンからオタゴ地方政府に推挙された。

灯台寮技師リチャード・H・ブラントンが来日前に訓練を受けたのが、このスティーヴンソン兄弟社である。同社は、灯台用の建設資材を日本に輸出していた（『R・H・ブラントン　日本の灯台と横浜のまちづくりの父』四七頁）。余談だが、スティーヴンソン兄弟社の創設者ロバートの孫は『ジキル博士とハイド氏』『宝島』で有名な小説家ロバート・ルイス・スティーヴンソン（五〇〜九四年）である。

パターソンはその傍ら自営し、橋を架け、手広く測量し、また道路や鉄道の計画を練り上げ報告書を書いた。やがてサウスランドやカンタベリー政府と、オタゴ以外にも活躍の場を広げた。カンタベリー最大のランギタタ川の架橋計画を検討するため、ダネディンからティマルに向かう途中にこの事故に遭遇した。彼は六六年四月一〇日、土木学会会員になっている。

他方、一八日土曜日、ティマル市（オマル市の北北東約五〇km）で乗っていた船が転覆し、ジェイムズ・メルヴィル・バルフォアが亡くなった、と一二月二一日『ウェリントン・インディペンダント』が報じている。彼がパターソンの葬儀に参列するため、同市に向かっていた時に起きた悲劇だった。『土木学会誌』同巻二〇〇～二〇二頁に、バルフォアの「追悼記事」が記載されている。バルフォアは、スコットランド長老派聖職者ルイスの息子で、三一年六月二日エディンバラ近郊のコリントンで生まれた。エディンバラ大学で学び、数学、自然哲学、機械に才能を見せた。その後ドイツでも学び、機械の実務知識を得た。スティーヴンソン兄弟社に入り、主として灯台部門に携わった。六三年春、二年契約で海洋技師としてオタゴ政府に雇われ、広くニュージーランドの厚生事業にも従事した。六五年ニュージーランド博覧会との関係で、六四種類の木材の強度、重量、弾力、歪曲、耐久性などを実験した。港湾や河川改修に助言し、五万ポンドを要したポート・チャーマース（ダネディン市の外港）の「乾ドック」が特筆される。ダネディンの水道工事を完成し、灯台を建設していっただけでなく、浮標、標識を含め信号体系を整理し、各方面から高い評価を得た。また「屈折分度器」の発明、空気入り浮き乾ドックの設計は、彼の際立った業績に挙げられる。六六年五月一五日に土木学会会員になり、王立スコットランド協会の銀メダルを三回受賞している。

以上から、次のように考えられる。モレルは、六三年七月からオタゴで「クラーク特許」を推奨していたが、不採用となり六四年頃、オタゴなどの地方政府で働いていた。その頃、ドック建設問題でバルフォアと交流ができ、やがてパターソンとも知り合うようになった。モレルは六五年に土木学会準会員となり、彼ら二人は六六年五月に会員となった。入会時の署名者で、モレルと共通の技師はおらず、この点での接点は見出せない。

パターソンが六九年一二月一五日に死亡したので、モレルの手紙が開封されるのに日数を要してしまった。では、この手紙をいつモレルは書いたのであろうか。

投函時、モレルは南豪州にいた。そこから船便でオタゴまでは一〇日ほどかかる。ポート・オーガスタ鉄道との比較を、モレルはパターソンに手紙で尋ねた。問い合わせの内容は、建設費と収益予想が中心である。またアデレードの新聞論争とは、手紙の論調も一線を画している。つまり彼らの事故を報じた『レジスター』七〇年一月八日記事を読む前に、モレルはその悲劇を知らずに手紙を書いた、と推測される。

他方、返事を出したリードは「モレル氏は、……（中略）現在豪州にいて鉄道建設の交渉を行っている代理人」と言っており、四月六日時点では、モレルが日本の鉄道技師長に就任し、南豪州を去っていたことは、オタゴでは未だ知られていなかった。

日本から反論

「一八七一年五月二〇日江戸、帝国政府鉄道技師長、EDWD《ママ》 MOREL」が、『レジスター』編集長宛に「工学の素晴しさ」の題で寄稿している。同紙七一年八月三日掲載の冒頭部分を掲げておこう。

編集長殿　パターソンという土木技師が「軽便鉄道とその建設に従事する代理人」をアデレード哲学協会で朗読した文書を、偶然私は入手しました。

私〔モレル〕はイングランドの依頼人のために、専門家として従事し南豪州にしばらく滞在していました。しかし、私が当地〔アデレード〕を後にして以降は植民地の出来事に関心を抱かなくなった、とお考えになっているかもしれません。〔我々の〕名誉を傷つけられる悪意に満ちたこの文書をウォレス氏は目にしていないかもしれないので、ウォレス氏の代わりに私が貴紙にお願いし、はるばる遠方〔日本〕からあえて異議を申し上げる次第です。

ウォレスがリスクに構わず鉄道を推進し、豪州人に詐欺まがいのことを仕向けている、とパターソンが誹謗している、このようにモレルは思い込んでいる。イングランドの出資者たち、建設によって恩恵を受ける開拓農民や銅鉱山主らの沿線の住民、双方の意向と利益を尊重して、ウォレスは建設計画を進めた、とモレルはウォレスの行動を擁護している。パターソンの言説が真実であるか、あるいは南豪州の人たちがそれを信じてしまえば、「残念ながらポート・オーガスタや『南東部』〔の鉄道建設〕には、まだまだ時間がかかるであろう」とモレルは結んでいる。

モレルは、ウォレスおよび自分自身が非難されていると受取ったのか、尋常ならざる論調で反撃している。遠い日本で情報が少なく、よほど腹に据えかねたのか、あるいは痛いところをつかれて感情的になったのか、はわからない。タイトルとは逆に、モレルの投稿は、やや度を過ぎた内容であり表現も過激である。

なお肩書と内容から、寄稿したのはモレルであり、ＥＤＷＤはミスである。

むきになってモレルが反論した人物は、ロバート・チャールズ・パターソンという技師である。前述のトーマスとは、綴りも異なり、別人である。彼の経歴を紹介しよう。

ロバート・パターソン技師

『土木学会誌』第一七〇巻「追悼記事」などに拠れば、パターソンは商人ジェームズの息子として四四年三月二一日、メルボルンで生まれた。英国のキングス・カレッジ・ロンドン工学部で学び、その後ウェストミンスターでウィリアム・ウィルソンに師事して技師の修行を始めた。

パターソンは六四年豪州に帰り、クイーンズランド州で鉄道建設に携わった。やがて南豪州に移り、専従技師を皮切りに副技師長となった。七一年には、沙漠地帯を縦断して北部ポート・ダーウィンまでの電信を開通させ、これにより豪州の主要都市と欧州が繋った。さらに地形上建設は困難と目されていたポート・オーガスタ鉄道など南豪州の鉄道を完成させた。また各地の港湾整備にも力を注いだ。八六年南豪州の職を辞し、タスマニア島に移住した。同島で鉄道建設にも携わり、一九〇一年から議員となって活躍していたが、病気で早々に引退し、一九〇七年六月二一日、会議中に意識不明となり、そのまま亡くなった。

キングス・カレッジ・ロンドン工学部の史料で補足しよう。「学費納入書」に拠れば、ボロウのグレイト・ドーヴァー・ストリート（ロンドン橋の南一kmほど）に住んでいた聖職者のジェームズ・グロウズを後見人として、五九年一〇月五日に授業料などを払った。在学中はグロウズ宅から通い、五九年ミクルマス学期から二年間学んだが、卒業はしていない。出席状況は非常に良く、地学、鉱物学、製図、実習の成績は特に秀でており、数学や建築学も優れていた（【Engineering Register No. 1, 1857-69】）。カレッジ工学部在学中に、モレルとの接点はない。

やや脇にそれるが、地震学の泰斗ジョン・ミルン（工部大学校教授、一八五〇～一九一三年）も、六八年ミクルマス学期から二年間カレッジ工学部に在籍している。彼は一年目に数学と製造法で修了証を得て、神学と鉱物学では賞を受けた。二年目には数学、製図、幾何製図、化学、および地質学で修了証を得て、物理学、製造法、鉱物学で賞を受け、二年でカレッジを終えている。ロバート・パターソンの成績簿にそのような記載はなく、修了していないと結論できる。

ロバート・パターソンの学会報告

七七年五月に、土木学会会員となっていたR・C・パターソンは、七九年一月土木学会で「新興国発展のための鉄道建設の最善の方法——南豪州の鉄道を題材に」という報告を行った（『土木学会誌』第五六巻）。南豪州の鉄道の概要を述べ、ポート・オーガスタ鉄道についても詳しく紹介している。奇しくも、日本の鉄道に関するウィリアム・ファーニス・ポッター報告の次に掲載されている。

周知の如く、南豪州の軌間は五フィート三インチの広軌と三フィート六インチ軌間（「三—六軌間」と略す）が並存していた。パターソンは、はじめに広軌の紹介を行い、続いて「三—六軌間」のポート・オーガスタ鉄道について述べている。六〇年代末に「三—六軌間」が採用された理由の一つは、議会が執拗に安価な鉄道の建設を要求したからである。パターソンは、確かに「三—六軌間」では輸送力が劣るが、南豪州のように人口が希薄なところでは有利であると擁護している。

ポート・オーガスタを北方に向かうと山裾・峠にかかり、最も険しい所では六〇分の一傾斜で最小半径が一〇〇mとなっている。年間降水量は二五〇mm程だが、それが三〜四回で集中して降るという点に注意を要する。敷石の大きさは六cm強のバラストで一五cm程の厚さ、長さ二m幅一六cm厚さ八cmの西豪州産木製枕木を八〇cm強の間隔で敷き、その上にヤード四〇ポンドの鋳鉄レールを繋いだ。枕木は、一二年は持つと思われるが、白蟻に蝕まれる危険性がある。開削は三・七五m、築堤は四・二mの幅である。峡谷が多いので、橋やカルバートも増えた。三二kmごとに駅をつくり、三トン弱の水を蓄えている給水設備も併設した。必要に応じ保線用小屋を作り、終着駅には車両工場を造った。羊避けに防護壁を作り、それに三五〇〇ポンドを要した。機関車にはカウ・キャッチャー（放牧されている家畜避け）を付けたほうが効率的である。

英国ピーコック社に八両の（テンダー）機関車を発注した。各部位のサイズ、機能、配置などを含めた仕様も詳細に記してある。ジョン・フレデリック・ルイス・ジェッター（七八年一月土木学会準会員）が、機関車の設計制作に当たった。因みにパターソン報告に対し、ジェッターが初めの三頁にわたってコメントしている。

七七年一〇月五日、ポート・オーガスタからファリナまで開通した「三—六軌間」二〇〇マイルの鉄道の建設費は、駅舎、給水設備、修理工場、車両を含めて総額一〇〇万ポンドを僅かに超え、一マイル当り五〇四二ポンドになった。なお労働者の賃金は日給八シリング（一円九二銭相当）、石工、煉瓦敷き、大工、鍛冶などはその一・五倍で、ほぼ英国の二倍である。また車両には梱包費、輸送料、保険などがかかって一・三倍ほどになる。

巻末に、南豪州鉄道の路線図、主たる土木工事、および車両サイズを記したイラストが収録されている。また開通、建設中、計画路線の一覧表が四四～四五頁に載っている。これらにより、南豪州鉄道建設の概要を知ることができる。

モレルの土木学会入会時の推薦者の一人であるグレゴリーが、この報告に対し約一頁にわたりコメントしている。グレゴリーは七〇年頃、ケープ植民地政府の顧問技師に就任したが、そこは「三―六軌間」である。グレゴリーは、多数派と異なり軌間選択に柔軟な考えを持っていた。

モレルは再三「二〇〇マイルの鉄道が約一八カ月でほぼ完成可能」と述べていたが、実際には地形上の条件が厳しく、その区間が開通するのに七七年一〇月までかかった。またモレルは、工費を一マイル当たり四〇〇〇ポンドと主張していたが、二六％も上回った。モレルは建設資金調達と利益保証を優先させ、工期と工費という重要な面で、彼の見通しは極めて甘かった。

パターソンがアデレード哲学協会で苦言を披露し、土木学会報告でも前任者の氏名に一切触れていないのはこのような背景があったから、と考えられる。

以上のことから、七〇年一月八日『レジスター』で論争の口火を切ったモレルへの批判記事の執筆者は、パターソンだと思われる。南豪州から日本へと転身させる遠因をつくった人物、とモレルも薄々感じていたから、南豪州を去って一五カ月過ぎても、わざわざ日本から反論投稿したのであろう。

新聞記事のみでは、外部観察が主で隔靴掻痒の感は否めない。「鉄道促進法」や議会特別委員会議事録も、法的枠組みおよび予定や調査にすぎない。R・C・パターソン報告によりポート・オーガスタ鉄道の建設工事や基本仕様に関する詳細が明らかになった。モレルが感情的に反論したパターソンを調べることで、ポート・オーガスタ鉄道の概要がわかったのは、皮肉であり幸運ともいえる。

3　軌間決定

ゴール会談説の提唱

軌条頭部間の距離を軌間（ゲージ、レール間の外側の幅）といい、国際的には四フィート八・五インチ（一四三五mm）を標準軌とし、それとの対比で広軌・狭軌と呼んでいる。

日本の軌間が三フィート六インチ（「三―六軌間」）に決定した経緯に関して、いくつかの説が並存し、未だ決着していない。筆者は本節で、田中時彦の「モレル主導説」を紹介援用し、史料面から補強を試みる。これによって決定の経緯はほぼ明らかにできたと考えている。本節では、さらに歩を進めてその背景や理由について踏み込んだ解釈を提示する。

ところで青木栄一は、軌間決定について総括的論文「三フィート六インチ・ゲージ採用についてのノート」で、先行研究を手際よくまとめ、それぞれに鋭い論評を加えている。

田中の「モレル主導説」

田中の主張は、次のようにまとめられる。

レイは日本政府との契約締結の後、帰途セイロンのゴールでモレルと会い技師長

軌間決定に関する各説の比較

諸　説 主たる提唱者	誰が，いつ， どこで？	どのようにして？	根　拠	寸　評
井上勝提唱説 斉藤晃	井上の英国留学時の経験など	井上が日本の地形や当時の国情を鑑みて	井上「帝国鉄道の創業」（1906年5月26日号『鉄道時報』）	狭軌論者の井上が，後年自らの主張の正当性を訴えるために展開したと考えられる。
大隈重信同意説 原田勝正	来日したモレルに，大隈が確認を求められて	事情を解しなかった大隈が事後的に同意	1920年7月14日，大隈の帝国鉄道協会での講演	老齢の大隈の講演内容に関する信憑性，モレルの紹介に関する錯誤がある。
G・P・ホワイト決定説	1870年7月29日以前に，レイが雇用した在英顧問技師のホワイトが	ホワイトがインドでの経験を踏まえ	『明治前期』第10巻にある1870年7月29日，レイからモレルへの書翰	時期的に遅すぎる。書翰でゲージを再確認しただけ。
ホワイト確認以前説 『日本鉄道史』，『国鉄百年史』			1870年7月29日，レイからモレルへの書翰以前と狭めた	誰がいつ決定したのかという問題に答えていない。「ホワイト決定説」を否定し，前倒しを主張している。
英国人技師主導説 青木栄一	英国人技師の決定を日本側が追認	当時の英国での軽便鉄道論，植民地での経験	大隈同意説やホワイト主導説を加味して，青木氏が類推	「ホワイト決定説」を前倒しし，「大隈同意説」とも矛盾がない折衷案。
モレル主導説 田中時彦	1870年2月21日，レイとモレルがセイロンで会談	レイや日本側に，モレルは変更しないように再確認	レイとモレルの往復書翰などに依拠	典拠が明瞭で，時期的にも無理がない。
ゴール会談説 林田治男	1870年2月21日ゴールで，レイとモレルが会談	知識のないレイにモレルが提示し受容させた	1870年4月1日『エンジニア』記事，英国人技師の述懐，レイ裁判記録など	「モレル主導説」を補完し，フェアリー・システムの検討により補充。

（註）青木栄一（2002）を参考に，筆者が作成した。

就任を要請した。この七〇年二月二一日の会談で、モレルが「三―六軌間」を提案し、レイも同意した。レイは帰国後、ジョージ・プレストン・ホワイトを在英顧問技師として採用し、彼も「三―六軌間」を受け入れ、この規格で資材などを発注していった。モレルは、日本政府に事後承諾を求め、日本側は軌間選択に関する知識がなかったので、そのまま受容した。英国側ではすでに「三―六軌間」でことが進行しており、日本側がその変更を求めても無理だった。他方モレルが狭軌を推奨した背景や理由について、田中は「財政上の配慮があった」と述べている（田中同書、二八四～二八五頁）。

これを「モレル主導説」と呼ぼう。決定時期は、七〇年二月二一日となる。田中の説明は、レイとモレルの往復書翰に依拠している。

ホワイトはアイルランド生れで、八七年一一月一一日ロンドンのセント・ジェームズ・パークで死亡した（六五歳、遺産額は七六八六ポンド余）。七〇年六月一五日『ポール・モール・ガゼット』に、日本の在英顧問技師就任記事が掲載されている。なお彼は、土木学会に入会していない。

一方、川上幸義は田中からこの往復書翰を借り受け、「レイとモレル間の往復書翰について」と題し一九八〇年『鉄道史料』第一九号一～四頁で一部を紹介している。先年、田中にこの往復書翰について尋ねたところ「手元にない」との返事だった。田中に拠れば、同書出版後、資料借用要請が多くあり貸出し簿をつけていたが、その後の数回におよぶ引越しで記録が散逸し、いつ誰に貸したかがわからなくなってしまったらしい。川上が往復書翰を田中から借りたと考えられる。その後、この史料の所在は不明である。

川上の紹介のうち、軌間選択に関する部分をまとめておこう。川上が列挙している往復書翰の日付は、『メイル』の紹介記事と整合的で、信憑性が高い。二月二一日、モレルからレイへの「一〇〇行余の長文の書翰」の概要として、川上は次の文を翻訳紹介している。

軌間3呎6吋、軌条〔レール〕は45lbs./yard〔一ヤード当たり四五ポンド〕、軽い車輛と中庸な速度を勧告する。機関車は4輛で各£1,600、1／80勾配を60t牽引で時速20哩〔マイル〕を保証する。

ここで、日本の規格が再確認されている。すなわち明確に「三―六軌間」と断言し、日付からレイとモレルの会談で決定されたと述べている。因みに、「パターソン報告」にある南豪州の鉄道は、四〇ポンドの鋳鉄レール、六〇分の一の傾斜で総重量六〇トン牽引である。

田中は「モレル主導説」を、原典史料の精査に基づき相互の検討を重ねつつ提唱している。田中は先の引用部分を含め一段落しか、軌間選択に触れていないせいか、他の論者のほとんどが、田中の主張を取上げてこなかった。青木の総括論文でも「モレル主導説」への言及がない。なお森田嘉彦は英語論文で、田中への言及はないが「モレル主導説」が有力だと述べている。

『エンジニア』誌記事と日程

『エンジニア』誌〔ロンドンで発行〕四月一日号の「日本の鉄道」の中に、「日本の鉄道は三―六軌間になる予定」という記事ある。

レイは七〇年三月二五日、東洋から一年ぶりに帰国している。セイロンでの会談の席上、鉄道建設に際しあらかじめ決定しておかなければならない事項も話し合われ、その中に軌間が含まれていたはずである。レイは技術的知識を有していないので、この会談において、モレル主導で軌間が決定された。これによりレイは英国での資材発注が可能となり、モレルは日本で測量を始めることができ、建設体制が整えられていった。この解釈を「ゴール会談説」と呼ぼう。

軌間を含めた鉄道の仕様決定、メーカーへの申入れと調整、製造開始から完成まで、というリードタイムの件。英国から日本への資材の到着に約二カ月を要していたという輸送の件。電信はまだ日英間に通じておらず（インドのボンベイ以東は未通）、当時やりとりに約四カ月を要していたという交信の件。これらの日数的制約も「ゴール会談説」を補強する。

すなわち来日後、モレルが日本側の同意を得て決めていては、英国側は六月以降にやっと準備できるようになる。したがって「大隈同意説」や「ホワイト決定説」では無理がある。

他方、上海発行の『ヘラルド』六月二日の「横浜情報」に、「三―六軌間」と明記されている。つまり五月までには確認され、それを基に準備が進められていた、ことを示している。

以上は、いずれも田中の「モレル主導説」と軌を一にし、それを補完するものである。

ところでゴールは、セイロン島南西にある港湾都市である。大航海時代にポルトガル人がこの地に到来し、オランダの植民地時代の一八世紀に、町は大きく発展した。そして英国植民地時代は、中継港として盛んに利用された。旧市街は、ヨーロッパ人が南アジアや東南アジアに建設した城塞都市の典型例で、各時代のヨーロッパ建築と南アジア地域の伝統が混在している。城壁は、太陽に照らされて輝くインド洋に小さな瘤のように突き出ている。一九八八年、ユネスコの世界文化遺産に登録された。なお旧市街には、二〇〇四年末に起きたスマトラ沖地震による津波でも被害はほどんどなかった。久米邦武編『米欧回覧実記』第九七巻「錫蘭《セイロン》島ノ記」に拠れば、岩倉使節団が七三年八月九日から一二日まで、この地に立ち寄っている。副使として随行していた伊藤は、「ゴール会談」を思い浮かべていたかもしれない。

英国人技師の述懐

七四年から三年間、日本の鉄道で技師として働いたポッターは、帰国後七八年一二月、英国土木学会で「日本の鉄道」と題して報告を行った（『土木学会誌』第五六巻）。英国で「お雇い外国人」による初めての報告だった。原田勝正が、質疑やイラストを含め翻訳紹介している（「日本における鉄道建設」『汎交通』第六八巻一〇号、一九六八年）。余談だが、豪州に戻ったフレデリック・コリアー・クリスティーが、七七年九月一三日ヴィクトリア州王立協会で、在日日記を基に技師として初めて日本の鉄道のことを発表した。彼の報告は出版されず、また原稿は残ってないことを、当協会を訪れた際に確認した。

ポッター報告に続く質問時に、ハリソン・ヘイター（二五～九八年、九二年五月から一年間土木学会会長）が軌間問題を取り上げた。

七三年の〔英国土木学会での〕軌間論争の際、ポール博士は次のように述べた：自分〔ポール〕が任務〔在英顧問技師〕に就く前に、軌間はすでに〝三フィート六インチ〟に決定されていた。またこの軌間の利点は何らなく、逆に何一つ節約できず、建設に不便をきたすだけである。恐らく技師が関知しない状況で決定されてしまったのであろう（『土木学会誌』第五六巻、一八頁）。

ウィリアム・ポールに拠れば、七一年の就任前に軌間は決定されており、徹底した標準軌間論者でも変更できなかった。またヘイターは、英国人技師ならば狭軌を選択しないはずだ、と述べている。ポッターも明瞭に答えておらず、誰一人として「三―六軌間」選択の経緯や理由を知らなかった。ホワイトがこの報告時に出席していれば、貴重な証言をしていたかもしれないのだが。

これらも消極的ながら「ゴール会談説」を補強している。

ポールは執務室に日本の地図を掲げ、完成区間、工事中区間、予定路線を記入していた。彼は、五九～六六年ユニヴァーシティ・カレッジ・ロンドンの土木工学教授、八五～八六年土木学会の名誉幹事を歴任し、王立協会会員で、王立音楽協会副会長を長年務めた。七一～八一年在英顧問技師、八三年四月には外国人叙勲制度ができると直ちに勲三等旭日中授章を授かった。『土木学会誌』「追悼記事」に拠れば、「ほとんどポール自身の筆で記入されている報告書や教示する書翰によって、主たる建設工事などの全部の設計を準備した。そして彼が、事実日本の鉄道システムの基礎を築いた」。

経歴は『土木学会誌』「追悼記事」（第一四四巻三〇一～三〇九頁）、および大英図書館と土木学会本部図書館に所蔵されている『自伝』に拠る。多才だったポールは、六七年にオックスフォード大学から音楽の学位を贈られたこと、長年王立音楽協会副会長を務めたことに特に誇りを持っていた。念のため筆者は、ケンブリッジ大学図書館とホーヴ中央図書館に保有されているポールの書翰を調べたが、そこで日本との関連を示す資料は発見できなかった。

「ゴール会談説」を補強するために『エンジニア』記事の後半部分の訳を掲げよう。

フェアリー・システム

鉄道は三フィート六インチの軌間で、その距離三〇〇マイルが将来江戸から大阪まで延伸される予定である。江戸から横浜に到る当初の二〇マイル区間がすでに着工されたという。喜ばしいことに、レイ氏は熟慮の上、エドワ《マ》ード《マ》・モレル氏を技師に選んだ。モレル氏はクラーク氏の最良の弟子の一人であり、新たな仕事と職務に就くべく豪州から日本に赴くよう指図を受けた。当地では、クラーク氏の指示で勤務していた。

どのようなデザインの車両が選定されたか未だ定かではないが、フェアリー・システム以上にその目的に適合するものはないことがやがて明らかになろう。最近見聞したことは以上である。

日本側高官との交渉に際し中国語能力が役立ったこと、資金完済まで鉄道が担保に供されるという契約条件、モレル技師長の選任と略歴紹介などが前半にあり、記事がレイからの情報に基づいて書かれたことを示している。モレルがクラークの弟子で、その指示で豪州にいたことは、ゴール会談で直接聞いたのであろう。

車両選定に関してフェアリー・システムを推奨していることが、さらに興味深い。フェアリー・システムとは、建設費用の安価さや回転半径が小さくてすむことで、ロバート・フランシス・フェアリーが推奨した狭軌鉄道を指している。記事は、フェアリーの議論や機関車のアイディアを念頭においており、「レイがモレルに倣って説明した」ことを示唆している。

フェアリーの経歴については、『オックスフォード人物事典』を参照してほしい。生年は従来三一年とされていたが、同事典執筆担当ジョフリー・ヒューズの調査により、三〇年四月五日グラスゴウ生まれであることが確定した。鍛冶屋のアーチボルト・フェアリーとマーガレット・マッコールの間に、ロバートが生まれたことを確認できる。筆者も「出生届け」を入手したが、Fairley 綴りでミドルネームが記されていない点が気懸りとして残っている。

川上は、七月二九日付のレイからモレル宛書翰に「見のがせない文章がある」としている。

あなた〔モレル〕はまだ見もしていないフェアリー・エンジンに、あるいは〔フェアリーが書いたり、フェアリーに乗せられた〕眉唾物の記事に信を置いているように思えます。あなた〔モレル〕の手元に届いている〔フェアリー・エンジンに関する〕報告書には根拠など全くありません（川上同論文、二頁、原文は英語）。

ホワイトがレイに、フェアリー・エンジンへの強い疑念を説明し、レイがそのままモレルに伝えた。

したがって『エンジニア』誌記事の後半部分は、レイがモレルから聞いたことが基となっていると断定できよう。

なお軌間決定を総括した青木は、一八六〇年代末の『タイムズ』や『エンジニア』誌での軽便鉄道論争を紹介し、中央火室の前後に煙室を二つ配したフェアリー機関車にも言及している（青木同論文、三六頁）。しかし、この「日本の鉄道」への言及はない。

フェアリー機関車ジョセフィーヌ号
（Otago Settlers Museum, 2010年9月撮影）

フェアリーの主張

七二年、フェアリーは自らの主張を総括的に述べた著書『鉄道の有無――経済的で効率的な狭軌対贅沢で無駄な広軌』を出版した。そこで三フィートあるいは三フィート六インチ軌間の利点を次のように列記している。

幅が狭く地表面の整地作業も簡便なので、建設費用が広軌に比べて約三分の二ですむ。積載量に応じて、車両を建造・選択できる。輸送量に応じて貨車数を調整でき、満載していない貨車を減らせる。レールへの負荷が小さい。特にホイール・ベースが短く、カーブの通過も容易で、外側のレールに対する負荷も小さい。狭軌は死重が少ないので、同じ荷重を牽引するエンジンの力も小さくてすむ。死重削減を考慮外においても、維持管理・修繕費が少なくてすむ。

続いて、フェアリー・エンジンの長所七点を挙げている。狭軌の最大の問題を解決し、最大軌間と同じ位に効率的なものとした。エンジンの全重量が粘着力として利用される。非常に短いホイール・ベースのフェアリー・エンジンは車両やエンジンに損傷や負担をかけずに急峻なカーブを曲がることができる。エンジンの全重量が急峻な勾配を登攀する際の粘着力に使用される一方、重量の分散により車軸の荷重が小さくてすみ、レールも強固でなくともよく、その結果エンジン・パワーも過大でなくともよい。罐の表面積が大きいので、狭軌のエンジンで長距離の急峻な勾配を牽引できる。フェアリー・エンジンの改良により、経験によれば二五％以上の燃料を節約し、よりパワーを増し、より経済的に稼働できる。悪路でもフェアリー・エンジンは支障なく運行できる。

その上で、狭軌でフェアリー・エンジンを採用することに対する消極論を五つ取上げ、自ら反論している。必要以上にエンジンがパワフルだが、状況に応じて選択すればよい。ボイラーとシリンダーや排気を結び付けている蒸気圧が正確に維持されていない、修理費が過大である、といわれるが、経験からこれらの主張には全く根拠がない。フェアリー・エンジンは車両の連結部にとってパワーが過大だといわれるが的外れの非難で、実情はパワーが十分でないというのが問題である。逆傾斜の頂点を通過する際、後部ボギーはまだ昇っている時に先導のボギーがレールから脱輪しそうになるとの批判があるが、セイモアの論を援用しそれは完全に間違っている、と反批判した。

狭軌採択理由の推論

レイとモレルの往復書翰に立脚した田中の「モレル主導説」と川上による追認、および『エンジニア』記事などに拠り補強された本節の「ゴール会談説」で、「誰が」「いつ」「どこで」「どのように」決定したかは確定できた、のではなかろうか。しかし「なぜ」が残っている。

モレルの勤務地と軌間選択の関連を考えてみよう。確かにニュージーランドは日本と同じ「三―六軌間」だが、縁者が多くいたヴィクトリア州は「五フィート三インチ」の広軌、後年完成したラブアンは「二フィート五インチ」の軽便、来日前に測量した南豪州は広軌と「三―六軌間」が混在していた。滞在地との関連で「三―六軌間」採択理由を詮索しても、結論は得られない。

ところで、六〇年代後半からニュージーランドの新聞でも盛んにフェアリー・システムのことが取り上げられていた。ダネディン市の開拓博物館に煙室が二つある「ジェセフィーヌ号」が静態展示されている。これは英国バルカン・ファウンドリー社製造で、七二年同地に搬入され、「三―六軌間」のダネディン&ポート・チャーマース鉄道で運行されていた。

R・A・S・アボットに拠れば、標準軌だと三〇〇mの回転半径が必要だが、「三―六軌間」ならば一〇〇mですむ。因みにパターソンが建設した南豪州の鉄道は、「三―六軌間」を採用し最小回転半径が一〇〇mだった。また「フェアリー・エンジン」は、煙管の表面積の効率がよく熱効率が優れており、急峻な山岳地帯にも対応できる。もちろん軌間が狭く、その分建設費用は安上がりとなる。他方、二つの煙室の維持費は嵩み、高速安定性の問題は生じる。また構造上、石炭と水を積むことが困難で、それらの補給に難点があった。

史料は断片的だが、筆者は軌間決定の背景を以下のように推理している。

モレルは、レイから聞き及んだ日本の地形や当時の財政状況から、ニュージーランドとの類似点を確認し、二月二一日のゴール会談で「フェアリー・システム」、およびその構成要素として「三―六軌間」を推奨した。T・パターソンへの問い合わせも（第四章二節）、モレルのニュージーランドに対する関心の実例であろう。

他方ホワイトは、「フェアリー・システム」が内在する問題点のみならず、七〇年当時、機関車メーカーでも実績が少なく製造技術上の問題点もあったので、「フェアリー機関車」を発注しなかった。さらに「フェアリー・システム」についても、ホワイトは懐疑的だった。それゆえ、モレルが推奨した「フェアリー・システム」は、ホワイトの裁量で採用されなかった。

しかし、現地日本で測量や建設準備が進行していたので「三―六軌間」は、日程的に追認せざるをえなかった。事実、七月八日『エンジニアリング』誌は、「在英顧問技師も是認した如く三フィート六インチ軌間で建設される」と紹介している。ホワイトが「三―六軌間」に賛同していたかどうかはわからない。

つまり「三―六軌間」での「フェアリー・システム」構想を、ゴール会談でモレルがレイに推奨した。ホワイトは後者を否定したが、軌間変更は不可能だった。換言すれば、「軌間決定は、モレルの意向」で、「非フェアリー・システムは、ホワイト主導」で行われた。こうして日本には、二つの煙室を持つフェアリー機関車は導入されなかった。

従来日本では、ゴール会談や『エンジニア』誌記事が取上げられず、フェアリーの名前は狭軌機関車に関心の高い好事家の間で話題となることはあっても、軌間決定問題と関連づけて語られることはなかった。例えば『国鉄百年史』索引にも「フェアリー」の項目すらない。

当時英国で、フェアリー・エンジンの走行試験が行われていた。七〇年二月一一日一二日の両日、ウェールズのスノードン国立公園にある軌間二フィート一一・五インチのフェシティニオグ鉄道で、ポートマドックを出発点として、「リトル・ワンダー」の愛称で呼ばれるフェアリー・エンジンの試験走行が牽引車両数や重量を変えて行われた。サザーランド公やロシアのボブリンスキー侯さらに多くの経営者や技師が立ち会った。また一四日一五日には、フェアリー・エンジンの「プログレス」号を使って、ウェールズ南部ブレコンの標準軌で、試験走行が行われた。英国土木学会本部に、これらの報告書が保管されている（Abbot,『フェアリー機関車』一九頁には中央の運転室の人物二人が乗った六九年当時の「リトル・ワンダー」号の写真が、一二頁には「ジョセフィーヌ号」の写真が、掲載されている）。

ホワイトは、この試験走行の結果も勘案してフェアリー・システムに懐疑的になった、あるいはマスコミを使ってやや煽動的だったフェアリーの姿勢にも賛同できなかった、のかもしれない。

ここで立ち止まって、モレルの経歴との関係を考えてみよう。

モレル家は、目抜き通りのピカデリーで祖父の代から続くワイン商である。二〇年頃ピカデリーに店を出し、三〇年頃から二軒続きの間口でワインも扱い始めた。ビジネスの感覚と才能に長けていたので、栄枯盛衰の激しい目抜き通りの商業地域で家業が繁栄していた。モレル少年にも、マネージメントの才が自ずと身についていく。

後年「乾ドック」勧誘のためメルボルンに赴いた時、モレルは建設費用と同時に完成後の技術的長短にも言及した。鉄道建設を志向したラブアンでは、手際よく予定路線の測量・費用積算を行い労働力手配の問題も勘案した。さらに南豪州では、資材選択にも配慮し、建設費の圧縮を志向し採算・収益面にも心を砕いた。これらの実績は、現場の技術的側面だけでなく、総合的長期的観点を有した技師長としての資質を有していることを現している。

財政が逼迫していた維新政府の現状を加味し、鉄道の仕様決定に際して「フェアリー・システム」を主張し採用したのは、モレルの家庭環境や技師としての経歴から導かれる一つの結論であった。

以上レイとモレルの往復書翰を精読していないという制約を承知の上で、狭軌の採用とその追認の背景や理由の推測を試みた。後日、筆者の解釈が参考となり、往復書翰を含む資料をベースにした定説が確立されることを期待している。

「技師長モレルが」「ゴールで」「来日前の七〇年二月、レイと会談した時」「フェアリー・システムをベースに」軌間を決定した、と総括できよう。

4 来日

物騒な国

『土木学会誌』第三六巻「追悼記事」に依拠して、モレルは「一八七〇年四月九日に来日した」と紹介されている。しかしその確たる根拠は未見である。当時の新聞記事などから確定させよう。またハリエット夫人の来日と、その後の連れ立った夫妻の動向も追っていく。

余談として彼の風貌についても述べる。残念ながら、ハリエット夫人のほうは全く分からない。

初めに、「お雇い外国人」の目に、日本がどのような国と映っていたのかを、ウィリアム・エリオット・グリフィスの経験やエディンバラ公来日の意味合いなどによって考えよう。これによりモレル来日時、日本はかなり異様・異質の国であったことが浮かび上がる。

後年、日本研究や「お雇い外国人」関係史料を収集した米国人グリフィスは、科学教師兼教育監督として福井藩に招聘され、七〇年一二月二九日横浜に着いた（『メイル』七〇年一二月三一日「乗船記録」に拠れば、グレイト・リパブリック号でサンフランシスコから到着した）。翌七一年三月四日福井に移り、藩校明新館で教鞭をとった。七二年初め、明治政府に雇われ、東京大学の前身である大学南校に移り、理学や化学を教えた。そして、七四年七月に離日した。彼が集めた史料は、母校ラトガース大学に寄贈され、グリフィス・コレクションとして名高い。ただし大半が英国人だったので、鉄道関係の資料はあまりない。

その彼が、来日当時の異様ぶりを次のように評している。

　攘夷ローニンつまり暗殺志願者〔テロリストの浪人〕がおびただしく横行し、どんな生命保険会社も、よほど割増金を払うのでなければ、日本在任のアメリカ人の生命の保険などあえて引きうけようとしなかった時代だから、同僚となるべき人に来日を思いとどまらせる理由は十分あった。ニッポンは当時、危険への誘惑として以外に、故国で安定した生活をしている青年を引きつけるものはほとんどなかったのである（グリフィス『ミカド』一六六頁）。

モレルをはじめ英国人たちが、「日本はそれ程狂気の国ではなく、欧米諸国と友好関係を築こうとしている」と判断するようになった背景として、次のような象徴的・実質的要因があるのではなかろうか。

象徴的には、六九年八月末エディンバラ公（ヴィクトリア女王の第二王子）が、初めての国賓として来日し、九月四日（明治二年七月二八日）皇居瀧見茶屋で明治天皇と会見したことが挙げられる。豪州での修練を終えた公は、帰路、日清両国への訪問を望んだ。公が特に希望した中国への公式訪問は実現しなかったが、内部で曲折があったものの、維新政府は最終的に受入れを決定した。かくして、公は国賓としての初来日した外国要人となる。公の訪問は、維新政府の典礼問題を含む外交姿勢を明瞭に示すこととなる。同時に、公が歓迎を受け安全に訪問を終えたことは、実績として攘夷運動の沈静化を対外的に示す効果があった。公の受入れを機に、外交儀礼が整えられていったという面も有している（ミットフォード『英国外交官の見た幕末維新』第九章「エディンバラ公の来日」、中山和芳『ミカドの外交儀礼——明治天皇の時代』「Ⅱ初めて外国王族と会うミカド」参照。『外交文書』第二巻には、公の受入れ準備から離日までの経過が詳細に述べられている）。

実質的には、維新政府成立後、対外国人テロに厳罰を処するという政府方針の確定と実施が挙げられる。六八年二月四日備前藩士が外国人を殺傷した「神戸事件」、三月八日土佐藩士がフランス人海軍士官や水兵を殺傷した「堺事件」、および三月二三日京都御所への参内途中にパークス一行が襲撃された事件、これらへの新政府の揺るぎない対応によって示されていった。特にパークス襲撃事件の対処は迅速に行われ、その処罰も以後のテロ事件の事例として確立された。テロリストは、侍の身分を剝奪され、名誉ある切腹ではなく罪人として斬首されることとなった（ディキンズ『パークス伝』八四〜九二頁、ミットフォード「天皇の謁見」同書、第六章、中山同書、二八〜三六頁参照。余談だが、パークス一行を襲い斬首された人物は〝林田〟という。ケムブリッヂ大学図書館の「パークス文書」に収蔵されているが、筆者の祖先や縁者ではない）。

他方、六六年（慶応二年）幕府と英仏米蘭との間の「改税約書」第一一条に基づき、日本側は灯台を建設する義務を負った。スティーヴンソン兄弟社が灯台技師を募集選考し、六八年二月ブラントンが採用された。ブラントンは六八年六月来日し、灯台を建設していった。同時に横浜居留地の測量や電信敷設も要請された（横浜開港資料館編『R・H・ブラントン日本の灯台と横浜のまちづくりの父』参照）。このブラントンの来日と任務の遂行は、英国人技師の目に「日本は安全で仕事のやりがいのある国だ」と映る。いわば先鋒としての実例をアピールすることとなった。

このように、少なくとも英国人にとっては、日本はそれほど危険な国とはみなされないようになり始めていた。

モレル到着

『メイル』七一年三月一一日に拠れば、七〇年一二月二一日ゴールで両者が会談した。そこでレイがモレルを技師長に採用し、直ちに日本に赴くよう要請した。モレルは、英国にいたハリエット夫人に状況を説明し、来日するよう手紙を認めた。

七〇年三月二二日『ヘラルド』に、ガンジス号が香港から上海に到着とある。その乗客名簿にモレルの名前がある。横浜滞在中だった伊藤が、伊達と大隈に宛てた三月二二日書翰に拠れば、当初モレルは二九日までに横浜に到着予定だった。しかしモレルは、トロートマンと上海で面談し、来日が一〇日余遅れた。

二月二一日の「ゴール会談」と三月二二日の上海着の間は、少し日数がかかっている。南豪州にいるイングランドやシェパードに対し、経過説明と日本赴任を正式に依頼する。南豪州から日本に転進することを、クラークにも説明し了承してもらわなければならない。技師長就任をレイに推薦してくれたパークスへも、お礼と以降の予定を伝える。在英中のハリエット夫人に、日本の鉄道技師長就任の受託を報告し、併せて単身ではあるが日本に早く来るよう要請する。また『セイロン・タイムス』にロンドンの店の広告を出していたが、それも打ち切る。いわば残務処理と以降の計画実現に向けて、セイロンで多忙だったため、上海到着まで日数を要したと考えられる。

四月九日号『ナガサキ・エクスプレス』の乗客名簿に、モレル（E. Morrell）があり、四日オレゴニアン号が兵庫・横浜向けに出港したとの記載がある。さらに九日『ヒオゴ・ニュース』に、上海・長崎からオレゴニアン号到着、横浜へ出港とあり、乗客名簿に、モレル（E. Morel）がある。続いて一六日『メイル』に拠れば、オレゴニアン号が四月九日横浜に到着した。

以上から「モレルは上海に立ち寄り、長崎から神戸を経由し、七〇年四月九日に横浜に着いた」と確定できる。明治三年三月九日にあたる。

余談となるが、上海発行の『ヘラルド』の六六年一月六日号に、「一月五日、イギリス汽船カディス号（ソームズ船長）、横浜から到着」という記事が掲載され、乗客名簿に「モレル」がある。一方六六〜八一年版『在中外国人名鑑』に、上海駐在ベルギー領事モレル（Ed. Morel）が掲載されている。それゆえ、これらの乗客名簿の「モレル」は、このベルギー領事と考えられる。「召使いと三人の中国人を同行」と記した一二月三〇日『ジャパン・ヘラルド』、一月二日『アドヴァタイザー』、一月五日『ジャパン・タイムズ』も、ベルギー領事であることを示唆している。ラブアン到着直後となるので、鉄道技師長の可能性はない。

風貌

伝えられているモレルの顔を見ると、やせ形で鬚は豊かだが、対照的に髪は非常に少ない。月代《さかやき》を剃る手間が省けるような額である。そのせいか、年齢よりも老けて見える。

一方、サー・ウィリアム・アベケットをはじめ母方縁者は、モレルと骨相が似ている。また彼らの頭は、伯父トーマス・ターナー・アベケットを除いて見事な禿髪である（『オーストラリア人物事典』で、アベケット家の人たちの写真を確認できる）。これらを見ると、モレルの頭髪後退に合点がいく。

四月九日、モレルより一歳若い伊藤は、横浜で出迎えた時にどう感じたのであろうか。また一二日に面会した政府高官の、その印象を伝える記録はない。

『ロンドン・アンド・チャイナ・テレグラフ』七〇年四月一一日と一八日、および『ロンドン・アンド・チャイナ・エクスプレス』四月八日と一五日と二二日に、四月一六日、蒸気船リポン号がイングランド南部のサウサンプトンを横浜へ向け出港とあり、それらの乗客名簿に「モレル夫人」が記されている。

ハリエット夫人来日

ボンベイ（現ムンバイ）を五月一二日、ゴールを一七日、ペナンを二二日に発ったペリス船長のエメン号が、二七日午前七時三〇分シンガポールに入港し、二八日朝八時香港に向け出港した。サウサンプトンから横浜に向かう乗客名簿の中に、モレル夫人が記されている。以上五月二八日『ストレイト・タイムズ』に拠る。この名簿の次に、西豪州キング・ジョージ・サウンドから横浜に向かう乗客としてシェパードが載っている。つまりシェパードは、技師長夫人とシンガポールから同じ船に乗っていた。なお四月二三日『レジスター』に、シェパードは横浜行きの蒸気船を予約した、と記されている。

一方六月一一日号『メイル』には、カディス号が五月三一日香港発、六月七日横浜着とあり、乗客名簿に「モレル夫人」がある。ハリエット夫人は上海に寄らず、日本到着を急いだ。

六二年二月ハリエットと結婚したモレルは、翌年夫人と一緒にメルボルンへ赴いた。他方モレルがラブアンに向け出港した六五年秋から、おそらく夫人は英国に滞在していた。そして七〇年二月ゴール会談の後、モレルからの手紙に従い、ハリエット夫人は英国を四月に発ち、六月に日本に着いた。

モレルがラブアンに行き、南豪州に移り、日本に赴任するまでの期間、ハリエット夫人の動向は不明である。おそらくゴールでモレルが手紙を出し、一カ月後に受け取り、身辺整理をして日本行きの準備にかかり、サウサンプトンに向かったのであろう。

愛しの我が家

七〇年七月三〇日『メイル』に、七月二六日（六月二八日）ゴールデン・エイジ号が兵庫へ向け出港とあり、乗客名簿に「モレル夫妻」「伊藤」が有る。八月二七日同紙に、八月二〇日（七月二四日）ゴールデン・エイジ号が横浜に到着とあり、乗客名簿に「モレル夫妻」「伊藤」が有る。つまり、モレルがハリエット夫人同伴で、大阪―神戸線の調査に赴いた。また八月二日（七月六日）、伊藤博文より大隈宛書翰でも、モレルが神戸・大阪にいたことを確認できる（『大隈文書M』【B50–2】、『大隈重信関係文書一』一九五～一九七頁）。

七一年四月一五日『メイル』に、四日に挙行された「大阪造幣寮開所式」の記事がある。日本側出席者は三条実美、大隈ら、英国側では公使パークス夫妻、鉄道差配役カーギル夫妻、灯台寮技師ブラントン、およびモレル夫妻らの名前が挙げられている。つまりモレルは夫人同伴で、日本政府高官と同席し造幣寮開所式の式典に参列した。ブラントンは、日本国旗を掲げた唯一の汽船テーボール号で式典参列者を乗せ「四月一日午後六時に横浜を出帆した」（ブラントン『お雇い外人の見た近代日本』七七頁）。四月八日『ヒオゴ・ニュース』には、記念式典の主な座席配置も記してある。三条のすぐ右側の席に、大隈やスペイン公使とともにモレル夫人が座った。創業式の参列者の中に「婦女六人」と記されているが（『造幣局百年史』四五頁）、ハリエット夫人がそのうちの一人である。

これらを踏まえ、森田は国際結婚が許されていなかった当事、「造幣寮開所式」のような公式行事

旧市街からゴール港を望む
（2016年11月撮影）

に日本政府高官と「日本人妻」が同席することは考えられないとしている。森田は他に、モレル夫妻が七一年一〇月に木戸孝允を横浜駅まで見送ったこと、『メイル』の「追悼記事」などを挙げて「日本人妻説」を論駁している（Morita, "Edmund Morel," in *Britain and Japan*, vol. 2、六〇～六二頁、および森田「明治鉄道創立の恩人　エドモンド・モレルを偲ぶ」『汎交通』第九七巻二号、一二～一八頁参照）。維新政府が国際結婚を公式に容認したのは、七三年（明治六年）三月一四日、太政官布告第一〇三号による。

日本で、モレルは尊敬される地位に就き、やりがいのある仕事を任されていた。気候、言葉、風習が違うとはいえ、夫婦水入らずの生活ができ、ハリエット夫人はよく行動をともにする。豪州、ニュージーランド、および夫人が同行しなかったラブアンと比べ、夫妻にとって「愛しの我が家」だった。

第五章　日本在勤

1　契約上の地位

本章では、モレルが来日した一八七〇年四月九日から病に伏し亡くなるまでの動向を述べていく。

在勤一九カ月

まず契約上の地位の変遷を述べ、鉄道建設の進捗状況や彼の仕事ぶりを追う。関連して日本人技術者が、明治初期の状況やモレルとの接点を語っている部分を取上げる。この技術者は、明治初期の状況を生き生きと語っており、貴重な回顧談となっている。

次にモレルの「遺言書」を含め日英双方の史料で、エンディングを再構成する。病状悪化と死亡、翌日の夫人の急死という悲劇、関係者たちの高い評価、日本政府が受けた驚きと衝撃が生々しい。最後に内外の新聞に掲載されたモレルの死亡記事のいくつかを紹介し、往時の評価を再現しよう。

モレルの契約上の地位は、レイ契約の枠内では脆弱だったが、トロートマン忌避に続くレイ契約の破棄に伴い日本側に移動し地位が安定し、任務に邁進できるようになった。この件で明治政府に対して恩義を感じ、日本に親身な建議を行い、心身をすり減らして職責を果たした、ともいえよう。

パークスが推挙

H・N・レイは契約解消の示談成立直後の一八七〇年一二月七日、伊達宗城《むねなり》民部大蔵卿、大隈重信大輔《たいふ》、伊藤博文少輔《しょうゆう》宛書翰で「建築方惣轄《ママ》に命し候儀にて、此委任はハルリー・パークス氏之吹挙《ママ》に依り命し候」（『大隈文書M』【C-416】）と、モレル採用の経緯について述べている。これは、「パークスの推薦」を明記している唯一の史料である（巻末史料⑤）。

モレルと思われる技師について記録上の端緒は、六九年一二月七日（明治二年十一月五日）、右大臣三条実美邸での英国公使パークスを交えた「鉄道及電信建設ニ関スル件」（『外交文書』第二巻三冊「五七五」、関連部分の引用はこれによる）の非公式会談である。鉄道敷設の最終確認のため、レイ契約締結直前に行われた鳩首会談だった。

この折、日本側は「過日申越有之蒸気機関に熟練之仁近日横浜江参らるゝ趣御報知有之、就而は御来簡に甘伏し御頼申度候」と、専門家の紹介を依頼した。パークスから「来着之機械師は、是迄新和蘭ニ而英国四百里之鉄道貳ヶ年に落成し、今度帰国之趣に而便船来着之由に候」との返答を得た。

この「新和蘭」は注意を要する。一七世紀初頭、オランダ人が豪州大陸に到達したが、北部の熱帯や沙漠地方しか探索せず、それゆえ植民に不向きと判断し入植しなかった。彼らはこの地を「ノヴァ・ホランディア」（新オランダ）と名づけ、豪州は長くこの名称で呼ばれていた。しかし〇四年英人探検家フリンダースが「オーストラリア」の呼称を唱え、英国がそれを採用し、やがて広く使われるようになった。しかし一九世紀中葉まで、英国人が入植開発した東部のニュー・サウス・ウェールズ州やヴィクトリア州以外の地が「ニュー・ホランド」と呼ばれ、オランダでは一九世紀末まで豪州全体を指していた。それゆえ、オランダ通事から英語通訳に転進した人物が「新和蘭」と記した、と考えられる。

南豪州で二〇〇マイルの鉄道計画があり、その測量にモレルが携わり、一八カ月間で建設しようとしていた。「新和蘭」はニュージーランド（新西蘭）の誤記ではなく豪州を指しており、距離と期間および来日計画の面に難点があるが、パークスが述べた「蒸気機関に熟練之仁」で「来着之機械師」とは、モレルのことを指している、のではなかろうか。モレルはその時期、南豪州に滞在しており、関わった鉄道は完成しておらず、「今度帰国之趣に而便船来着」することはない、という疑問点はあるが。「御来簡」がモレルの手紙だとすれば、ポート・オーガスタ鉄道計画にブレーキがかかったころ日本行きを計画しているとパークスに伝えていた、ことになる。パークスは「過日申越」とあるように、大隈と伊藤には手紙のことを話していた。そして三条邸会談で、パークスはモレルを技師長に推挙する。紙上論争の渦中にある頃パークスからの手紙が届き、またレイから技師長就任を要請する手紙を受け取った。モレルは残務処理を行い、二月初めにアデレードを発ち会談地ゴールへ向かい、パークスには適宜、日程を伝えていた。三条邸会談を深読みすれば、このように考えられる。

ではパークスはどこでモレルのことを知り、技師長に推薦したのであろうか。パークスは、外交官ネットワークの中で、ラブアン総督キャラハンを介して、モレルの経歴、人柄、仕事ぶりを知るようになった。豪州の華麗なる一族アベケット家の縁者であることも、耳に入れていた。ラブアン石炭会社の出資者に、オリエンタル銀行経営陣が名前を連ねている。また、モレルがラブアンへ向けマルセイユを出航した一週間後、パークス夫人が幼児を伴い同港を発ったが、東洋への道すがら知遇を得た可能性もある。これらのうちの一つあるいは複数による、のかもしれない。

状況から、以上のように思われる。しかし、パークスがモレルの経歴や力量をどれほど知り評価していたのか、またそれを示す交信という確たる史料は未見であり、一つの仮説にすぎない。

ところで南条範夫が「紹介者パークスは〔モレルの〕亡父の友人であった」（南条範夫『驀進』）（文藝春秋『オール讀物』昭和四三年一〇月特別号、二五八頁）と述べている。二八年二月生まれのパークスは幼くして両親を亡くし、姉の伝手で四一年一〇月マカオに来て中国語の勉強に没頭した（努力の証拠を示す手書きノートがケムブリッヂ大学の「パークス文書」に残されている）。領事館勤務を経て通訳官となり、以後経歴を磨いていった。モレルの店の記録を探索しても（国立公文書館、ウェストミンスター資料館、ロンドン首都資料館、および新聞記事）、パークスとピカデリーのワイン商との接点は見つからない。これも南条の創作、といえる。

「井上勝同席説」

この三条邸会談に、「日本鉄道の父」井上勝が同席し通訳したと紹介されることがある（たとえば『鉄道先人録』二五頁）。井上の役割を検討しよう。

会談出席者は、右大臣三条実美、大納言岩倉具視、外務卿沢宣嘉《のぶよし》、それに次官の民部大蔵大輔大隈と同少輔伊藤である（民部大蔵卿伊達は風邪で欠席、日本史籍協会編『大隈重信関係文書一』一七二頁）。『外交文書』に収録されているが「非公式」会談扱いとなっている。日本政府の最高メンバーによる意思決定の最終段階で、〝英国公使のみが呼ばれた〟のが「公式」では他国公使の反発を招く惧れがあるので、日本側も開催場所を私邸にすることで「非公式」とした。

通訳は、英国公使館員、および外務省大訳官で元オランダ通事と推測される。英国側は、レイ契約の締結に陪席し立会人として署名しているアレクサンダー・シーボルト（シーボルトの長男）と考えられる。オランダで育った彼にとっても、「新和蘭」に違和感はない。

他方、伊藤が鉄道敷設そのための資金調達について「明治二年九月頃と記憶す、パークスの支那時代の友人ネルソン・レーなる人来つてパークスを訪ひ、日本に資金を貸与して鉄道を敷設せしめんことを提唱す。パークス之を容れ、之を我政府に効したり。これ実に我が鉄道建設の濫觴《らんしょう》なり」（『伊藤公全集』第一巻、二五五頁）と開陳し、当の井上は次のように説明している。

パークス氏は之れと相謀り之を隈藤両公（大隈、伊藤）に推薦せり。レー氏は本邦の海関税を抵当として英国に於て三百万磅《ポンド》を起債すべく、之に資《たよ》りて若干の鉄道を布設せば可ならずやと勧告す。其第一回藤公会見の際には予偶〻藤家に寄寓し、其通訳の任に当たりしを以て親しく其説を聞を得たり。之を予が鉄道に関渉するの始とす（『鉄道時報』明治三九年五月二〇日号）。

レイの日本政府への申入れから本格的交渉が始まり、井上が第一回伊藤・レイ会談で通訳した。ところで『木戸日記』一〇月七日に拠れば、井上は六日に上京した。一〇月一〇日に「造幣頭兼鉱山正」に任ぜられ、三年五月二日鉱山事務専任となり、鉄道頭に就任するのは明治四年八月一五日である(『百官履歴二』二三五〜二三六頁)。したがって伊藤と井上の回顧談そして木戸の日記から、伊藤・レイ会談は、一〇月七日(一一月一〇日)から九日(一二日)の間に始まった、と考えられる。

両会談は時期、参加者が異なり、その内容や重要性の次元が異なっている。明治二年八月二二日レイの中国語文書による申し入れ、一〇月初旬レイとの面談・事前交渉開始、二三日「基本合意」締結、一一月五日の三条邸会談、一〇日政府の方針決定・大隈伊藤への全権委任状交付、一二日「第一約定書」締結と国家の意思決定過程が進展していく(詳細は、林田『日本の鉄道草創期』第二章参照)。

職責上、三条邸でのトップ会談に井上が同席することは考えられない。たとえ井上が英語に堪能で、鉄道の知識が豊富で、伊藤の朋友であっても。

ところで「モレルは……(中略)明治二年十一月頃日本を訪れている」と田中時彦が紹介している(田中『明治維新の政局と鉄道建設』二〇四頁)。しかし、モレルは一二月中旬にアデレードとメルボルンを往復しており、この時期の来日は不可能である。田中には珍しいミスである。

「上海契約」 田中は、レイとモレルの往復書翰に依拠して、モレルが雇用された経緯やレイとの契約におけるモレルの地位について紹介している。二月二一日、モレルはセイロンでレイと会見し、技師長就任を受託した。それから「レイの紹介状を携えてセイロンから上海に赴き、同

モレルの地位の変遷

	「第２約定書」 1869年12月22日	「別項約書２」 1870年１月23日	「上海契約」 1870年３月26日	日本との雇用契約 1870年４月12日？
任　務	鉄道を建設する。		鉄道敷設，その他の公共事業の企画。	「鉄道兼電信建築師長」
指揮命令権	公債完済時まで，完全にレイの管轄下にある。		レイあるいは代理人の指揮命令に従う。他のいかなる人物の命令・訓令・指示にも従わない。	日本政府直属の雇用技師
給料，支払い方法	レイが支払う。	初年度月額700ドル，２年目850ドル，３年目以降1,000ドル。日本政府がレイに渡し，レイが技師長に支払う。	日本政府から，レイあるいは代理人を通じて，モレルに支払われる。	金額は「別項約書２」に同じ。オリエンタル銀行を通じ，日本政府が支払う。
雇用期間，解雇権など	外国人の雇用権，解雇権は，レイにある。 鉄道完成までは外国人を雇用する。完成後，維持管理のために必要な人員を除き解雇する。		レイあるいは代理人は，６カ月以前の通告により，モレルの意思にかかわらず，5,000ドルの違約金を払えば解雇できる。 事業終了時あるいは解雇された場合，モレルは直ちに離日し，レイあるいは代理人の書面による許可がなければ，５年間は来日できない。違反した場合，罰金３万ドルが課される。	５年間

（註）『明治前期』，田中『明治維新の政局と鉄道建設』を基に，筆者が作成した。

地に来ていたトロウトマンと会った。そうして一八七〇年三月二十六日、上海副領事R・B・ロバートスンの立ち合いの下に、正式にレイに傭われる契約を結んだ。この雇傭契約は、レイがセイロン島でモレルと会見した際の内約を、トロウトマンの手で正文化した性格のものであった」(田中同書、二〇五〜二〇六頁)。トロートマンがコントラクターで、モレルは配下の技師長という位置づけであった。このトロートマンとモレルの雇用契約を「上海契約」と呼ぼう。

他方、六九年一二月に締結されたレイと日本政府との「第二約定書」に、外国人の雇用条件が盛り込まれている(『大日本外交文書』第二巻三冊、「六〇八」明治二年十一月二〇日「帝国政府ト英吉利人「レー」トノ間ニ締結シタル鉄道建設資金調達追加契約書」)。

「上海契約」はモレルの任務、指揮系統、給料の支払い方法について「第二約定書」に則しており、日本政府が関与する余地はない。しかし解雇権と再来日条項は「第二約定書」にはなく、モレルにとって甚だ不利な内容となっている。

日本政府と契約

モレルは七〇年二月二一日、ゴールで「第二約定書」「別項約書二」を見せられ、レイから技師長に任命された。そして三月二六日、レイの代理人トロートマンと上海で面会し、「上海契約」を結んだ。それらの間に矛盾はなく、「上海契約」はモレルにとって不利な内容を織り込んだにすぎない。

モレルはパークスから鄭重な招きを受けて、イギリス公使館に滞在した。パークスは彼を激励し、

> モレルはこれによって前途に光明を見出している。そうしてモレルは、パークスの紹介で大隈らと接見する機会を得た。……（中略）大隈らはモレルを引見した際、改めて彼を新政府直属の雇傭技師に任命した。また給料についても彼との直接交渉で委細を取り極め、その交付はオリエンタル銀行の手で行うこととした（田中同書、二〇六～二〇七頁）。

来日したモレルが、パークスや大隈と面会して希望を抱くようになったのは、日本政府の彼に対する期待の大きさを実感し、「上海契約」に内在する不満と不安感を払拭できたからである。他方で「トロウトマンに対し違約弁償の要件について、額五千ドルを一万ドルに引き上げて改訂するように要求」した（田中同書、二七四頁）。

ところで日本政府との雇用契約は、契約主体、指揮命令権などの根幹部分で「第二約定書」「上海契約」と矛盾している。家庭環境から、モレルは法律の素人ではなかったのに、日本到着早々明白に「二重契約」を結んでいる。その背景を考えよう。

モレルが当初パークスから聞いていた条件は、日本政府が建設や運行に携わる技師長を含む外国人を直接雇用し、日本側は技師長を通じてその業務を委任する、という内容であった。レイは単に建設資金を融資するのみだった。事実、六九年一一月二六日の「基本合意」や一二月一四日の「第一約定書」は融資条項だけだった。しかし一二月一四日の「第一命令書」はレイが技師長を任命すると述べ、二二日の「第二約定書」は元本償還まで外国人の雇用権を有すると明記し、大きく変質している。モレルは、「上海契約」の解雇権や再来日条項に不満と不安を抱いていたので、日本側が提示した雇用契約を受け入れた。「二重契約」という意識よりも、当初パークスから示された条件に回帰した、と考えていたのかもしれない。

パークスは、モレルがセイロンでレイと面会したことを含め、その後の日程もほぼ把握していた（伊藤の伊達・大隈宛三月二二日付手紙参照）。副領事ロバートソンが私人間の「上海契約」締結に立ち会ったのは、パークスの依頼による。ロバートソンは、契約の条文もしくは内容をパークスに伝えた。モレルは「ゴール会談」を経て「上海契約」を結び、レイの網の中に取り込まれてしまっている。そこでパークスは、傘下に戻すべく四月一二日に公使館に招き、日本側高官との面会を設定した。

一方日本側は、レイ契約に内在する危険性を察知し、技師長をレイ側から引き剝がそうとしていた。おそらく、日本政府も「第一命令書」や「第二約定書」の趣旨に反して「二重契約」になることを承知の上で、モレルとの直接契約を進めようとしていた、のであろう。

結局モレルの引っ張り合いは、パークスひいては日本側の意向が通り、鉄道建設や監理主体を含めて、その後の展開を大きく変えていく。経緯とその背景は、このように考えられる。

四月九日、トロートマンは「モレルが自らの配下にある」ことを誇示するため、同じ船で来日した。しかし彼は、日本側から徹頭徹尾忌避され、政府高官と面会できなかった。結局五月一七日にトロートマンが離日し（『メイル』五月二二日）、次善策として技師への給料や資材購入代金の支払いは、日本政府が直接行うこととなる。このようにして、日本政府とモレルが「第二約定書」に違約する。続い

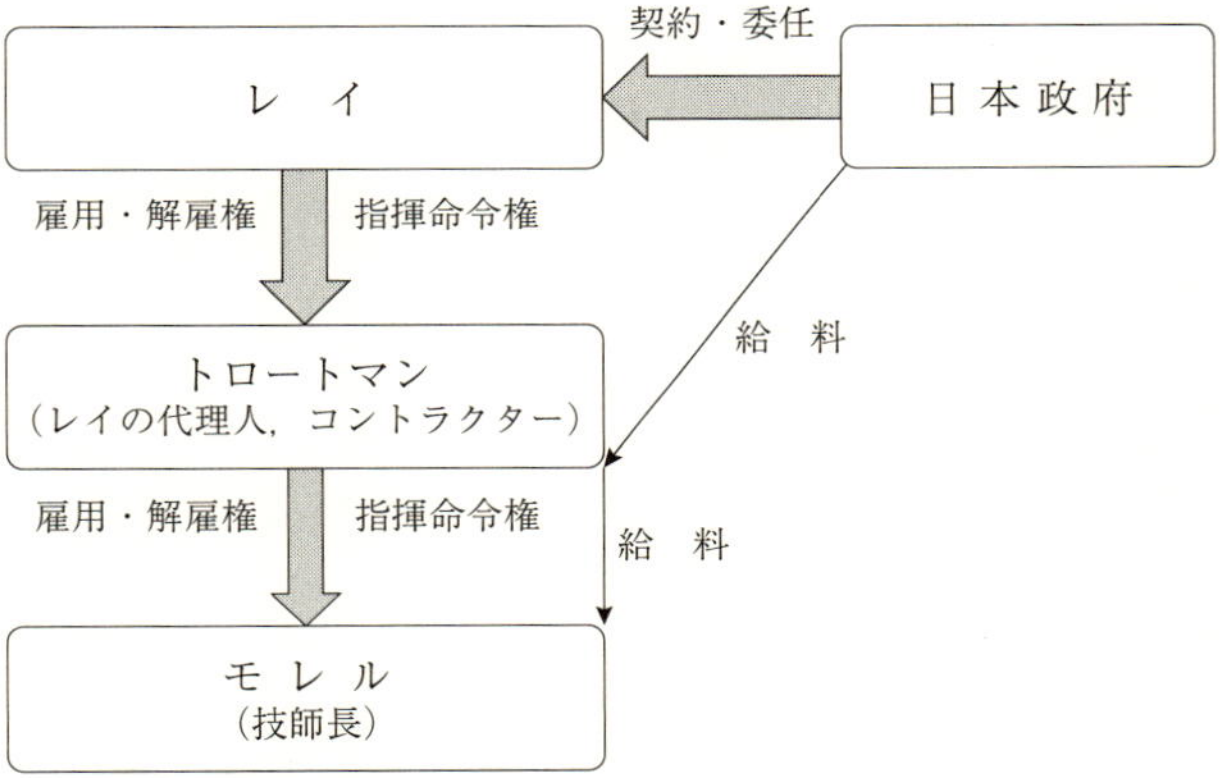

指揮命令系統（1）レイ契約，上海契約

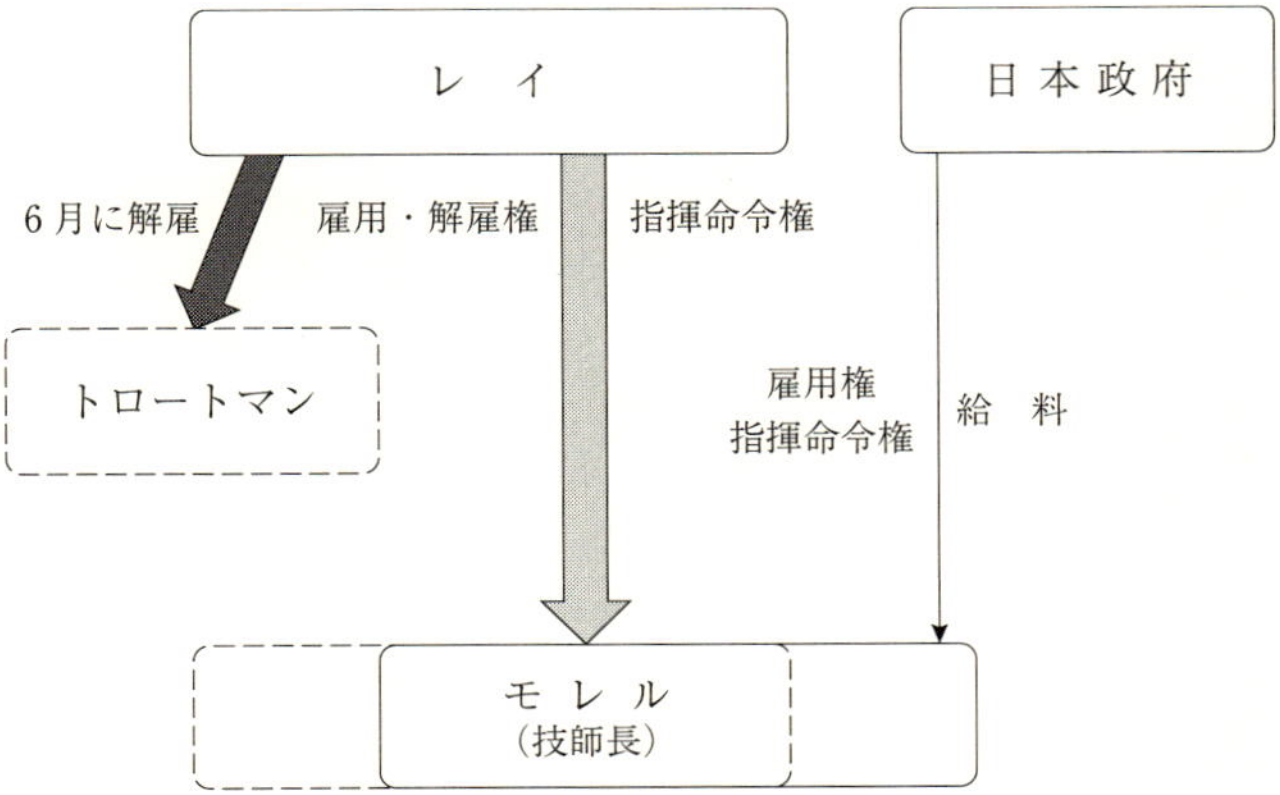

（註）⬚から□はモレルのレイ直轄からの部分的転移を示す。

指揮命令系統（2）日本政府と契約～トロートマン解雇

てトロートマン離日に伴い、追認される。「モレルは始めのレイとの間の雇傭契約に反して、日本政府から直接に給料を受取ることを承諾している。この点についてモレルは、トロウトマンの諒解を得、またレイにも諒解を求める手信を送って」(田中同書、二七四頁)おり、「二重契約」の後ろめたさは感じていた。

モレルがトロートマンの枠内に留まっていた場合を想定しよう。レイの代理人抜きでも、技師長が主導すれば鉄道を建設できる。しかし、技師長と代理人とが分断不可能な場合、両名を併せて忌避すれば鉄道建設そのものを放棄することになる。国内に反対意見が渦巻く中で折角合意が得られた借款契約と鉄道建設の政府方針が水泡に帰し、英国公使館筋の意向にも逆らうことになる。それは不可能だった。したがって、レイの影響力を弱体化するには、モレルを日本側に抱き込むことが不可欠だった。「上海契約」の過酷さもあり、モレルは日本政府との雇用契約を受け入れた。トロートマンの剛腕ぶりが裏目に出た、と言えよう。

自立化過程の脈絡でなければ、モレルが日本政府と契約を結ぶにいたった経緯や背景の意味合いを充分に汲み取ることはできない、と考えられる。モレルはトロートマン排除に協力的とまでは言えないにしろ、少なくとも忌避には反対していない。日本側がモレルを高く評価し感謝しているのはこの要因も与っている、のではなかろうか。

地位の変遷

鉄道建設の指揮にあたるはずだったトロートマンが排除され、任務を遂行できず七〇年五月一七日に横浜を出港した。日本政府は、「日本関税公債」公募を主な名目として六月二九日、レイとの契約を破棄した。紆余曲折を経て一二月六日示談が成立し、レイとの関係はすべて解消された。日本政府は、レイ契約破棄に伴い、オリエンタル銀行に対し、レイとの関係清算に伴う「係争の処理」、レイが発行した「公債の処理」、および日本での「鉄道敷設」を付託した。「上海契約」と、日本政府との契約内容の間には齟齬があった。すなわちモレルは、日本政府直属の技師長で、給料も直接受取ると変更されている。この時点で契約上、モレルは重複した系統下にあったが、トロートマンが排除され、矛盾は顕在化しなかった。その一方で、モレルはレイが任命した在英顧問技師G・P・ホワイトと協力しつつ、任務を遂行していた。

続いて、レイ契約の解消に伴いレイ系統が消滅し、あたかもモレルは来日当初から日本政府直属で雇用されたようになる。同時に、ホワイトとの協力関係も根拠がなくなった。

ところで、六月六日付「レイ宛モレル書簡によれば、オリエンタル銀行監査役カージルが（カーギルのこと）、この時すでに日本にあり、モレルと親密になっていたという。」（田中同書、二〇九頁）両者には、オタゴ開拓やラブアン石炭会社という共通点があった。モレルの契約上の地位の変遷をまとめたので参考にしてほしい。

帰国した二人の技師

示談成立の前に、ホワイトの推薦でレイに雇用派遣された建築副役フレデリック・W・ブライアントとエドモンド・レインの両名が来日した。ブライアントは六五年七月、サミュエル・ロイドらの推薦を得て、機械学会に入会した。七六年以降の住所録には記載がない。一方土木技師の条件を付して国勢調査個票にあたると、七一年ケンジントン在住三九歳、八一年セント・バーソロミュー病院入院中で四九歳がヒットするが、それ以上調査が進まない。レインは、土木学会入会申請書に拠れば、「グレイト・ウェスタン鉄道の父」マイケル（〇四〜六八年二月二七日）の下で修業し、エドワード・ハリスと一緒にイタリアの公共事業に従事した。ハリス他五人の推薦を得て、準会員として六八年一二月一日入会した。七四年四月二日、ウィリアム・ワッツの娘アニー・マリアとロンドンで結婚した。一九二三年二月八日、仏のニースで亡くなり、六四〇〇ポンド弱の遺産があった。妻アニーは一九三九年四月二〇日、ニースで亡くなり、一・三万ポンド弱を遺した。

モレルは自らが来日直後に行ったように、両名に日本政府と改めて契約を結び、モレル配下で任務に就くよう要請した。しかし両名は、それでは二重契約になり、レイ契約に対する日本政府の姿勢にも疑問を呈し、モレルの矛盾を指摘し意見が対立する。両名は米国経由で九月二五日に来日し、一〇月一〇日に横浜を発って英国に帰った（『メイル』一〇月一日および一五日）。両名の離日を受けモレルは、一〇月一〇日、大木喬任民部大輔、吉井友実民部少輔宛に次のように書き送った。

右ブラント并レーン義は、レー氏と約定に名印致候、右約定之写は御目に掛り申候。右ブラント并レーンは、レー氏の恵とのみ只管《ひたすら》懐に居候に付、政府の局則に従順之儀は不快に存候義と存候（『大隈文書M』【C-539】）。

モレルは、解雇権と再来日条項のゆえにトロートマンに不満を抱き、パークスの庇護もあり「上海契約」に距離を置き日本政府側に近づいてきた。これに対しブライアントらは、トロートマンとの関係はなく、レイとの契約を優先してモレルと衝突した。来日時期と雇用契約締結の経緯の相違もあって、対立の溝は埋まらなかった。両名が英国を発った時、レイはトロートマンを解任していたが、根幹のレイ契約が破棄されたことは英国の誰一人知らなかった。両名が示談成立後に来日していたら、モレルや日本政府の提案を受入れたかもしれない。

帰国後、ブライアントが代表してレイを提訴し、七一年一二月に勝訴した（『タイムズ』七一年一二月一二日。筆者はこの裁判記録を、英国国立公文書館で探したが、どうしても見つけられなかった）。しかしなぜか、七三年二月に日本政府が両名宛という名目で違約金を支払っている（『明治前期』第一七巻ノ一、一五二頁）。これは明らかに不正経理であり、その背景や理由を究明する必要がある。

一二月の示談成立後、モレルの地位は日本政府の意向を汲んだオリエンタル銀行のW・W・カーギルと日本政府の配下にあり、モレルは日本政府が在英顧問技師に任命したW・ポールと協力して、鉄道建設にあたっていくこととなった。

なおモレルの斡旋で南豪州から来日したイングランドやシェパードの場合、ブライアントやレインのような問題は生じなかった。初期のお雇い外国人の中には、レイの配下にある者、日本政府に直属している者が混在していたのである。

2　鉄道建設

『鉄道附録』『日本鉄道史』などを参考に、技師長としてのモレルの任務遂行ぶりをみていく。

測量

モレルとも接触があり、日本人技術者として建設に携わった武者満歌に現場の体験を語らしめよう。武者は一九四二年に、七〇年余前のことを、まさに遠い昔のこととして振り返っている。初めの頃、丁髷《ちょんまげ》に羽織袴《はかま》姿で大小の刀を差したまま作業をしていたという。新橋・品川間は、線路が陸地を通ることを軍が許さず、やむなく海岸の縁に入り込んで測量していた。しかし当然とはいえ、日本人は誰も長靴を持っておらず、遠浅の海で干潮時を見計らい、終始ぬかるみに煩わされながら、袴の裾をからげて苦闘していた。想像すると滑稽ともいえ、武者の苦笑いが伝わってくる（武者の家柄や経歴、回顧談については、巻末史料④参照）。

一九〇六年（明治三九年）五月二〇日以降の『鉄道時報』に、武者以外の現場の人たちの草創期の思い出話が連載されているので、こちらも当時を語るものとして参考にしてほしい。

モレルは、一八七〇年四月九日横浜に到着し、一二日には政府高官と面会し、早々に任務を遂行していった。あたかもラブアンに到着した時と同様、精力的に仕事にかかった。

四月一七日、東京府、神奈川県、品川県に測量する英国人を案内するよう通達があった。一九日、

レイにとって代わった。

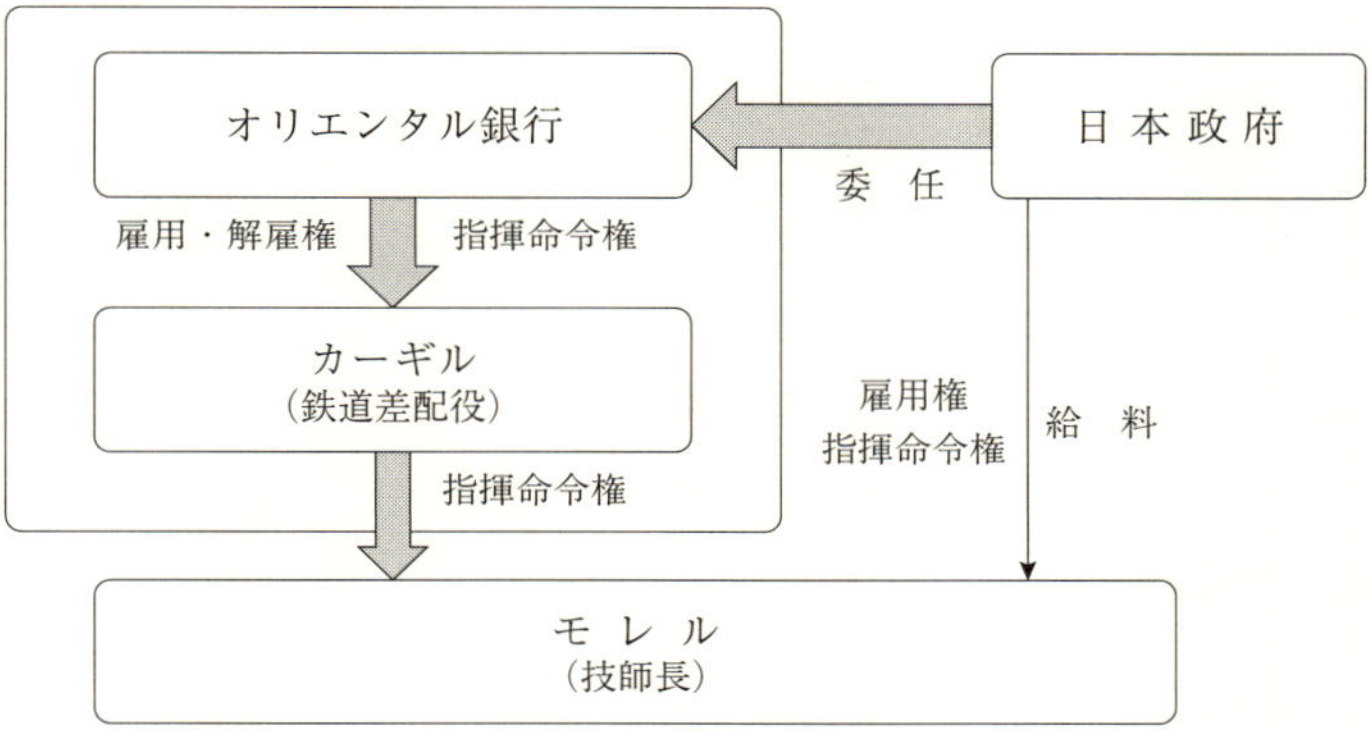

指揮命令系統（3）レイ契約解消〜オリエンタル銀行に委託

旧尾張邸に（現築地市場辺り）、民部省所管で鉄道掛が置かれた。二五日、芝口汐留付近から測量が始まる。一方五月三日、一年余前から埋め立てられていた横浜野毛浦海岸からの測量も開始される。神奈川築堤の写真が『国鉄百年写真史』一四頁にある。

武者の「明治三年頃の鉄道譚」という想い出話に、モレルの名前が二回登場する。武者は鉄道掛の開設と同時に応募し、技師長モレルから五日間の実地と数学を中心とした学科の試験を課され、無事合格した。「試験は相当難かしく、……（中略）三角の問題まで課せられた。」武者の能力が高かっただけではなく、日本政府は英国人技師の下で働ける人材を求め、彼の場合には桜井伝蔵という通訳も付け、意思疎通の障害を除いた。つまり若き日本人の技術習得を援けていた。さらに有能であれば、旧幕臣などの前歴は問わず、人材を登用していた。

武者は、ダイアックの下で測量に従事し技術も教えてもらった、という（「京浜間の測量開始」）。

『日本鉄道史』上篇に、京浜間の工事の進捗状況が次のように記されている。なお年月は太陰暦表示である。

起　工

是年〔明治三年〕六月橋梁工事を起し先つ神奈川第十九橋より始め、十月六郷川本橋を起工す、其長さ六三間とす〔一一三・四ｍ〕。同月神奈川台の掘割〔開削〕に著手し、又八ツ山及御殿山の掘割工事を起し、十一月以降諸所の盛土〔築堤〕を始む。翌四年四月六郷川陸橋を起工す。其長さ二八〇間とす〔五〇四ｍ〕。同年七月六郷川本橋工事竣功し、十月陸橋亦落成す。

是年〔明治四年〕二月横浜停車場石造二階建本屋《ほんおく》の建造を始め、翌三月汐留停車場石造二階建本屋の建造を始む。五月横浜機関車庫を起工し、九月品川、川崎、鶴見各停車場本屋、十一月汐留機関車庫、横浜乗降場、十二月汐留乗降場の建造を始む。是年八月横浜機関車庫落成し、九月横浜停車場本屋、十一月汐留停車場本屋亦落成す〔新橋停車場の平面図が同書上篇五六〜五七頁にある〕。翌五年正月品川停車場本屋落成す。二月神奈川停車場本屋を起工す。三月横浜乗降場、四月鶴見停車場本屋、五月神奈川停車場本屋、六月汐留停車場乗降場、川崎停車場本屋、七月汐留機関車庫等皆落成す〔それぞれ『日本鉄道史』上篇四九頁、五一頁「諸工事着手」〕。

七一年三月頃、旧オランダ公使館長応寺〔高輪大木戸付近〕を、お雇い外国人の住居とした。七月頃、芝田町の島津藩邸〔地下鉄三田駅北方〕から高輪大木戸までの埋め立て工事が開始された〔『鉄道附録』

三頁、五頁。高輪海岸築堤工事の様子は『国鉄百年写真史』一三頁)。

ところで、服装の問題は、危険で非効率という上野景範の嘆願により、一八七一年二月二日「当寮官員の着服、諸官省の如く羽織袴にては身体屈伸不便のみならす器械運転の際災害も計り難く、依て兼て仰出されし非常服或は筒袖股引勝手次第に着用、工場のみならす営中諸官庁へも其儘出頭苦しからざる」として鉄道部門では、服装の洋風化が認められた(『鉄道附録』二~三頁)。なお上野は三月ハワイから帰国し「鉄道造営事務総理被仰付」、六月中旬レイとの係争処理のため特例弁務使として英国に派遣されたので、申請はその間であり、認可には半年余かかっている(余談だが上野は、一九八七年にノーベル生理学医学賞を受賞した利根川進氏の曽祖父にあたる)。

七〇年七月二二日、先遣隊として通訳の平井義十郎(希昌)が大阪に派遣され、阪神間の建設が始まった。モレルはハリエット夫人を同伴し、二六日伊藤博文らと一緒に神戸へ向かう(『百官履歴』伊藤の項で確認)。その頃、大阪・神戸に出張所を設け、「関西鉄道局」と称した。モレルは阪神間の任務を終え、八月二〇日横浜に戻る。阪神間の測量は、イングランドらが従事し、一〇月頃神戸福原、大阪堂島に駅を置くと決定される。旧閏一〇月、石屋川隧道工事に着手し、続いて阪神間鉄道建築が始まる(『国鉄百年写真史』二五頁に開設時の神戸出張所の、二六頁に天井川の石屋川、住吉川、芦屋川トンネルの写真がある)。

武者は、七月二一日「鉄道御用に付大坂表出張申付」られ「民部省鉄道掛十五等官禄被下候」。ダイアックと一緒に横浜を出港し、大阪・神戸間の測量に従事する。「阪神間の建設工事」と題して、武者やダイアックたちが神戸に着くとすぐに、伊藤、上野、モレルが現場を視察しに来た。川が多くそこに橋を架けたことと、セメントさえも輸入であったことを紹介している。

さらに、日本では初めての仕事だったので、当初は機関車の火夫（罐焚き）以外すべて英国人に頼っている。彼らとの収入には雲泥の差があり、情けない。その給料もお金で貰うが、初めの一年間位は、米価連動制で定まっていない。武者は「給料は禄高で頂戴」で、このようにこぼしている。

続いて「阪神間の建設工事」を述べ、「開通当初の乗客」の最後にゲージについて持論を披露し、「鉄道を去る」で締めくくっている。モレルと接触のあった武者も、ゲージ選択の経緯や理由を聞かされていない。

その頃の機関車は、今日地方の軽便鉄道で使つてゐるやうな小さなものであつた。私は今でも思ふのであるが、日本の鉄道を最初から広軌（四フィート八・五インチ軌間のこと）にして置けばよかつたとつくづく考へさせられる。

工事進行

英国公使館員F・O・アダムズが、グランヴィル外相宛に、工事の進捗状況を七一年九月三〇日『メイル』記事に拠りながら報告している（【FO46/142】七一年一〇月三日）。横浜川崎区間が供用されており、開通区間を利用して設備や資材が機関車で運ばれ、一日に八〇〇mの割合でレールが敷かれている。三条実美が、九月二一日供を従えて鉄道に乗ったことも書き添えている。

アダムズが依拠した『メイル』記事は、次のように詳しく述べている。あと七～一〇日で六郷橋が完成し、レールを敷き、高低調整を行い、やがて試運転が開始される。六郷橋は七一年三月に着工され、約一一六mにわたり、七つの橋桁が水面上三・六mの高さで、幅六mである。東海寺（京浜急行新馬場駅西約二五〇m）付近の品川築堤・開削が進んでいる。鶴見六郷間の四つのカルバート（用水路や排水路が鉄道の下に埋設されている暗渠）、長さ三〇mの金杉橋、二一mの芝橋は未完成である。新橋車両基地（三六×一三・五m）、倉庫（七五×一六・二m）、整備工場（車両建造、汽灌組立、鋳造・機関設備などの）、プラットホーム（横浜駅と同じ長さ九〇m）が建設されている。部門担当者として、モレルと親しかったハーバート・T・ヘアとシェパードの名前が挙げられている。

モレルの死亡を伝えた一一月六日号『横浜毎日新聞』は、後半で「已に蒸気車道、六郷御橋を越し、陸橋も御成功相成、八幡塚（六郷橋北詰の六郷神社内）迠通行。レール敷、今を盛といへり」と工事の進捗状況を、「十月十日（一一月一二日）頃には、品川宿東海寺辺迠通行可相成」と品川までの延伸を伝えている。さらに「川崎宿より人員乗車相始り、横浜迄運転往復」していた。なお「陸橋」とは八ツ山橋のことで、道路と立体交差をなしその開削工事は難工事の一つであった（『国鉄百年写真史』一九頁）。記事は『メイル』と整合的である。

一〇月一六日、木戸孝允が横浜から川崎まで乗車し（『木戸日記』第二巻、九四頁）、一一月三日、大久保利通が試乗し（『大久保日記』第二巻、一九〇頁、両日記とも巻末史料⑧）、またモレル夫妻の葬儀があった七日には、参列者を運ぶため列車が運行された（『大隈文書M』【A-4553】、巻末史料⑥）。

このように、モレル死亡時までに、相当工事は進んでいた。また七二年六月一二日には「品川停車場より横浜停車場まて汽車運転の業を始め」、八月一一日には一日六往復から八往復へと増便した（『鉄道附録』二五頁、二六頁）。

レイとモレルの往復書翰、『鉄道附録』『日本鉄道史』『明治前期』第一〇巻に基づいて、モレルの行動および関連事項を表にまとめた。往復書翰では、モレルの揺れ動く心境を垣間見ることができ、後二者では、建設工事の準備・進捗状況が浮かび上がる。

『メイル』関連記事を掲げておこう。七一年一月下旬、兵庫へ行ったのは、阪神間工事起工と合致する。また七月一五日神戸から横浜へ戻ってきた時には、J・ピットマンと同行している。つまりこの時、モレルは神戸方面に出張した。

井上勝、大隈重信

ここで、鉄道以前の状況と導入の意図について、当事者の言を借りながら説明しよう。なお『本邦鉄道の社会及経済に及ぼせる影響』第一章一節「鉄道開通前の交通状態」に、導入前状況が詳細に述べられているので参照してもらいたい。

井上勝は、鉄道創業から日本企業による機関車の製造に至る初期の段階で常に指導的役割を果たし続けたので「鉄道の父」と称される。東京駅丸の内南口に、銅像がある。井上の鉄道に関する経験と知識、それらに立脚した現状認識と将来的方向性の提示などは傾聴に値する。

一九〇六年日本の鉄道総延長距離が五〇〇〇マイルに達した。井上は大隈から、これを記念した祝賀行事の一貫として鉄道の沿革を語るよう要請され、「帝国鉄道の創業」と題した一文を表した（『鉄道時報』明治三九年五月二〇日号）。井上の回顧は、文語体の格調高い表現で、鉄道創設前の状況を概括しており参考となる。

「往時の交通機関」で、井上はまず、わが国の地形上の特徴を述べ、駕籠や馬を中心に旧幕時代の人の移動と荷物の運搬が容易ではなかったことを回顧・描写した。併せて各藩が自己の防衛を優先するあまり、国境の通行を人為的に困難にすると同時に、関所を設けて交易の妨げとしていたことを批判した。水上交通についても、大型船舶の建造と運行を禁止したがゆえに、交通手段として小規模なものに押しとどめ、船舶の建造・航海技術も稚拙な水準に堕したと糾弾した。総括として、外国に対する「鎖国」のみならず藩ごとに「小鎖国」を行っていたとの表現は手厳しい。

大隈は、同じ開明派の伊藤とともに鉄道導入を図り、実現に尽力した。創業三〇年目に、帝国鉄道協会に招かれ、草創期から当時にいたる回顧談として講演を行った。

大隈は、当初から政治権力としての幕府を倒すだけでなく、社会経済的に国をつくり変えていかなければならないという問題意識を有していた。政治的には幕藩体制から、中央集権国家の樹立を目指し、経済的には分立した多数の藩の並存すなわち財政が独立した藩ごとの自給自足社会から、三〇〇〇万人の人口を有する統一市場の形成を図る。その有力手段として、交通体系を抜本的に再構築する。また郵便制度を確立し、電信網を整備する。大隈は、これらの意味合いを理解していた。

モレルの行動（1870年2～8月）

	H・N・レイとモレルの往復書翰	『鉄道附録』	『明治前期』
1870年2月	21日，セイロンのゴールで会談し，モレルは技師長就任を要請され，日本赴任を引受けた。		69年12月14日「第1約定書」「第1命令書」，22日「第2約定書」，28日「第2命令書」 70年1月20日「別項約書1」，23日「別項約書2」 2月7日，J・F・H・トロートマンを代理人に任命した，とレイが伊達宗城民部大蔵卿に連絡。
3月	26日，上海副領事R・B・ロバートソン立会いで，モレルはレイに雇われる正式雇用契約を締結。		
4月	23日付モレルからレイ宛の書翰。モレルは，英国公使パークスから鄭重な招きを受け，公使館に滞在。パークスに激励される。大隈らはモレルを引見した時，あらためて政府直属の技師に任命した。これにはトロートマンも同意し，モレルはレイに報告した。 この頃，トロートマン排除が日英の協力関係に悪影響し，日本人は英語を解せず，政府の統制力が地方政権に及んでいない，とモレルは諸困難を列記してレイに報告した。また「上海契約」による解雇時の違約金を1万ドルに引き上げるよう要請している。	17日，東京府，神奈川県，品川県に線路測量などで英国人を率い役々出張の旨を達す。 19日，築地旧尾張邸に「鉄道局」創置。 22日，横浜に出張所を置く。六郷川を境界とし両端より測量や工事に着手。 25日，芝汐留町旧仙台藩邸などを東京停車場と定め，芝口汐留付近の測量開始。	12日，パークスがモレルを伊達らに紹介し，面会した，とトロートマンが記している。 30日，「別項約書2」をトロートマンが日本側に渡す。
5月	2日，トロートマンの地位は疑わしいので，レイが来日するよう，モレルが報告。	3日，横浜野毛浦海岸より線路測量に着手。	4日，日本側が「別項約書2」をトロートマンに返却。

	22日，日本の事態は不合理きわまるとして，モレルはレイの来日を再度要請。 この頃，パークスがレイに宛，モレルの仕事ぶりを褒めている。	12日，芝汐留町近傍より土工を起す。	10日，14日に東京を辞すので，モレルを通じて連絡してほしい，雇用外国人に対する給料は，モレルを通じて渡すよう，トロートマンが要請している。
6月	3日，モレルの説明をレイは理解できず。 6日，レイの影響力が危機に瀕している，トロートマンが離日したのでレイの利益は代表されていない，とモレルが報告。オリエンタル銀行W・W・カーギルがモレルと親しくなっていた。 30日，レイはモレルに，事態を明瞭に説明してほしいと要請。	24日，野毛浦海岸埋立地を受領し，石崎より青木町海岸までの中央部五間通りを鉄道線路とした。 旧五月，野毛浦海面埋立地を横浜停車場と定める。	17日，G・P・ホワイトを在英顧問技師として雇用した，建築副役としてF・W・ブライアントとE・レインを雇用した，とレイが伝えた。 29日，「破棄命令書」
7月	29日，発送した資材は良品である，経費節減のため技師の雇用も抑制している，とレイがモレルに伝える。	20日，名古屋，古河などの9藩へお雇い外国人を率い役々出張の旨を達す。大阪までの東海道を視測。 22日，平井義十郎が大阪に派遣され，阪神間の建築に着手。	1日，代理人トロートマンを罷免した，とレイが報告。 29日，ブライアントとレインの他19名を雇用し，良質で低価格の資材購入した，とレイがモレルに書き送る。 29日，同じことを民部大蔵省の伊達・大隈重信・伊藤博文宛にレイが連絡。
8月	6日，レイは，オリエンタル銀行が日本側を説得することを期待し，ブライアントらの派遣を報告。 18日，レイはモレルに資材購入について説明し，発送が遅れるのを日本政府に説明するよう依頼。	14日，大蔵省と民部省を分離し，鉄道事務は民部省に属す。 26日，阪神間測量に着手。ジョン・イングランド等が従事。 旧七月，大阪神戸に出張所を設け，「関西鉄道局」と称す。	18日，レイが雇用した21名の氏名・給料を日本側に通知。

（註）　田中時彦『明治維新の政局と鉄道建設』，『鉄道附録』，『明治前期』第10巻および『日本鉄道史』に基づき，筆者が作成した。

モレルの行動（1870年９月～1871年11月）

	『鉄道附録』	『明治前期』，『日本鉄道史』
1870年 9月	４日，民部省内に「鉄道掛」を置く。	24日，伊達宗城民部大蔵卿らがオリエンタル銀行に，G・P・ホワイトの経歴とレイが購入した資材に対し疑念を呈する。
10月	旧九月，神戸の福原と，大阪の堂島に駅を置くと決定。	10日，オリエンタル銀行が日本政府の委任受託を決定し，レイが雇用したモレルその他の人たちは優秀なので継続雇用するよう，日本政府に伝える。
11月	旧十月，「１呎」を「１尺４厘」と定める。	28日，オリエンタル銀行より伊達らへ，ホワイトの経歴に問題はなく，レイが購入した資材も良品である旨伝える。 旧十月，六郷川本橋を起工。八ツ山，御殿山の開削工事開始。
12月	14日，工部省設置に伴い，鉄道事務を管掌。 旧閏十月，石屋川隧道工事に着手。阪神間鉄道建築を起工。	旧十一月以降，諸所の築堤を開始。
1871年 1月	旧十二月，オリエンタル銀行に，お雇い外国人の人選，購入資材の検査などを委託。	
2月	３日，「鉄道掛」を工部省に移管。 旧十二月，工事中のみならず役所への出勤も服装の自由化を容認される。	28日，オリエンタル銀行頭取がW・W・カーギルに，100万ポンドの用途（うち鉄道資材購入費用が30万ポンド）を連絡。
3月	旧二月，旧オランダ公使館長應寺を，お雇い外国人の住居とする。	旧二月，横浜停車場石造り二階建て本屋の建造開始。
4月	21日，中仙道沿線調査のため，工部省官員に出張命令。 旧三月，神戸停車場に，鉄道桟橋建設を議定。	旧三月，汐留停車場石造り二階建て本屋の建造開始。

5月	旧四月，京都大阪間の測量命令。 旧四月，京都敦賀間測量のため，担当お雇い外国人計15人に旅行鑑札を交付。 旧四月，横浜在留英国人外科医 T・A・パーセルを雇用。	旧四月，六郷川陸橋起工。
6月		旧五月，横浜機関車庫起工。
7月	旧六月，芝田町の島津藩邸から高輪大木戸までの埋め立て工事開始。 旧六月，大阪出張寮を堂島旧中津藩邸に移す。	
8月	2日，京都，敦賀に出張寮，5カ所に出張所を置き，その間の測量開始。 旧七月，阪神出張所関西鉄道局の印をやめ，大阪出張鉄道掛，神戸出張鉄道掛の印に改める。 旧七月，インド，セイロンの鉄道規則を大学南校へ翻訳依頼。	旧七月，六郷川本橋工事竣功。
9月	28日，「鉄道掛」を「鉄道寮」と改称。その下に5課を置く。 29日，工部大丞井上勝が鉱山頭兼鉄道頭に任ぜられた。（『百官履歴』） 旧八月，使役職工人足等の死傷手当て内規を定める。	旧八月，横浜機関車庫落成。
10月	2日，横浜停車場～弁天通の架橋工事を始める。 28日，モレルがカーギルに転地療養を申請。31日，転地療養を許され，5千両を下賜される。インド地方の鉄道組立て，運転視察のため，4人がモレルに随行することを命ぜられる。	旧九月，品川，川崎，鶴見各停車場本屋建造開始。 旧九月，横浜停車場本屋落成。
11月	6日，モレル死去に伴い4名のインド行き中止。	旧十月，六郷川陸橋落成。

（出典）『鉄道附録』，『明治前期』第10巻および『日本鉄道史』に基づき，筆者が作成した。

3　死亡、遺言

テニソンの詩

モレルは在勤一九カ月に満たずして亡くなった。まず死亡日時を特定化し、死因を探ろう。続いてモレルの「遺言書」「遺産検認」から浮かび上がる遺産の内容と人間関係を調べていく。遺言書から夫妻、子供、姉妹のことが、遺産検認から遺産額と遺言執行人が判明する。次いで、父から相続した遺産額、彼自身が遺した額からその間の彼の生活を類推しよう。書籍や手紙類を含めて、遺言執行人ピットマンが迅速に漏れなく姉エミリー宛に送付していれば、史料が保存され正確で詳細な状況がわかるのに、と悔やまれる。

『メイル』「追悼記事」の冒頭に、アルフレッド・テニソンの詩（入江直祐訳『イン・メモリアム』岩波文庫、一二八〜一二九頁相当）が捧げられている。この詩は、学友アーサー・ヘンリー・ハラムの急逝をきっかけにテニソンが綴り始めたもので、自らの内面的成長を織り込んで十数年かけて完成させた長編である。テニソン（一八〇九〜九二年）は、ウィリアム・ワーズワースの後継者として、英国王室から五〇年に「桂冠詩人」の称号を与えられた。このテニソンの詩は、モレルの評価が高く、その死が惜しまれたことを示している。

「死亡証明書」

モレルの「死亡証明書」に拠れば、一八七一年一一月五日、横浜で死亡した。享年三〇。この年齢も「四〇年誕生説」と整合的である。明治四年九月二三日に相当する。なお「一八七一年九月二三日」や「明治四年十一月五日」という、当時日本で使用されていた太陰暦との交錯した表現は、誤りである。

ハリエット・モレルの「死亡証明書」に拠れば、一一月六日死去、享年二五。しかし六二年一月三一日「結婚同意書」は当時一九歳と記載しているので、二八歳か二九歳となる。日本に身寄りがなく「二五歳」と誤って届けられた、とするほうが合理的である。それほど夫妻の死亡に伴う混乱や狼狽があった。事実、英国コルチェスター発行の『エセックス・スタンダード』七二年一月五日は、夫妻の死亡を伝え、その中でモレル三〇歳、ハリエット夫人二八歳と明記している。この年齢表記が正しければ、ハリエットは四二年一一月七日から四三年一月三〇日の間に生まれたことになる。

双方ともジョン・ピットマンによって、葬儀の翌日八日に届けられた。これらは海外の出来事なので、英国本国の場合と異なり、死因欄がない。

差配役カーギルは、公使館員アダムズ宛一一月六日書翰で、モレルの死亡時刻を午後一時一五分と記している（【FO46/142】No. 110. 七一年一一月一三日発信、二六二頁）。本書では、この死亡時刻を採用する。

『メイル』一一月一一日は、夫妻が亡くなったことを報じ、七日火曜日の葬儀参列者が多く、アダムズ、カーギル、鉄道頭の井上勝も出席したことを伝えている（巻末史料⑦）。

これらの夫妻の死亡関連史料も、夫人が日本人でないことを示している。

モレルの父は五二歳、母は三一歳（事故死）、姉は八九歳、妹は五五歳で亡くなった。したがって彼が虚弱体質だったとは考えにくい。父方祖父母や叔父たちは平均して五〇歳弱、母方は（事故死した母を除き）六〇歳で、必ずしも短命な家系とはいえない。

モレルの死因は『鉄道寮事務簿』に「肺病」、『鉄道附録』に「肺疾に罹り」と記されており、外相宛アダムズ報告書にも、肺結核で死亡したと記載されている（【FO46/142】二五五頁）。『メイル』や『ヒオゴ・ニュース』も、結核で亡くなった、と明記している。

七一年一一月一日（九月一九日）の夕方四時、井上は大隈に見舞いに行くよう要請しているが、「既に没命之有様」と危篤状態だったと述べている。『大隈文書M』【A-4553】では、モレルが一一月五日午後一時三〇分に亡くなり、夫人が一二時間後の翌六日午前一時三〇分に亡くなった、と記している。横浜での七日の葬儀のために、川崎まで迎えの汽車を差し向けると述べている。巻末史料⑥に、病状悪化、危篤、死亡に至る経緯を記した日本側史料の該当部分を再録している。

ところでハリエット夫人の死因を、木戸は日記に「発狂」と書き、『鉄道寮事務簿』では「シヤクヲ　ニサンド　ヲコシ」とある。「死亡証明書」に死因欄がなく断定はできないが、看病による体力消耗と夫の死去による精神的衝撃も加わって、神経系あるいは呼吸器系の急性疾患で死亡したと考えられる。巷間言われている「結核説」の根拠はない。

後輩ヘア　夫妻の死亡を井上に電報で伝えた「ヘアール」は、『メイル』葬儀記事で、ハリエット夫人の棺を担ったMr. Hareであろう。

土木学会『加入者名簿』に拠れば、ハーバート・トーマス・ヘアが建築副役として来日従事してい

夫妻の「死亡証明書」

没年月日，没地	氏　名	年齢	職　業	死亡時の住所	届出人の氏名と住所
1871年11月5日 横浜	エドモンド・モレル	30歳	土木技師	横　浜	ジョン・ピットマン 横浜
1871年11月6日 横浜	ハリエット・モレル	25歳		横　浜	ジョン・ピットマン 横浜

（註）夫妻の「死亡証明書」から関連事項を抜粋して，筆者が作成した。

た。彼は四七年二月一六日ロンドンで生まれ（四七年版ブロンプトン・ホーリー・トリニティー教区「洗礼届」一七頁）、六二年八月まで三年間スコットランドの学校に在籍し、六三年ミクルマス学期から六五年イースター学期までキングス・カレッジ・ロンドン工学部で学んだが、卒業していない。全体的に、出席状況は良好で、数学、機械学、化学などの理論系の成績は芳しくないが、地質学、鉱物学、製図、実習などの実学系の成績は良い（【Engineering Register No. 1, 1857-69】）。

このようにモレルと共通点があり、ヘアは夫妻と親しかった。七一年二月一一日から五年契約で雇用されていた。ところが辞職願いが出され、七二年一一月に受理された（『鉄道寮事務簿』第四巻二〇六号）。離日後、上海の海関で働いていたが、七四年六月三日、滞在中の香港のホテルで、心臓をピストルで撃ち自殺した。遺書の有無を含めてその原因については載っていない（『ノース・チャイナ・ヘラルド』七四年六月一三日）。

ヘアは六七年一一月、土木学会の「学生会員」になったが、推薦が不要だったのでこれ以上の経歴調査が容易ではない。父トーマスは、有名な法律家で政治改革に熱心に取組み、『オックスフォード人物事典』にも載っている。

『メイル』関連記事（1870年１月～1871年12月）

1870年 １月	22日　「太平洋鉄道」サンフランシスコからニューヨークまでの大陸横断鉄道開通を紹介。
２月	５日　「鉄道」レイとの契約を紹介しながら，鉄道建設の概要を述べている。
４月	９日　「乗船記録」J・ダイアックが，４月３日ナンダ号で香港から到着。 ９日号『ナガサキ・イクスプレス』の乗客名簿に，“E. Morrell”があり，４日オレゴニアン号が兵庫・横浜向けに出港したとの記載。９日号『ヒオゴ・ニュース』に，上海・長崎からオレゴニアン号到着，横浜へ出港とある。乗客名簿に，“E. Morel”。16日号『メイル』に，オレゴニアン号が９日横浜に到着したとある。つまりモレルは，上海から長崎・神戸を経由し，９日に横浜に着いた。 23日，「日本の鉄道」 11日号，18日号『ロンドン・アンド・チャイナ・テレグラフ』に，16日蒸気船リポン号が横浜へ向け，サウサンプトンを出港とあり，その乗客名簿に「モレル夫人」。 30日，「今週のノート」
５月	７日　「外国人雇用」 28日号『ストレイト・タイムズ』に，モレル夫人が乗っている船の日程が掲載。12日ボンベイ発，17日ゴール発，22日ペナン発，27日シンガポール入港，28日香港へ出港。
６月	11日　カディス号が５月31日香港発，７日横浜着とあり，乗客名簿に「モレル夫人」。シェパードも同乗。 25日，「公債と鉄道」
７月	２日　「公債と鉄道」 ９日，ディケンズの死亡を伝え，併せて業績を紹介。 30日，「乗船記録」モレル夫妻が伊藤らと一緒に，26日ゴールデン・エイジ号で上海方面へ。
８月	27日　「乗船記録」モレル夫妻が伊藤らと一緒に，20日ゴールデン・エイジ号で横浜帰着。
９月	
10月	１日　「乗船記録」F・W・ブライアント，E・レインが，９月25日チャイナ号でサンフランシスコから到着。 15日，「乗船記録」J. ロバートソン，ブライアント，レインが，10月10日マドラス号で香港へ向け出発。

11月	
12月	10日　「乗船記録」モレルが，上海から８日コスタリカ号で横浜到着。（ベルギー領事か？） 17日，「レイ氏の手紙」，およびレイからの10月20日付編集長宛手紙。
1871年 １月	21日　「乗船記録」モレルが，兵庫へ向け19日オレゴニアン号で出港。
２月	４日　「乗船記録」モレルが，１月30日コスタリカ号で兵庫から帰着。
３月	４日　「鉄道寮」 11日，「レイとモレル」全15通にのぼるレイとモレルの往復書翰の概要を紹介。
４月	15日　「大阪造幣寮開所式」日本側出席者は右大臣三条実美，大隈重信ら，英国側ではパークス夫妻，鉄道差配役カーギル夫妻，灯台寮のブラントン，およびモレル夫妻らの名前。
５月	13日　「公共事業」 20日，「ヒョーゴ」
６月	３日　「鉄道の場合」 17日の「乗船記録」イングランド夫人と子供２人，シェパード夫人と子供３人，12日にインヴェラリ号で豪州ニューカッスルから横浜到着。英国籍バーク船285トン，ヒットン船長，豪州ニューカッスル４月22日出港。 24日，「乗船記録」J・S・ウィンボルト夫妻，23日ボンベイ号で香港から横浜到着。
７月	22日　「乗船記録」モレルが，15日東京丸で神戸から横浜到着。ピットマンと同行。
８月	
９月	30日　「鉄道」 30日，「帝国鉄道」
10月	
11月	11日　モレル夫妻の「死亡記事」，「追悼記事」 25日，「乗船記録」ウィンボルト夫妻，19日ニューヨーク号で上海方面から横浜到着。
12月	23日「乗船記録」H・T・ヘア，15日コスタリカ号で兵庫に向けて出発。

（註）『ジャパン・ウィークリー・メイル』に基づき，筆者が作成した。

遺言書、遺産検認　モレルは亡くなる前の七一年一〇月三〇日、妻ハリエットらに対して最終「遺言書」を認めた。遺産検認は、随分と遅れて七七年七月二四日になされた（巻末史料⑩に翻訳収録）。井上から大隈宛の一一月一日書翰で危篤と述べているが、その二日前にハウエルとブリンクリーの両立会人を呼び、遺言内容を変更した。一〇月三〇日時点で、モレル自身、夫人の健康状態が危ないことを自覚し「遺言書」に夫人が亡くなった場合も追加した。ピットマンに後事を託したのも、その現れである。危篤状態のモレルでさえ気づくほど、すでに夫人も衰弱し、モレルの不安は的中した。

「遺言書」に子供のことを一切述べていない。結婚以降、英国、豪州、ニュージーランドに該当するモレル姓の「出生証明書」はない。新聞記事にも見当たらない。相当する乗船名簿に、夫妻の子供の記載はない。また『メイル』などの「死亡記事」「追悼記事」、日本側史料にも子供のことに一切言及がなく、日本での「出生証明書」もない。それゆえ、夫妻に子供はいなかったと断定できよう。

夫妻に子供はなく、妹アグネスは病弱で、結局四〇〇〇ポンド弱の遺産は姉エミリーに贈られた。七一年一一月当時、実父母はすでに亡くなっていたが、姉妹は、英国で一人暮らしをしていた。叔父スティーヴン・モレルは、ピカデリーでワイン商を営んでいた。また法律家・政治家のトーマス・アベケットはヴィクトリア州で活躍しており、母方の従兄たちは英国や豪州で実力を発揮し始めていた。つまり、モレルは「身寄りがなかった」と一部で紹介されているが、誤りである。

立会人　遺言立会人ハウエルは『メイル』編集者で、葬儀の時に棺を担ったMr. Howell、ブリンクリーは後年同紙編集者となった英国軍人Francis Brinkleyである。死亡時の同紙記事が特別な扱いとなったのは、モレルがジャーナリストと親しかったことにもよるのかもしれない。また、文筆を振るった母方伯父特にギルバートの活躍や交友関係を髣髴《ほうふつ》とさせる。

ウィリアム・ガンストン・ハウエルは二九年一月二九日、父トーマス母メアリー・アンの息子として生まれ、六月三〇日ロンドンのランベスで洗礼を受けた。五九年三月三日ケンジントンでチャールズ・フレデリック・ボールドウィンの娘ヘレン・ソフィアと結婚した。ヘレンは三九年一〇月一六日洗礼を受け、九三年三月二〇日ケント州で亡くなった。ハウエルは一九〇九年七月一八日グリニッヂで亡くなり、遺産は一一〇〇ポンド強だった。『モーニング・ポスト』（ロンドン発行）六〇年三月三一日号に拠れば、三月二九日上海で娘が生まれたとあり、結婚後中国に来ていたことがわかる。また『在日外国人名鑑』一八七〇年版~七七年版に記載があり、横浜在住時に娘ヴァイオレットが生まれている。

フランシス・ブリンクリーは、四一年一二月三〇日、父マシュー、母ハリエットの息子としてダブリン西郊パーソンズタウンで生まれ、トリニティ・カレッジ・ダブリンで古典学や数学を学び、その後ウリッチ王立軍事学校に進み軍人になった。六一年一月三一日『タイムズ』に拠れば、一三番の成績で入学した。また六三年六月二五日ロンドン発行の『デイリー・ニュース』は、砲術部門三〇名のうち第三位の成績だった、と報じている。六七年から駐在武官として日本に滞在した。はじめ福井藩に雇われ、七一年一〇月兵部省、続いて七七年一〇月まで海軍省で専ら砲術などを指導した。ブリンクリーは福井時代に、外国人が日本語で書いた最初の本『語学独案内』を出版した（国立公文書館所蔵、請求番号：ヨ830—0005。グリフィス *The Mikado's Empire* 五三三頁脚註に言及がある。山下英一訳『明治日本体験記』二四〇頁）。『在日外国人名鑑』七二年版以降に載っている。七八年から二年半、工部大学校数学教師を務め、八一年以降『メイル』社主となり編集に携り、日本政府寄り新聞として強い影響力を持っていた。八二年一一月二四日付で砲兵隊を退いた（一一月二五日『タイムズ』）。一九一二年一〇月一二日東京で死亡し、青山墓地に葬られた。後年彼は日本政府から叙勲された。

ブリンクリーはモレルと同世代であり、ウリッチで学んだ点が共通している。モレルが創設を建議した工部大学校で教鞭をとったのも何かの縁であろう。またトリニティ・カレッジ・ダブリンで古典を学んだ点では、ラブアン時代の総督キャラハンと同じであり、教養の広さと深さを示している。父マシューを含め一族の多くはトリニティ出身者で、祖父ジョン（三五年死去）は同大学の天文学教授を務めていた（『トリニティ・カレッジ・ダブリン同窓生名簿』第一巻）。

ところで、ブリンクリーは、日本で田中ヤスと結婚した。その婚姻が英国法でも有効であることを公認してもらうため、彼は必要書類を揃え八八年一一月二日付宣誓書を提出し、英国の法務長官に請願した。八九年四月ロンドンで裁判が始まり、翌九〇年二月に「婚姻は有効」との判決が出た（英国公文書館【J77/423】。詳細は、嘉本伊都子『国際結婚の誕生』一一〇〜一二〇頁参照）。彼は日本側の協力を得て文書を完備し、日本人女性との結婚を正式に公認させることに成功した。つまり日本の法律に基づく日本流の結婚を、英国法でも有効と認めさせることは容易ではなかった。これも間接的ながら、モレル夫人の「日本人妻説」への反証の一つとなる。

学歴の優秀さ、「セイロン説」を含む経歴の煌《きらびやか》さ、「日本人妻説」などで構成される「モレル神話」に、ハウエルやブリンクリーが加担した形跡はない。

ピットマン　夫人の棺の直ぐ後に立ち、夫妻の「死亡届け」を出し、遺産の一部を相続するはずだったジョン・ピットマンとはいかなる人物なのか。

『在日外国人名鑑』七〇～七六年版の横浜在住者の中に記載がある。七三年版では、居留地三二a番地ピットマン社、鉄道寮代理人。七五年七六年版では山手一〇七b番地、とあるが事務所の記載はない。またピットマンに対し、七〇年五月二日横浜のランガン社が諸費用雑費として洋銀七二ドル七五セントを受取った（『明治前期』第一〇巻、二〇～二一頁）。

つまり七〇年から七六年頃まで横浜にいた商人で、モレル到着直後には、すでに鉄道関係の取引をしていた。『メイル』七一年七月二二日の乗船記録に、神戸から東京丸で一五日に横浜に到着した中に、モレルの次にピットマンの名前がある。鉄道用資材の取引を行っていたので、これも彼だと思われる。

ラブアン時代の六七年一二月二一日、ジェームズ・セント・ジョン宛に、ピットマンは炭鉱からモレルと連名で手紙を出している。その肩書きは、海事監督兼総支配人である（【CO144/27】一九～二一頁、【CO144/24】四五六頁と【CO144/26】四八二頁、四八三頁の手紙にも名前がある）。

『明治政府翻訳草稿類纂』にも登場する。七四年一〇月清国総税務司ロバート・ハートとの面談を報告したのに始まり（『明治政府翻訳草稿類纂』一〇巻、九五～九六頁）、七六年から頻出する（同書、三七

〜四〇巻)。土方久元宛、中村弘毅宛が主で、中国情報を報告している。報告を受取った両名の役職は太政官調査局書記官となっている(『百官履歴二』四〇〜四五頁、三四八〜三五一頁、他に平井秘書官宛もある)。『資料　御雇外国人』に拠れば、英国籍のピットマンは、七八年六月から月給三〇〇円、主たる業務は東洋の商況調査で内務省・大蔵省雇いとなっている。

ケムブリッヂ大学が保有している「パークス文書」にもピットマンの名前が出てくる。フランス軍によるトンキン湾での軍事行動を電報で彼が伝え、直ちに八三年八月二五日付で上海から日本政府に報告があった。日本側はパークスにもこれを知らせている。

他方七七年一〇月二六日、上海のピットマンから中村宛報告に興味をひく紹介がある。

香港の知事〔総督J・P・ヘネシー〕は、頗《すこ》ふる聡明にして凡そ東洋の事件には何事に依らす、大分に配慮致候人に有之。同氏嘗《かつ》てボルネヲ沿岸なるラブアン殖民地の知事在職中、拙者三ヶ年間同氏の部下に奉務致候に付、拙者香港到着の節には、実に限りなき優渥なる待遇を蒙り候(『明治政府翻訳草稿類纂』第三八巻、一九一頁)。

香港総督ヘネシーは、七九年六月七日から三カ月間の長きにわたり、大隈大蔵卿や井上馨工部卿の招きで来日した(重松優「香港総督ジョン・ポープ・ヘネシーと大隈重信」参照)。ピットマンも同行したが、大隈と両名の間にはモレルという共通の知人がいた。条約改正のためにパークス排除を目論んでヘネシーを招待したが、結局目的も達成されず、後年ほとんど取上げられなくなった。

以上からピットマンは、ラブアンと横浜で一緒になった人物と特定できる。ラブアン時代から交流があり、すでに来日し鉄道関係の仕事をしており、モレルとの繋がりも濃厚であった。それゆえ「死亡証明書」を提出し、葬儀では棺の傍らに侍り、相続人にも指名されていた。

モレルの遺言書公開と遺産検認が数年も遅れた原因を類推しよう。表向きは、モレルが日本で死去し、ハリエット夫人も翌日亡くなったことが挙げられる。夫人の死亡で、ピットマンがただ一人の日本在住相続人となった。ところがその頃からピットマンはしばしば中国に渡り、商況調査を名目に情報収集で多忙となり、事後処理が遅れてしまった。結局遺言書は、七六年一月に横浜で封印されロンドンに送られ、七七年七月に検認された。ピットマンが横浜に立ち戻り、中国での旅費などを土方に請求した頃だった（『明治政府翻訳草稿類纂』第三八巻、一五五～一五六頁）。そしてピットマンは相続権を放棄し、姉エミリーが全財産を相続した。

お金の使い方

七〇年一一月に亡くなったモレルの父トーマスは二・九万ポンドを子供たち三人で等分するよう指示していた。よって、モレルは九六六六ポンド余を受取ったはずである。ところが四〇〇〇ポンド弱しか遺さなかった。相続してから一一年間で、平均して年五〇〇ポンド強を費消していた計算になる。

六三年四月から二年弱メルボルンとニュージーランドで、六五年一二月から少なくとも二年余はラブアンで、遅くとも六九年六月から七〇年一月まで南豪州で、技師としての収入があった。実働六～

七年で一二〇〇～二一〇〇ポンド程度の収入はあったと思われる。七〇年四月から七一年一〇月まで、日本政府から合計二九九〇ポンドを受取っている。総計四〇〇〇～五〇〇〇ポンドとなる。つまり、遺産額に相応する収入があった。

結婚後のモレルは、いく度も遠隔地へ移動したし、ラブアン以降の夫婦別居生活は相応の費用が嵩んだであろう。しかし父トーマスから同額の遺産を相続した妹アグネスは、病弱で入退院を繰り返していたが、三八年間利子収入などで暮らし、九八年に亡くなった時には八六〇〇ポンド強を遺している。当時技師としての収入だけで中産階級としての生活はほぼできたはずである。しかしモレルは収入以上の生活をおくり、年平均九〇〇ポンド前後を費消していた計算になる。単に金遣いが荒かったのか、あるいは技師長や政策提言者としての資質を磨いていくため、相当の自己研鑽、将来への自己投資を行っていたのか、それを物語る史料はない。

4　日本側史料

史料が語ること

病状悪化による転地療養の申請と死後の対応を示す史料を示して、日本側がモレルを高く評価していたことを例証しよう。これらにより、彼の貢献と維新政府の姿勢を窺い知ることができる。鉄道草創期に関心ある人々が、ことごとく彼を褒め称える理由を克明に物語ってくれる。なお『鉄道寮事務簿』と『鉄道附録』の該当部分を、巻末史料⑥として再録している。

建築師長モレルが自らの健康を省みず、日夜職務に没頭し肺結核の病状を悪化させたので、七一年一〇月三一日付で、二カ月間のインドへの転地療養を申請した。モレル不在の間は、副長以下の者がその職務を代行できるので、業務に支障はなく、差配役カーギルの了承も得られたと述べている。なお、一〇〇〇ポンドの転地療養費の方が、後任を招聘するよりも失費が少なくて済む上に、この機会にモレル配下の日本人を療養に同行させ、併せてインドでの鉄道事情を視察学習させると補足している（『鉄道寮事務簿』［本文　甲］、なお引用者が甲乙以下の符合を付した）。

モレルの給料は月額八五〇円であった。J・イングランドの死亡追償金二〇〇〇円やカーギルの任期満了帰国に伴う償金二〇〇〇円に比べて、絶対額および比率とも大で、評価の高さを物語っている。

モレルが差配役に休暇療養を申請したのは、七一年一〇月二八日付である（［付属文書　乙］）。明治四年九月二三日（一一月五日）午後一時に亡くなり、葬儀は二五日に行われると知らせた。差出人は、前節で述べたヘアである。転地療養申請から死亡までわずか八日間で、病状が急激に悪化し、結局その願いも叶えられなかった（［付属文書　丙］）。モレルの死後、夫人が二～三回癪を起こし深夜一時過ぎに死亡した（［付属文書　丁］）。『広辞苑』では癪を「種々の病気によって、胸部・腹部に起る激痛の通俗的総称」と説明している。モレルが死亡したので、佐畑ら配下四名のインド行きも中止となった（［付属文書　戊］）。

明治天皇の命により、療養費として金五千両が下賜された（［補足資料　己］）。

『鉄道附録』「工部省　鉄道」［補足資料　己］にある「九月二四日モレル死去説」以外、矛盾はない。後藤元燁《もとあきら》とは七三年三月参議になった象二郎で、彼は一八七一年八月一四日（明治四年六月二八日）工部大輔に任じられた（『百官履歴二』八〇頁）。

これら日本側史料はモレルとハリエット夫人の「死亡証明書」、『大隈文書M』【A-4553】、『メイル』や『ヒオゴ・ニュース』の死亡・葬儀記事（巻末史料⑦）、「追悼記事」、および『土木学会誌』「追悼記事」とほとんど矛盾がない。

伊藤のお悔みと木戸の述懐

伊藤はモレルの来日予定日をパークスから聞き、横浜で出迎えるべく七〇年三月下旬に彼を待っていた。到着して一〇日後には、全文八ヶ条よりなる建議を、五月二八日にはより具体的で体系的な建議書を受取る。七月下旬には、大阪と神戸間の測量に向う彼と同船して上方に行く。このように、当初から伊藤は深い関係を築いている。

ところがモレル死亡時に、工部大輔になっていた伊藤の名前が日本側史料の中には見当たらない。カーギルへの書翰が、この疑問を氷解してくれる（巻末史料⑨）。その中で伊藤はモレル死去による鉄道建設工事の遅延を危惧している。また鉄道差配役カーギルに対し、葬儀万端抜かりなく執り行うよう依頼し、費用全額を日本政府が負担する旨記している。伊藤とモレルの交友を物語っている。

伊藤はモレルが亡くなる直前の一一月二日、工部大輔に任ぜられ、一一月九日「大坂出張被仰付候事」（『百官履歴二』九七頁）と公務多忙だった。それゆえ、モレルと交流のあった伊藤が、死去に立ち会えず、葬儀にも参列できなかった。

なおパークスは、七一年五月下賜休暇で日本を後にし、岩倉使節団歓待の任務もあってモレル死亡時は英国にいた。

木戸は日記の中で、モレル夫妻の死去と功績を述べた上で、一〇月一六日に夫妻が横浜駅で見送ってくれたことを回想している（巻末史料⑧、『国鉄百年写真史』一八頁に開業当時の横浜駅写真がある）。七一年秋には、横浜から川崎までの鉄道を、木戸や大久保らの政府高官が利用しているが、横浜駅本屋《ほんおく》はまだ完成していなかった（『日本鉄道史』上篇、五一頁）。木戸は、モレルの葬儀に参列していない。

ところで、太陽暦と当時日本で採用されていた太陰暦とが明確に区別されずに、往々モレルの動向が語られていることがある。誤解や混乱を避けるために「陰陽暦対照月表」を作成した。

5 死亡記事

一一月一一日号『メイル』

本節ではモレルとハリエット夫人の代表的な死亡記事を紹介する。そこから夫妻が亡くなった時の状況と往時の評価を知ることができる。取上げるのは最も詳細に述べている『メイル』、やや異なる『ヒオゴ・ニュース』、そして世間のとらえ方を語っている『横浜毎日新聞』である。

なお七一年一一月六日シンガポールの『ストレイト・タイムズ』、七二年一月二三日『サウス・オーストラリアン・レジスター』、一月三日ニュージーランドの『イヴニング・ポスト』にも死亡記事

モレルの日本での動向に関する陰陽暦対照月表

太陽暦表示	太陰暦表示	事　項
1840年 11月17日	天保十一年 十月二四日	父トーマス，母エミリーの長男として，ロンドンのイーグル・プレイス1番地（ピカデリー）で生まれた。【出生証明書】
1862年 2月4日	文久二年 一月六日	ハリエット・ワインダー（19歳）とロンドンで結婚。【結婚承諾書，結婚証明書】
1869年 12月7日	明治二年 十一月五日	三条実美邸で，英国公使パークスと日本政府高官の非公式会談。【大日本外交文書】
14日	十二日	「第1約定書」「第1命令書」
22日	二〇日	「第2約定書」で，H・N・レイが外国人の雇用権を有する旨記載。
28日	二六日	「第2命令書」
1870年 1月20日	十二月十九日	「別項約書1」【明治前期10巻】
23日	二二日	「別項約書2」で，J・F・H・トロートマンが建設指揮をすると記載。
2月2日	明治三年 一月二日	南豪州アデレードを出航。【『レジスター』など】
21日	一月二一日	「ゴール会談」：セイロンのゴールで，レイと会談。技師長就任と日本赴任を要請された。
3月22日	二月二一日	伊藤博文少輔から伊達宗城卿・大隈重信大輔宛書翰。パークスから「ゴール会談」を知らされる。モレルは29日までに来日の予定だった。【伊藤の伊達・大隈宛書翰】
22日	二一日	香港から上海に到着。【NCH】
26日	二五日	レイの紹介状を携え，トロートマンと面会。上海副領事R・B・ロバートソン立会で，正式にレイに雇われる契約を締結。「上海契約」
4月9日	三月九日	オレゴニアン号で横浜に到着。【JWMなど】
12日	十二日	日本政府高官と面会。【明治前期10巻】
16日	十六日	ハリエット夫人が，横浜へ向け英国サウサンプトンを出港。【LCT】
19日	十九日	伊藤に，全文8ヶ条よりなる建議書を提出。【伊藤公全集】
25日	二五日	芝口汐留付近から測量開始。
5月28日	四月二八日	伊藤に，より体系的で詳細な建議を行う。【伊藤公全集】
6月7日	五月九日	ハリエット夫人が，カディス号で横浜到着。【JWMなど】

7月26日	六月二八日	夫妻が，ゴールデン・エイジ号で横浜から神戸へ。【JWM】大阪―神戸の測量。
8月20日	七月二四日	夫妻が，神戸からゴールデン・エイジ号で横浜帰着。【JWM】
1871年 4月4日	明治四年 二月十五日	夫妻で「大阪造幣寮開所式」に参列。右大臣三条実美，大隈重信ら日本政府高官と同席。パークス夫妻や鉄道差配役W・W・カーギル夫妻も参列。【JWM】
10月16日 28日 30日 31日	九月三日 十五日 十七日 十八日	夫妻で，木戸らを横浜駅まで見送る。【木戸孝允日記】 カーギルに2カ月間の療養を申請。【鉄道寮事務簿】 W・G・ハウエル，F・ブリンクリー立会いの下に「遺言書」を書き換えた。【遺言書】 インドへの2カ月間の療養が許可され，5000円の療養費を下賜される。【鉄道寮事務簿】
11月1日 5日 6日 7日 8日付 11日付	九月十九日 二三日 二四日 二五日 二六日付 二九日付	危篤のモレルを見舞うよう，井上勝が大隈に要請。【大隈文書M，B571】 モレル死去。【工部省への電報，死亡証明書，新聞記事など】 ハリエット夫人死去。【工部省への電報，死亡証明書，新聞記事など】 夫妻の死亡と葬儀の記事。【横浜毎日新聞】 横浜で夫妻の葬儀。木戸が，夫人が発狂して死亡したと記す。【木戸孝允日記】 夫妻の死亡と葬儀の記事。【ヒオゴ・ニュース】 夫妻の死亡・葬儀と追悼記事。【JWM】
1872年1， 2月	明治五年	南豪州，NZ，シンガポールの新聞にモレルの死亡記事が掲載された。
9月20日	八月十八日	南貞助，ロンドンで英国人エリザ・ピットマンと結婚。【結婚証明書】国際結婚が許されていなかったので，エリザ夫人をすぐに日本へは連れて帰らず。【宏徳院御略歴】
1873年 1月 3月14日 5月5日	明治6年 3月14日 5月5日	明治五年十二月三日を1873年1月1日として，以降太陽暦を採用。 モレルの「追悼記事」。【土木学会誌第36巻，299～300頁】 明治政府が国際結婚を認めた。【太政官布告103号】 南夫人エリザが，夫貞助に同行して香港経由のスンダ号で到着。【JWM】

（註）『陰陽暦対照表』を参考に筆者が作成した。略記法　NCH：『ノース・チャイナ・ヘラルド』，LCT：『ロンドン・アンド・チャイナ・テレグラフ』，JWM：『ジャパン・ウィークリー・メイル』

が載っている。

『メイル』第一面に、モレル夫妻の死亡告示が掲載されている（巻末史料⑦）。ハリエット夫人は、二五歳と記されている。続いて「今週の出来事」の半分以上を割き葬儀の様子が述べられている。記事の中で、モレルの棺を負ったヤマイ氏は、工学頭兼測量正の山尾庸三（『百官履歴二』二六九頁）。アダムズ氏は、英国公使館員。シェパード氏は、建築副役チャールズ・シェパード。タキダ氏は、鉄道寮助の竹田春風。ハウエル氏は、遺言書立会人。夫人の棺を担ったヘア氏は、夫妻の死亡を井上勝に電報で伝えたヘアール。ピットマン氏は、遺言書立会人を務め、死亡届けを提出。エノヱ氏は、鉱山頭兼鉄道頭の井上勝（『百官履歴二』二三六頁）。カーギル氏は、鉄道差配役。また、夫人の棺を負ったシャンド氏は、七〇年秋から仮雇いとなり建築助役を務めていたセオドア・シャン（山田直匡『お雇い外国人④交通』一六六～一六七頁）。このように相当の地位にある人物が葬儀に参列し、棺の周りに侍《はべ》っていた。

葬儀は平日（火曜日）午後だったにもかかわらず、多数が参列した。夫妻の死は、居留民にも、日本人関係者にも相当のショックを与えた。『メイル』の記事、葬儀参列者、および日本政府の対応などがその衝撃の大きさを物語っている。同紙編集者のハウエルが、モレルと親しかったこともあり、破格の葬儀追悼記事であった。また記事は、他の史料を補充してくれる。

横浜と神戸の新聞

『横浜毎日新聞』一一月六日（九月二四日）では、モレルの能力、勤務姿勢、臨終に際しての妻とのやりとり、および葬儀の模様などについて述べている。持病があったことに加え過労のため亡くなったと記している（巻末史料⑦）。

「英国無双の工部之道に通明なる者にして、最も万国中に英名を轟かせし者」との表現は亡くなった者への賛辞にしても過大である。「大概《おおむね》御成功相成たるも全く彼が勤苦に寄べき」では、功績がモレル一人に帰せられてしまう。「命終の節、妻へ遺言せしは、今別るる共また手を引て同し道を行く事もあるべしと。果たして翌日、妻も死去せし由。夫婦の情愛尤も然るへし」は、後年「連理の梅」と称された感情移入の先鞭といえよう。「両人ともに、当港英人の墓所へ葬式相営み、工部省官員の内其外《そのほか》多人数見送りとして同寺迄罷越たる趣なり」は、『メイル』葬儀記事と整合的である。

神戸の英字新聞『ヒオゴ・ニュース』一一月八日の記事を紹介しよう。「昨日日曜日亡くなり」「葬儀は明日行われる」と述べている。神戸の新聞記事であることを加味すると、異例の早さと扱いである。横浜からの情報として、『メイル』が伝えたこと以外に次のようなことを記している。

モレルは、豪州から日本へ赴任した。持病の肺結核を患っていたが、来日後徐々に悪化していった。先週は客人と会っていたが〔遺言書変更で立会人二人に面会している〕、急激に悪化し一一月一日水曜日以降、危篤状態に陥った。モレル夫人が昼夜、病床の傍らで看病を続けていた。不眠不休の看病による緊張で、彼女自身も一二時間後に亡くなった〔夫人の献身ぶり、遠因として疲労と精神的ショックを示唆〕。数日前、冬の間シンガポールで療養する許可が下り〔インドの間違い〕、五〇〇〇ドル支給されることが決まったその直後だった。たくさんの人が葬儀に参列すると予想し、彼の死は外国人社会にも日本政府にとっても大きな痛手である、と結んでいる。

『メイル』と比べ、片方の親がフランス人であるとのこと、ラブアンでの在任期間以外、特に大きな相違点はない。なお『ヒオゴ・ニュース』には療養予定地以外、誤りはない。

第六章　貢献と動機

1　技量と貢献

正確なモレル像に基づいて

モレルは「キングス・カレッジ・ロンドンを卒業し」「二三歳の若さで土木学会会員に推挙され」「セイロン島での鉄道建設完了後」「日本政府に招聘されて来日し」「日本で、大隈夫人の小間使いをしていた女性と結婚した」というストーリーで、彼の貢献と日本への親切心が、多くの人たちによって語られてきた。しかしこれらはことごとく、誤りであることが判明した。

前章までに、史料に依拠した経歴と人間関係を再構成してきたので、正確なモレル像を描けよう。本章では、それを踏まえて、日本での貢献内容と赴任や建議の背景について総括する。交流のあった伊藤博文の言説を援用し、日本における功績をまとめる。レイは、採用の経緯を述べつつ技量についての疑念を表し経歴を調査し処遇の再考を勧めたが、その日本政府宛書翰が参考となる。第二代技師長ボイルによる婉曲な批評も重要な意味合いを含んでいる。後半部では、家庭環境の概要、学校教育の期間と内容および成績、さらに技師としての実務経験などの経歴調査を基に、日本赴任の動機、政府首脳への建議の背景としての能力や問題意識という通奏低音の響きを探っていこう。

エンディングとして、今後に残された課題をまとめておく。

伊藤の紹介

モレルの経歴紹介および明治政府への建議と功績を、伊藤博文の言説に基づいて総括しよう。当初から彼と接触があり同世代人でもある伊藤の言説は傾聴に値する。そこから、日本側高官の評価や受取り方が鮮明に浮かび上がる。続いて後任の選出方法とボイルの功績を述べることで、技師長としての技量について間接的な説明を行う。またレイ契約の示談成立直後に、レイが日本政府に送った書翰で疑問を提起しているが、その意味合いを考えていく。

伊藤は、鉄道導入の功労者として、英国公使パークス、技師長モレル、および民間から唯一鉄道敷設賛成の建白書を提出した京都の町医者谷暘卿（『国鉄百年写真史』一二頁の写真）を揚げている。モレルのことを述べた部分を引用しよう。

モレルは英人にして、濠洲に在りて建築業に従事し、忠実なる人物なりき。鉄道建築の事に就ては十分の経験ありとは思はれざりしかど、日本の小距離鉄道を築く位の事には不足はなかりしと信ず。モレルが、日本に来りて事務に着手せしは、一八七〇年、即ち明治三年の四月にして、簡単なる見込書を余に提出したり（『伊藤公全集』「鉄道の起原」第一巻、二五七頁）。

伊藤は、モレル来日時には民部兼大蔵少輔であった。七〇年八月六日民部少輔兼任を解かれ、七一年九月一二日租税頭、一九日から造幣頭を兼務。一一月二日（九月二〇日）工部大輔に任じられ、九日（二七日）から大阪出張を命ぜられる。そして鉄道開業式の頃には、岩倉使節団の副団長として英国に滞在していたが、鉄道開業に至るまでをねぎらわれ、七二年一一月二五日に大隈重信と同様「鉄道創建物議紛紜《ふんうん》を不顧《かえりみず》定見を確守し、終に今日之成功」したゆえ恩賞を賜った（『百官履歴一』九七～九八頁）。

職務上の接触が多かった伊藤が、モレルのことを、豪州での経験はあるとしながら、鉄道建設に従事していたとは述べておらず、経験が十分ではないと明言し、それでも日本での当初の建設予定路線を考慮すれば、さほど差し障りがない、と総括している。つまり伊藤は、モレルの経歴が煌びやかではないことを知っていた。

建議　モレルは、七〇年横浜到着後一〇日目の四月一九日付で伊藤に全文八ヶ条よりなる建議書を提出した。その中で東京横浜間工事のみならず、第五条で教育の必要性を強調している。五月二八日（四月二八日）になると、より体系的な建議を行う（両建議は巻末史料③参照）。国家主導で公共事業を指揮監督する部門の設置を薦め、その管理事項や権限についても具体的に述べている（B—4）。これに答えて政府は七〇年一二月、工部省を設立し、その実行を図った（『明治前期』第一七巻ノ一「工部省沿革報告　工部本省」五頁)。他方、技師養成のため中等・高等教育機関を設立するよう、選抜試験、教育方法、図書館の重要性などを挙げ、強く薦めた(B—3)。会計制度を含めた事務管理組織や組織の運営法も、例を挙げ制度確立を働きかけた(B—6)。七一年九月工部寮(七七年一月工部大学校に改称)、七七年五月大阪に工技生養成所が創設され、モレルの建議は実現されていく。さらに、外貨節約・国産品使用ひいては国内産業育成のため、枕木には日本産木材を使用してもよいという姿勢・判断を示した(B—5)(『明治前期』第一〇巻、三三一頁、七〇年九月二四日付の伊達卿、大隈大輔、伊藤少補より東洋銀行〔オリエンタル銀行〕宛書翰参照)。南豪州では、費用面から鉄製枕木を主張していたのと好対照である。

伊藤が「忠実なる人物」と評した所以《ゆえん》である。十河信二は「初代建築師長として……(中略)鉄道の創業にすぐれた功績を残し」「しばしば時勢に適した意見を政府に建言し……(中略)土木工学の進歩に寄与するところ多大であった」と紹介している。功績を次のようにまとめることができる。


(A—1)　トロートマン忌避を黙認し、自立化を援護した。

(A—2)　初代技師長として、鉄道建設に貢献した。

(B—3)　人材育成のための高等教育機関の設立を建議した。

(B—4)　一括して政府主導型で公共事業を推進する部門の設立を提起した。

(B—5)　国産品を使用し外貨の節約を図ると同時に、国内産業の自立発展を促すよう勧告した。

(B—6)　会計制度を含めた事務管理組織や組織の運営法の確立を促した。

それゆえに鉄道敷設のみならず近代化の功労者として、現在でも多くの人たちから尊敬されている。明治天皇から療養費を下賜され、『鉄道寮事務簿』『鉄道附録』が転地療養申請から死亡までの経緯を紹介し、木戸が日記に「実に我政府の為に誠心尽力」と評しその死去を惜しみつつ想い出を語り、伊藤が「鉄道の起原」に「忠実なる人物」と形容している。

柏原宏紀は、モレルが設置準備中の工部省の構成と運営に関する「造幣局ヲ工部院内移管反対意見書」(『大隈文書M』【A-2302】)を書いた、と推論している(柏原『工部省の研究』第一章三節)。モレルは、各部局が半年ごとに予算をたてそれに基づき執行していくことで、計画性を持たせ冗費の削減を含めて効率的な任務遂行を図り、部局間の調整もできると述べている。これは伊藤への建議の延長上にあり、さらに論を進めたものと考えられる。

やや余談となるが、この意見書の第三段落で「お雇い外国人」との統一契約書の必要性を述べた上に、「余か所思《おもうこと》を以て見るに、日本政府に雇われたる外国人、……(中略)命せらる事務を取扱ふに不適当なる者多しと考ふ」と批判している。レイに雇用派遣されたブライアントとレインが、到着早々モレルと対立して二週間ほどして日本を去った。この表現は、両名との諍《いさか》いを背景にしたと考えられる。この段落は、内容も表現もそれまでとは性格を異にしており、モレルはこの段落のみ両名が離日した一〇月一〇日前後に追加した、と思われる。

ボイル技師長

モレルが亡くなった後、二人の副役が職務を代行していたが、後任としてすぐれた能力と豊かな経験を有する正式な技師長を招聘することとなり、オリエンタル銀行の同意を得て、在英顧問技師ポールにその選任を要請していた。七二年七月、後任としてボイルが選ばれ、一〇月二六日に横浜に着いた（巻末史料⑪参照、『国鉄百年写真史』四〇頁に彼の写真が載っている）。

初期には鉄道を建設することが優先されていたが、一度運行され始めると、反対派を含めて民間でも軍でも有用性や利便性が認識されるようになる。輸送力強化に増発だけでは間に合わず、改築や複線化そして新駅建設、および延伸が図られていく。このような状況で、ボイルは適任者であった。二二年ダブリン生まれの彼は、アイルランドやインドで、鉄道建設の豊かな経験を有していた。

具体例として七〇年代の京浜間の主な改修工事を挙げよう。六郷川（多摩川）に木橋が架けられていたが、七五年五月一八日鉄製に改築されることが認可され（『鉄道附録』四一頁）、七七年一一月二七日完工した（同書、四七頁）。七六年一二月一日、新橋品川間の複線化が完成（同書、四五頁）。七七年八月四日、鶴見橋を鉄製に、安橋二橋の桁を鉄製にする修理工事の開始（同書、四七頁）。七九年三月一日、大森川崎間の複線化が落成（同書、六二頁）。なお『国鉄百年写真史』一三頁に木製の六郷川橋と鶴見川橋が、二三頁に六郷川橋の改築工事の写真がそれぞれ載っている。

ボイルは七七年任期満了に伴い解職され英国に戻り、八二年に土木学会で「六郷橋と京浜間鉄道の基礎」と題する報告を行った（『土木学会誌』八二年、六八巻、二一六～二二八頁）。次のように、その要点をまとめることができる。

モレル技師長は、日本政府の要請により、大工や労働者を雇い洋式建築法教示のため、国産材を使い橋や排水路をすべて檜、松、欅の国内産木材で建設した。六郷橋の場合、完成から七年は大丈夫と思われていたが、あと一年も持たないことが現場の技師から報告され、ボイルの指摘で日本政府も誤りを認め、橋脚も橋梁も取替えざるをえなくなった。旧木橋は七つのトラスで半径八〇〇m曲率だった。既存の鉄道運行を妨げず複線用の鉄橋を建設するため、あらかじめ川の南側から半径八〇〇m曲率で北上し、鉄橋部分は川に直交し、北側で半径一二〇〇mの曲率で旧線路と交わらせ、全体で線路を四〇mほど短縮する。洪水時の浸水や流出を防ぐため、南側は一四〇mで一%、北側は三二〇mで〇・六六%の勾配をつけ、旧木橋より六m高くする。顧問技師ポールとボイルがこの橋脚を設計し、ポールがハミルトン・ウィンザー鉄工所に指示して鉄材を作らせた。ところで、七八年九月稀に見る大雨が降り、一八日に最高水位を記録した。鉄道橋の六〇〇m下流に架かっていた道路橋は流され、数カ所で堤防が決壊し、東京側堤防の低い所でバラストの一部が流され、運行を一時とりやめた。コンクリート橋脚の所までえぐり取られたが、鉄橋は微動だにせず、杭や粗朶束《そだたば》で難なく修理できた（『鉄道附録』五八頁にその記載がある）。

土木工事に対する日本側の甘い解釈、国内産業や雇用を優先する姿勢、技術習得の目論見などに、若くて実績が少なかったモレルは押し切られたのであろう。それゆえ予想の半分の年月も経ないうちに腐食が進み、耐久性の観点から改築が提案された。過度の国産品使用への戒めでもある。

ボイルは、技師長としての長期的視点に立ち、橋を堅牢化するため鉄製に変更し、同時に複線化するよう日本政府を説得した。ボイルは改築時に曲率を大きくし、勾配も緩やかにして将来の高速化にも備えた。そして完成直後の洪水時に、改築が正しかったことが実証された。

つまり六郷橋の改築は、モレルとボイルを比較した場合の、経験と実績に裏づけられた技師長としての力量、日本政府に対する説得力や交渉力の差を示している。伊藤の言う「十分の経験ありとは思はれざりしかど」の実例といえよう。

ところで八三年、外国人叙勲制度がはじまり、鉄道部門から元差配役カーギル、元在英顧問技師ポール、および書記長兼会計長オルドリッチの三名がその栄誉に輝いた。一月に佐々木高行工部卿が三条実美賞勲局総裁に申請、三月裁可となる。五月一六日付で、在英中のカーギルとポールに伝達され、在職中のオルドリッチは大礼服を着用し六月一日一〇時に宮中に参内する(『工部省記録』第七巻、一一〇～一一三頁)。

三人の叙勲を伝え聞いたボイルが、自分の業績を考えるとその栄誉に浴するに値すると考え、遺漏あるやもしれず、としてロンドンの日本公使館を訪れた。森有礼公使を経て伊藤外務卿代理が、翌八四年一月一八日に佐々木工部卿に問い合せたところ、二一日付で「功労と在職年数を条件とする」と返答した(同第八巻、六四～六五頁)。

ボイルは『オックスフォード人物事典』にも掲載されているほどの技師である。延伸、複線化、取替え工事など開業後の鉄道を改良しその後の発展の礎を築いたのは、第二代技師長の功績である。しかしボイルの叙勲を認めれば、モレルの力量ひいてはパークスの推薦をも半ば公然と批判することになりかねない。パークスは、中国駐在公使への栄転に伴い八三年八月に離日したとはいえ、明治天皇主催の惜別の晩餐会に招かれ、お言葉を戴いている(ディキンズ『パークス伝』三四一～三四六頁)。伊藤本人が、これらを無視できなかった、のではなかろうか。

ボイルの問合せは、自意識過剰さが出ている、とよくいわれるが、必ずしも筆者は同意できない。再度、島崎藤村『夜明け前』から引用しよう。「この建築師首長はまたモレルの仕事を幾倍にかひろげた。」（第二部第一三章）続いて、均衡ある国土の発展という観点から、交通網の整備を図るという上申書をボイルが政府に提出したことを紹介している。中山道ルートでの東西連結を唱えていたボイルに対する、馬籠出身の藤村の依怙贔屓《えこひいき》ではなく、客観的な評価といえよう。

レイの愚痴

七〇年九月、契約破棄がレイに伝えられた。日本から派遣された特例弁務使上野景範、新たに代理人となったオリエンタル銀行との交渉で、レイは一二月六日に示談を受託し、日本政府との関係はすべて解消された。そして翌七日、レイは民部大蔵省の伊達、大隈、伊藤宛ての書翰を送った。技師長モレルの任用の経緯、彼の経歴や技能に対する疑念など、重要な内容を含んでいる（巻末史料⑤）。

はじめに「モレル技師長」登用は、「ミストル・モレル建築の学術に於ゐて誤聞被致候」とパークスの過大評価による推薦であったことを記し、その上でモレルは経験が豊かではないことを指摘し、自分にその責任はないと述べている。七〇年六月頃、フェアリー・システム採否について、顧問技師ホワイトから技術的説明を受け、それを推奨するモレルに疑念を抱き、またモレルがレイの管轄下から日本側に移っていったのを契機に経歴を調べ直し、このように語ったと思われる。要するに、レイはモレルを技師長として採用し日本に派遣したという責任はあるが、技師長としての技量が不十分であることを指摘し、日本側にその確認を求めている。経歴を調べるかどうか、その結果技師長職にとどまらせるかどうかは、日本側の裁量と責任である、とレイは主張している。

最後の文章で、モレル採用前には、自分の行動には全く非がなかった、とレイは語っている。つまりモレルが日本側に擦り寄り、レイと日本側に隙間ができ、解約に至った、と恨《うら》み辛《つら》みを述べている。「今般熟業之者」の段落は、副役ブライアントとレインのことであろう。二人は、雇用条件に関してモレルと意見が対立し、一〇月一〇日に横浜を出港し、一二月七日には、英国に帰国していた。二人の職務経歴書などを「其筋之官員より証書を取置申候」ゆえ、ホワイトからオリエンタル銀行経由で、上野に渡すことができると言っている。次の段落にある「レイが日本政府のために行ってきた詳細な報告書」と併せて、収録されるべきは『明治前期』だが、未見である。

追伸で「モレル氏之儀に付ては、サア・ハルリー・パークス氏へ当便書通いたし置候」と記している。しかし、ケムブリッヂ大学図書館の「パークス文書」にも所蔵されていない。

レイ契約解除後、日本政府はポールを顧問技師として採用した。モレルの後任としては、代役を務めていた副役J・イングランドを昇格させず、ボイルを新たに招聘した。これらの事実は、「モレルの技量調査」とその善後策を暗示している。かくして事を荒立てず、モレルの名誉を瑕つけることなく、パークスのミス、日本側の妄信をも払拭できた。伊藤の「鉄道建築の事に就ては十分の経験ありとは思はれざりしかど、日本の小距離鉄道を築く位の事には不足はなかりしと信ず」という言は、この脈絡で考えると、含蓄深い。

2　技能と赴任の動機

ジグソーの完成を目指す

これまでモレルの家庭環境、学校教育、実務経験について詳しく説明してきた。ジグソーに譬えれば、各片が揃ってきた。次にはめ込んでいけば、全体像が浮かび上がってくる。

まずモレルがどこで・どうやって技能を習熟し研鑽したのかという形成過程をまとめよう。次に、なぜ攘夷（外国人排斥テロ）の余熱がくすぶる極東の新興国に来たのか、という赴任の動機を探ることができる。そして、来日早々適確な建議を行った背景も、彼の問題意識を中心に考えていける。労力と年月を要したモレルの経歴調査の主たる目的は、本節の議論を展開するためである、といえる。最後に、到達・解明できなかったことを、残された課題として述べよう。

技能形成

技能形成面から、経歴を要約しておこう。モレルは、五七年の一学期間のみキングス・カレッジ・スクールに在籍し、キングス・カレッジ・ロンドン工学部には五八年レント学期（春）とミクルマス学期（秋）だけ通ったが、成績は芳しくなかった。イースター学期（夏）は大部分欠席した。他方『土木学会誌』「追悼記事」に拠れば、五八年五月から三年余クラークに師事した。工学部カリキュラムから両立は困難であり、籍も二年間しか置いておらず卒業していない。したがって能力の高さを、学歴や成績に求めることはできない。

スクールへの「入学身上書」記載の「習熟度状況、学習課程の特記事項」、および母方の伯父や従兄たちが極めて優秀であったことを加味すると、彼の才能が既にカレッジ工学部の講義内容を凌駕し、カリキュラムに不満だった可能性もある。このような例として、革命期のフランス人数学者のエヴァリスト・ガロアの逸話がある。

五八年当時キングス・カレッジ・ロンドンの工学部で学んでいた六一人の学生のうち、モレルを含めて一八人しか土木学会や機械学会に加入していない。両学会の厳しい入会条件や高い社会的ステータスから、学業成績とは別の次元でモレルは優秀であった、といえよう。

モレルの技能形成は、スクール入学以前にドイツなどで受けた教育により、すでに武者満歌が受けた試験科目の三角法、ユークリッド幾何学、代数学を修得していた。その後クラークの下で三年半の修行を積み、メルボルンやニュージーランドで苦い経験を味わい、ラブアンや南豪州でも任務を完了できなかった。他方、水力技師、道路技師、鉄道技師など幅広い技能を磨いていた。植民地省文書から、六六年早々にラブアンでの任務はほぼ完了しており、少くとも同島に居た六八年七月までの二年余は、広く深く勉学に勤《いそ》しむ時間的余裕があった。

一つの解釈として、以上のように提示できよう。しかし、技能形成にとって重要な実務経験を、モレルが有していたという史料は存在しない。その意味で、やはりレイの指摘、伊藤の述懐は正しい。

赴任の動機

ラブアンの鉄道計画は、石炭や資材の運搬を主目的とし、延長約七マイルの軽便線であった。総額約三万ポンドの資金を会社側が提供せず、労働者を手配できなかった。

熱帯雨林気候、過酷な衛生環境、駐留軍人を含めて一〇〇人程度の英国人社会における特有の人間関係、電信も未通で島への定期便もなく外界から半ば遮蔽されるなど、任務以外の生活面での問題も多かった。

南豪州では開発が進んでいるという安心感はあったが、しょせん開発型鉄道計画であり、建設費用削減の問題と付随して出資者に対する利払い保証の問題を抱えていた。イングランドで設立された会社の要請で測量していたが、現地法との整合性が問題になり、計画は中断を余儀なくされた。また議会に設置された特別委員会の喚問に、応じざるをえなかった。

さらに七〇年一月には新聞紙上で、モレルが匿名の技師から批判され、論争が沸き起こり嫌気が差していた。イングランドの出資者側の意向が優先されないことは自明で、計画も覚束ない状態だったので、日本での技師長就任要請は「渡りに船」だった。

当時の日本には攘夷が散発していた。他方六九年九月にはエディンバラ公が豪州からの帰途、日本初の国賓として来日し歓待を受ける。「新生日本は諸外国と友好裡に交流する」ことが居留民に示された。横浜には外国軍隊が駐留している。

ラブアンに比し、予定路線もレイ契約に明記された東京―大阪・敦賀への延伸（当面は新橋―横浜、大阪―神戸）は桁違いに規模が大きい。なるほど南豪州は二〇〇マイルの建設計画だったが、荒野に敷設するものだった。ラブアンでは石炭採掘用で、南豪州では鉱産資源や小麦や羊毛などの農産物など物資の輸送が主の路線であった。これらに対し、日本では近代国家建設のための鉄道敷設である。

ラブアンはロンドン本社の現地出先機関で、南豪州では本国と自治領の狭間で翻弄されたが、日本は独立国家である。技師長としての意見も正当であれば採用され、建議もいち早く取り入れられ実行されていく。そもそも、単なる石炭採掘会社、ロンドンで開発を志向して収益を上げることを目論む資本家たち、これらと三〇〇〇万人の人口を有する新興国家という依頼主が異なる。文明開化の象徴として建設され、予定路線の規模も格段に相違していた。

モレルは「まっさらなキャンバスに、絵を描く」心境で、日本における任務に励んだ。ラブアンとはあまりにも対照的で、南豪州よりも魅力的だった。直ちに夫人を日本に呼び寄せたことが、如実にモレルの心情を物語っている。

したがって、日本赴任の動機を次のように総括できよう。

生活や健康面での不安（冬の寒さ以外ラブアンよりは温和だが）、技師長として要求される仕事の幅が広くレベルが高い（ハードな任務）、自然環境面での日本特有の諸困難（狭い沖積平野の狭隘な場所に敷設、地震と台風）という条件は、いずれも消極的な要因である。

他方、英国にいては十分に仕事をさせてもらえない、能力を存分に発揮できない、実務の機会に恵まれない。逆説的だが、仕事の幅とレベルや日本特有の困難性は、英国では不可能な仕事を日本では要求され任せられ貴重な実務経験となる。契約期間の五年間は、地位も給料も安定し、腰を落ち着けて仕事に没頭できる。日本では自らがなしえた成果が具体的に残り、政府や国民から感謝される、その点で天職を実感できる。事実モレル在職中に、開通区間を政府高官も試乗し、大久保利通などの消極派の人たちも鉄道の意義に賛同し始めていた。モレルの場合、メルボルン、ニュージーランド、ラブアン、南豪州ではことごとく当初の任務を完遂できなかったが、日本では鉄道を建設していくことで専門能力に磨きがかかる。質量ともに向上した技能は、実務経験として土木学会でフル・カウントされる。

かくしてモレルの行動は、専門家としての仕事上の責任感や充実感、職業倫理など金銭面以外の要素をも含んだ合理的判断に基づく、と解釈できる。単に普遍的ヒューマニズムや私生活を含めた日本への愛着（典型が「日本人妻説」）という要因ではなく、「高貴なる者の務め（Noblesse Oblige）」という強い責任感をはじめ、経験科学の領域や学会でのステータス向上という名誉、日本での厳しい要求をこなせる高度の専門家能力の習得、そして高給などの実利も大きく作用した。さらに、新国家建設を目指す維新政府の意向、民間企業ではなく外債発行によって国際公約となった国家主導による鉄道計画、雇用・賃金など待遇面での安定性、技師長としての重責とやりがいなどの要素が、相互に関連し合って動機を構成した。

以上が赴任の動機に関して、経歴調査に立脚した筆者の解釈である。この説を補強する材料として、関わった鉄道を比較する表を作成した。

技師長として

技師長としての評価を要約すれば、次のようになろう。

大隈が語るように「封建的群拠の思想を打砕くには余程人心を驚かすべき事業」を実施する、つまり新生日本でのプロパガンダ、精神的衝撃という目的で鉄道を建設するためには、伊

モレルが関わった鉄道の比較

	ラブアン 1865年12月に到着	南豪州1867年22号法	グレート・ノーザン鉄道会社案 1869年11月モレル証言による	1879年1月R·C·パターソン報告：ポート・オーガスタ鉄道分
計画路線	南部のヴィクトリア港から北端の炭鉱に至る約7マイル。 石炭や資材の運搬。	ポート・オーガスタから北方200マイル以上。	ポート・オーガスタから北方200マイル 鉱産物運搬が主。 69年6月からウォレスと測量。	ポート・オーガスタからファリナまで200マイルが77年10月に開通。
基本仕様	報告・記述なし，おそらく軽便鉄道 93年「北ボルネオ会社」の技師」アーサー・J・ウェストが軌間2フィート5インチの軽便鉄道を完成。完工後石炭採掘量が飛躍的に増加。	5フィート3インチ軌間。40ポンドを下回らない鉄製レール。	軌間についての質疑なし。 40ポンド・レール。 鉄製枕木（費用とメインテナンスの観点から）推奨。	「3—6軌間」，最小回転半径は100m。 40ポンドの鋳鉄レール（77年から，速度を上げるため徐々に60ポンド鋼鉄製に変更）。 80cm強の間隔で，（西豪州産）木製枕木。 20マイルごとに駅，給水設備，終着駅に車両工場。
機関車	モレル在島中に，標準軌間の機関車をシンガポールへ輸送。	規定なし。	12トンの英国シャープ・スチュアート社製を挙げた。	英国ピーコック社製テンダー機関車8両を購入。 羊避けにカウ・キャッチャーを付けた。 輸送費＋保険等で，英国の1.3倍の費用。
建設費（1マイル当たり）	総額3万ポンドと見積る（1マイル約4300ポンド）。 ウェストも約3万ポンドで完工した。	3750ポンドを超過しないこと。	4000ポンドで充分と主張。 300〜400人の作業員を使って，18カ月で完工すると主張。 クリークにやや大きい橋を架ける。	5042ポンド（駅舎，修理工場，車両等を含む） 労働者の賃金は日給8シリング。 石工，煉瓦敷き，大工，鍛冶などはその1.5倍。

建設資金採算性	ラブアン石炭会社が資金提供せず，モレル在島中は，完成せず。 労働者の手配が困難で，モレルは苦力や囚人を模索した。	会社は土地，駅舎などを99年間，年1ポンドで賃借できる。税や賦課金は免除。 12月・6月末に，10マイル完工ごとに，投下資本に5％の利子を支払う。 収益が5％を上回った場合，その分は大蔵省に収める。	ロンドンのグレート・ノーザン鉄道会社が資金を調達するはず。	資金に関する言及なし。
運　行		停車時間を含め時速8マイル以上。 最低週2回，始発から終点までの便で，十分な数の客車を運行。 全線にわたり，週3便貨車を運行。	時速20マイルで走行予定。	客車は時速35マイル，貨車は時速20マイル。
総督の権限	T・F・キャラハン総督はモレルに協力的だった。	建設中の査察権，運賃の決定権。 完成後，経営状況の報告を受ける。 鉄道に電信を敷設できる。 軍事警察用に給し，公的郵便は無料。 12カ月前の通告で，買収可能 （広範囲の監督権を規定）。	おそらく，67年22号法を遵守する。	言及なし。

（註）　ラブアンの項は植民地省文書，他はそれぞれの項の内容を基に，筆者がまとめた。

藤が述べるように、モレルは「鉄道建築の事に就ては十分の経験」がないが「小距離鉄道を築く位の事には不足は」ない技師である。しかし社会経済的発展を図る基盤を整備する本格的な鉄道網の建設には経験が不十分で、次のボイル招聘をまたなければならない。ボイル技師長時代に将来的発展への布石や余地、そのための基準や規格の見直し、および必要に応じた改修・改良工事が実行されていく。

モレルが師事した頃、クラークの関心は水力工学分野に移行していたが、鉄道電信技師としての名声は高く、南米ブエノスアイレス・サンフェルナンド鉄道の顧問技師でもあった。

鉄道技師としての能力を培ったもう一つは、土木学会入会時に推薦者の一人として名前を連ねているグレゴリーの影響である。モレルは学会入会時からラブアンに向け出発するまで、グレゴリーの下で鉄道技師としての訓練を受けた。グレゴリーは、六八年から二年間学会会長も務めたほどの実力者で、七〇年頃「三―六軌間」の南アフリカ鉄道の顧問技師に就いている。軌間選択に関して、標準軌に拘泥されない柔軟さがあり、学会重鎮として植民地大臣カードウェルにモレルを紹介した。このグレゴリーとの接点はあくまでも可能性にすぎず、残念ながら史料的裏づけがない。

技師長としての職務には、工期、資材選択、工費を勘案し、将来的展望を見据えることも求められる。この観点からモレルの経歴を見直すと、まずメルボルンで「クラーク特許」を推奨している時に低廉な建設費、技術的に容易で安価な維持管理、将来の増設可能性にも言及している。さらに南豪州ポート・オーガスタ鉄道に関連して、イングランドから資金を呼び込むために工期と工費を圧縮し、収益保証に苦心している。この関連で具体的に資材選択にも言及している。

技師長としての後者の視点は、実家がワイン商であったことも影響している。ピカデリーにあったモレルの店は繁盛していた。ビジネスやマネジメントの側面は、商人の資質であると同時に技師長にも求められる要素である。モレルにとって、幼い頃から自然と身についた能力だった。

建議の背景

伊藤の紹介では、技師長としてより建議者としての功績に重点が置かれている。建議の背景を、モレルの経歴に求めると、次の四つの要因が有力候補である。

母方の優秀な伯父たち、および豪州メルボルンにおける指導層や上流階層との交流によって、刺激・啓発された。植民地と新興国の違いはあれ、近代国家建設という面では相通じるものがあった。知己を得たヴィクトリア州指導層からその示唆を会得できた。これが第一の可能性。

第二の可能性は、ラブアン時代のキャラハン総督との交流である。建議内容には経済学的観点があり、モレルと接点があった人物で経済学の素養があるのはキャラハンしか見当たらない。キャラハンはリンカーンズ・インで法律を学び、ダブリンに帰りバリスターとして開業し、アイルランドの法務長官に就任し、ダブリン統計協会の政治経済学バリントン講師も務めている。その後植民地省に転進し、六五年一二月から六七年二月まで一年強、ラブアンでモレルと接点がある。その間、彼は植民地省宛報告書の中で、モレルの名前を頻繁に取上げている。これほど期待されていたモレルが、一三歳年上のキャラハンから社会科学的視点、経済的問題に対する診断と処方の手解《てほど》きを受けた。問題の捉え方、分析方法、改善策の模索をモレルはキャラハンから学んだ。またキャラハンが辞してから、モレルが南豪州に現れるまで二年余あった。ラブアン滞在中、鉄道建設計画が中座し時間的余裕ができ、

経歴と技能形成

経　歴	技師としての実務経験	鉄道技師長として	政策提言者として
学業 キングス・カレッジ。 57年スクール入学，58年1月カレッジ工学部入学。	入学前に独語，仏語，およびユークリッド幾何，三角法，代数を習得。工学部で午前は学科，午後は実習系科目。		
修行時代 58年中頃から3年半，エドウィン・クラークに師事。	当時のクラークの関心は，電信から水力関係に。クラークは，50年代後半に「乾ドック」の特許を取得。ロシア，トルコ，アルゼンチンの鉄道にも関与。	この頃クラークは，ブエノスアイレス・サンフェルナンド鉄道（アルゼンチン）の顧問技師でもあった。	
豪州，NZ 63年4月メルボルン到着。 10月『ホブソン湾における乾ドック』を発行。 その後，オタゴ，ウェリントンへ。	クラークの指示により「乾ドック」の推奨のため豪州へ。 メルボルンで採用されず，NZに転進，その後地方政府で働く。	冊子の中でクラーク特許の推奨に際し，建設費，維持管理，将来の増設などにも言及。	
一時帰国 65年4月帰国。 5月土木学会入会。 10月2日英国を出る。	修行と実務経験年数が規程を満たし，クラークの推薦と他6名の同意を得て土木学会入会。 ラブアンでの鉄道建設のため，その間訓練を受けた。	67年から2年間，土木学会会長を務めたC・H・グレゴリー（鉄道技師）も入会推薦者。	モレルがラブアンへ向け出発した際，植民地大臣E・カードウェルがキャラハン総督に書翰を送った。

ラブアン 65年12月到着。 68年7月までは滞在。	到着後直ちに計画路線の測量・積算。 労働力手配ができず，会社も資金提供せず，鉄道は建設されず。	植民地省文書や『土木学会誌』「追悼記事」では「マネージャー兼技師」と表記。 ★石炭と資材を運ぶのが主目的の鉄道。	61年～，キャラハン総督（政治経済学の素養あり）。 66年～，ロウ総督代理。 67年～，ヘネシー総督。
南豪州 69年6月ポート・オーガスタ鉄道の測量。 70年1月に新聞紙上で論争。	現地測量を行う。 紙上論争に嫌気がさしたのか，「日本の鉄道技師長」を受入れ，セイロン経由で日本へ。	建設資材の選択も行い費用圧縮に努める。投資資金呼込みのため，工費・工期を加味し，元本・収益保証に配慮。鉄製枕木を推奨。	★沿線の開発を目的とした鉄道。
父方家庭 ピカデリーの商人，ワインやイタリア商品の卸。 祖父の商売を，父と叔父2人が受け継ぐ。		技師長としての資質と共通するもの：長期的視点を加味し，取扱商品と仕入れ業者の選定，価格設定と債権回収，従業員の採用と労務管理など。 モレルの店は繁盛していた。	
母方家庭 法律家一族。 伯父3人が豪州に移住。			豪州ヴィクトリア州の法律家，政治家として活躍。 60年に英国に帰国したサー・ウィリアムはヴィクトリア州初代最高裁長官を務めた。

（註）　キングス・カレッジ，土木学会，公文書館，図書館などにおける調査に基づき，筆者が作成した。

勉学と思索に耽《ふけ》ることができた。豪州やニュージーランドとラブアンとの比較は思考の深化に役立った。かくして、キャラハンに啓発された経済学的分析力に磨きをかけていた。

会計制度を含めた事務管理体制や組織運営の重要性についてラブアン社の出先機関だった同島での苦い体験が寄与した。加えて、南豪州で突き付けられた工期と工費の厳しい条件も、その基礎にはしっかりした事務部門を必要とする。これが第三。

そしてお金の収支面が第四の可能性。死亡時の遺産額、父トーマスからの遺産、および自らの収入の合計額から、モレルは年平均九〇〇ポンド前後を費消していた計算になる。技師長や政策提言者としての資質を磨くため、相当の自己研鑽、自己投資を行っていた。本や雑誌を講読し、各地での指導層との交流に費やしていた。

日記も自伝も出納帳もなく、あくまでも以上の推察は可能性にすぎない。

親身な建議の動機として、不満と不安を抱いていたトロートマンとの「上海契約」を日本側が否定し無力化してくれたことが挙げられる（第五章一節）。技師長としての地位が揺るぎないものとなり、任務に邁進できるようになったので、誠意をもって建議した。四月一九日と五月二八日という日付からも頷ける。パークス同様、日本政府高官も高く評価してくれているので、それに報いたいという心情もあった。心身をすり減らして職責を果たした、その要因ともなった。

モレルの性格として、伊藤が忠実といい、木戸は誠実と評している。コロンボの英字新聞への四年余の広告掲載が（第四章一節）、モレルのお礼だとすると、律義といえる。さすれば、建議の動機説明に加えることができよう。

彼の心情を語る史料はないが、経歴から以上の解釈に無理はないと思われる。

教育の重要性　高等教育機関創設に関する建議について、英国土木学会が発行した報告書の影響が考えられる。土木学会は六八～七〇年の調査委員会の報告に基づき、約二〇〇頁の『土木技師の教育と地位』を刊行した。

報告書のはしがき部分で、次のように総括している。フランスでは、政府が制度的にも、財政面でも技師の教育を行い、（ガロアが受験に失敗した）エコール・ポリテクニークなどでエリート養成を図り、さらに理論を重視した教育内容となっている。またプロシアでは、英仏両国のすぐれた面を取り入れ、年月をかけた理論教育と実務訓練をバランスよく行っている。その他オーストリア、ロシア、アメリカなどの実情も調査し、国際的な比較検討を行っている。

対して英国では、国の関与協力がなく、さらに科学教育が十分には実施されておらず、その優位性が次第に失われつつあると警鐘を鳴らす。科学教育が不十分で実務訓練に偏重し、将来展望を加味した国家の指針の提示と財政面での支援がほとんどない、と危惧を抱いている。

調査項目は、選抜方法、教育科目・内容や年限などのカリキュラム全体、教育費（自己負担、公的補助）、スタッフの充実度、教育の理念や方針など細部にわたり、かつ体系的である。対象の教育機関や国々は第Ⅱ部に詳述されており、その先頭はキングス・カレッジ・ロンドンである。

この報告書を提示し、技師の育成法に関し改善を強く訴えた土木学会自体が、入会資格として二〇

『土木学会誌』と『メイル』「追悼記事」の来日前経歴の紹介の対比

	『土木学会誌』	『メイル』	コメント，根拠
父　母	ピカデリーとノッティングヒルに住んでいた故トーマス・モレルの一人息子。 1841年11月17日生まれ。	フランス人とイギリス人の間に生まれた。	1840年11月17日生まれ。 祖父ルイはフランス人，父トーマス・アネット・ルイス・モレル，母エミリー・エリザベス（旧姓アベケット）。父母はフランス系の家系。 祖父や父は，ピカデリーでイタリア商品卸商，ワイン商。【出生証明書など】
学　歴	キングス・カレッジ・ロンドン ドイツやパリの工業学校 ウリッチ（近視で資格を得ず）。	チェルテナム学校，ドイツやフランス。ウリッチ（王立軍事技師養成学校）。	ドイツで勉強した後，57年の1学期はキングス・カレッジ・スクール。58年レント学期とミクルマス学期はキングス・カレッジ・ロンドン工学部。 成績は芳しくなかった。 59年までは名簿に記載されている。 【学費納入書，成績書】 入学時の住所はノッティングヒル
師　匠	58年5月からエドウィン・クラークに3年半師事した。	クラークに3年半師事した。	クラーク（1814～94）は，50年12月土木学会「準会員」，55年4月「会員」。 【土木学会入会申請書，名簿など】
豪州，NZ	62年から，NZ政府の道路技師の首席補佐 63年，ウェリントン地区主任技師 64～65年，豪州で自営	2年間，NZで道路技師の首席補佐。	メルボルンで土木技師8カ月間自営，NZオタゴ地方政府の技師補佐5カ月，ウェリントン地方政府の主任技師。 【土木学会入会申請書】

ラブアン	1年半，鉄道を検討 67年鉄道や縦坑建設のためラブアン石炭会社の主任技師兼マネージャー	5年間，ラブアンで主任技師。	65年12月着任，直ちに測量と積算。会社が労働者の手配，資金提供せず，在任中鉄道は建設されなかった。 92年 A・J・ウェストが軽便鉄道を完成。 【英国植民地省文書など】
南豪州〜セイロン〜横浜	69年健康を害し南豪州に移動し，豪州のインド的元利保証制度導入協会の顧問技師になった。 日本で鉄道建設の技師長に就任するため，それを辞し来日した。	南豪州の鉄道に関する報告を行う予定だったが，英国への帰途それを辞め日本赴任を受入れた。	69年6月から南豪州の新聞に名前が登場。ポート・オーガスタ鉄道の測量に携わり，建設のための資金呼込みに努力。 70年1月，南豪州の新聞紙上での論争。 2月21日，セイロンのゴールでH・N・レイと会談し，技師長就任を要請され，日本へ赴いた。【両者の往復書翰】 4月9日横浜着【JWM】
夫　人	紹介なし。	ハリエット夫人が，1871年11月6日に死亡したと紹介。	62年2月4日セント・パンクラス教会でハリエット・ワインダー（19歳）と結婚。70年6月7日夫人来日。71年11月6日夫人死亡。 【結婚証明書，結婚承諾書，死亡証明書など】 結婚直後の豪州，NZへは同行，ラブアンは単身赴任。

（註）『土木学会誌』，『ジャパン・ウィークリー・メイル』および筆者の調査により作成した。

世紀初頭でも相変わらず実務経験を重視し続けていたのは皮肉である。

報告書の公刊日から計算すると、着任早々の建議時にはこの報告書をモレルは未だ入手していない。しかし、ドイツやパリで教育を受けた体験から、また逆説的だが学業を全うしなかったがゆえに、モレルは学校教育・高等教育機関の重要性を痛感していたのではないか。つまり、この報告書の趣旨と同じ問題意識を抱いていた、と考えられる。

尊敬される理由

七二年一〇月に開業した新橋横浜間一八マイルは、高輪海岸の埋め立て工事があったが、隧道はなく大規模な橋は六郷のみという路線で（六郷橋用に浚渫機購入）、総費用は約三〇四万円であった。七四年五月に開業した大阪神戸間二〇マイルには、神崎川、武庫川の大きな川があり、また石屋川は天井川で隧道を通す必要があった。さらに神戸駅に直結する波止場や車両工場建設などがあって潜水道具購入など費用が増大し、四三二万円かかった。七七年二月に全通した京都大阪間二七マイルは、桂川に大きな橋を架けたが、二七七万円で収まった。マイル当たりで概算すると、それぞれ約三・四万ポンド、四・三万ポンド、二万ポンドとなる。人口密集地帯での全く初めての近代建造物で、見聞したこともないシステムの運営となるので、何かと費用が嵩むのはやむをえない。それにしても、モレルが測量試算していたラブアン島や南豪州の鉄道に比べ、五～一〇倍と並外れている。維新政府が費用圧縮に躍起となり、モレルもできるだけそれに応えようとした事情が理解できる。

八五年前後の営業利益率は、いずれも五〇～六〇％と高い水準を維持している。他方、投下資本利益率は、京浜間で一二％前後と問題はないが、京神間では五％を下回り、建設費の重圧が影を投げかけている。初期費用、建設費の削減が喫緊の課題だった。

八〇年七月に開業した京都大津間は、逢坂山隧道があったがほぼ日本人だけで掘削開通させ、鴨川橋は日本人が橋梁設計を行い、鉄材こそ輸入したが神戸工場で加工することなどにより、マイル当たり一・八万ポンドで済ませている。また八〇年段階で、東京高崎間は〇・七万ポンドと見積もられていた。

このように『工部省記録――鉄道の部』から、機材購入の減少、技術者や労働者の習熟による作業効率の改善、契約期間満了に伴う高給取りのお雇い外国人の解雇などが相俟って、急速な費用削減が実現していく概略を読み取ることができる。工部省の設置、工部大学校の創設、国産品優先など（B―3）〜（B―6）の建議を、日本政府が受け入れ、実行していったことが実を結び始めたのである。自立化の歩を着実に進めている。

本項のジグソーを付け加えることで、まさにモレルに対する「尊敬の理由ここに在り」といえよう。

残された課題

筆者がモレルの経歴と貢献に関心を持った契機となり、調べ始めた頃抱いた疑念は、調査の進展に伴い徐々に氷解していったが、他方現段階でも不明な点や腑に落ちない部分がいくつか残っている。今後の調査・研究課題としてその主なものを挙げておこう。

モレルが学んだというドイツやパリの技術学校とは、具体的にどこなのか。いつ・どのような科目と内容を学んだのか。また土木技師と対比されるウリッチでの教育は、どのように位置づけるべきか。

Mr. EDMUND MOREL, the only son of the late Mr. Thomas Morel, of Piccadilly and Notting Hill, was born on the 17th of November, 1841. He was educated at King's College, London, afterwards at technical schools in Germany and Paris, and subsequently studied at Woolwich for a commission in the Royal Engineers, which, however, his short sight disqualified him for. In May, 1858, he was articled to Mr. Edwin Clark, M. Inst. C.E., with whom he remained three years and a half. Leaving England, he served under the New Zealand Government, in 1862 and 1863, as Chief Assistant Road Engineer, and in the latter year was appointed Chief Engineer of the Province of Wellington. In 1864 and 1865 he was occupied with private practice, principally in Australia, and for the next year and a half in examining for a proposed railway in Labuan. In 1867 he was appointed Chief Engineer and manager for the Labuan Coal Company, to construct a railway, sink shafts, and open out mining arrangements. In 1869, his health breaking down, he proceeded to South Australia as Consulting Engineer to an association anxious to introduce the Indian guarantee system in that country. This

『土木学会誌』モレル「追悼記事」

クラークの下での修業とは、どのような内容だったのか。その間、何を身につけたのか。ニュージーランドでは、J・M・バルフォアやT・パターソンとの交流の他に具体的に何をしていたのか。また、豪州やニュージーランドで収入はどれくらいあったのか。ラブアンで、測量を済ませた後、一体何をしていたのか。また、ラブアンを離れた正確な日付はいつなのか。キャラハン総督から何を学び、ヘネシー総督から何を得たのか。モレルの能力や経歴における母方の伯父たちの具体的影響や助言を示す史料はあるのか。

以下は、筆者が挑んでみたが解決できていない課題である。

「タウンセンド委員会」で「東インドで、標準軌、四〇ポンド・レール、木製枕木で二〇マイルの鉄道を一マイル四〇〇〇ポンド弱で建設

situation he resigned on being appointed Engineer-in-Chief for the laying out and making certain lines of railway, and for the designing, constructing, and carrying out of other public works in Japan. The engagement was for five years, and was concluded with Mr. Horatio Nelson Lay, C.B., who was invested with certain privileges by the Japanese Government, at Point de Galle. On arriving at Yokohama, on the 9th of April, 1870, he at once proceeded to set out a line of railway between Tokei and Yokohama, 20 miles in length; the works on this, and on another length of 20 miles, between Kobe and Otaka, were commenced under him, but he did not live to see their completion. Mr. Morel had for some months been in declining health, a constitutional weakness of the lungs having taken the form of rapid consumption, to which he succumbed on the 5th of November, 1871. His wife survived him only twelve hours; and they were buried together in the cemetery at Yokohama on Tuesday, the 7th of November, 1871. His services were highly appreciated by the Japanese Government. His Majesty the Temio, hearing of his illness, sent a letter of condolence by the Vice-Minister of Works, accompanied with a gift of £1,000, within a week of his death; and all the expenses of his funeral the Government offered to defray. Mr. Morel was a man of great energy and sterling integrity. His career had brought him into contact with classes of men who turned his profession into a trade, and tended to make it the instrument of injustice to governments and the public; to these he had an extreme antipathy. It was with a true estimate of his character and services that the Japanese Government, on withdrawing the powers of their commissioner, requested him to continue those services, and undertook the satisfaction of any penalty that might have been incurred by this act. He possessed that fineness of sensibility so commonly found among men of talent, nor was he free from that desire for distinction which, when unsatisfied, becomes a source of irritability. He plainly saw, as disease made ever greater inroads on his constitution, that this ambition could never be satisfied. But he never murmured against the dispensations of a Providence which he regarded as inscrutable but all-wise, and his high religious sense taught him that unquestioning submission to its decrees was his duty, and the best evidence he could give of his faith in the wisdom of those mysterious dispensations.

Mr. Morel was elected an Associate of the Institution on the 23rd of May, 1865.

した」と説明しているが、その真偽を確かめる必要がある。なお『土木学会誌』や『メイル』の「追悼記事」にはそのような紹介はない。ハリエット・ワインダーの「出生証明書」を入手し、その家庭環境を知ること。レイとモレルの一五通にのぼる往復書翰を入手すること。ブライアントがレイを提訴したが、その裁判記録を入手すること。トロートマンがレイを提訴したが、その裁判記録を入手すること。

『土木学会誌』と『メイル』の「追悼記事」で紹介されている主な経歴を比較し、コメントを付した表を作った。また、経歴と技能形成の表も併せて参考にしてもらいたい。

参考史料・文献

作成に際し、主として本文で直接言及したもののみを取り上げたが、辞書・人物事典類、新聞、雑誌類は除いた。また外国の文献・史料の邦訳がなくても、日本語表題を付け、本文言及時の参考とした。

日本語・英語史料、日本語・英語文献の順に並べ、発行年は西暦表示としている。


岩波書店編集部編『近代日本総合年表 第二版』岩波書店、一九八四年。

大内兵衛・土屋喬雄編『明治前期財政經濟史料集成』第一〇巻、一九六三年。第一七巻ノ一、一九六四年（『明治前期』と略す）。

大蔵省造幣局編『造幣局百年史』大蔵省造幣局、一九七六年。

外務省調査部編纂『大日本外交文書』（『外交文書』と略す）。

『交通新聞』交通協力会、一九五七年一〇月一三日号。

国立公文書館内閣文庫『明治政府翻訳草稿類纂』全四九巻＋別巻、ゆまに書房、一九八六〜一九八七年。

立脇和夫監修『*The Japan Directory* 幕末明治在日外国人・機関名鑑』全四八巻、ゆまに書房、一九九六〜一九九七年。

逓信省鐵道局『鐵道附録』一八九九年。

鐵道院編『本邦鐵道の社会及經濟に及ぼせる影響』一九一六年。

鐵道省編『日本鐵道史』全三巻、鐵道省、一九二一年。

――編『鐵道一瞥』鐵道省、一九二一年。

「鉄道時報」刊行会編『復刻版　鐵道時報』八朔社、一九九八年。

寺岡寿一編『明治初期の官員録・職員録』寺岡書洞、一九七六年。

土木學會外人功績調査委員會編『明治以後本邦土木と外人』、一九四二年。

日本国有鉄道編『工部省記録―鐵道の部』全一〇巻、一九六三～一九八〇年（『工部省記録』と略す）。

――編『日本国有鉄道百年史』（全一四巻＋通史、年表・索引、便覧、写真、事典）、財団法人交通協力会、一九六九～一九七四年（『国鉄百年史』と略す）。

――編『日本国有鉄道百年写真史』、一九七二年（『国鉄百年写真史』と略す）。

日本国有鉄道総裁室文書課『鐵道寮事務簿』（二〇一四年、丸善学術情報ソリューション事業部企画開発センター商品開発グループから販売された『鉄道古文書明治前期鉄道行政資料集 鉄道博物館所蔵　DVD版』に採録されている。「工部省記録（鐵道之部）」「鐵道局事務書類」「鐵道庁事務書類」も収録されている）。

日本交通協会鉄道先人録編集部編『鉄道先人録』一九七二年。

日本史籍協會編著『陰陽暦對照表』覆刻版、東京大學出版會、一九七八年。

――編『大久保利通日記』覆刻版、東京大學出版會、一九八三年（『大久保日記』と略す）。

――編『木戸孝允日記』東京大學出版會、一九六七年（『木戸日記』と略す）。

――編『百官履歴』覆刻版、東京大學出版會、一九七三年。

松村昌家監修・解説『ヴィクトリア朝テーマ別シリーズ　ロンドン万国博覧会（一八五一年）新聞・雑誌記事集成』全三巻、本の友社、一九九六年。

早稲田大学大学史資料センター編『大隈重信関係文書一～一一』みすず書房、二〇〇四年～二〇一五年。

早稲田大学大隈研究室編『大隈文書マイクロフィルム』（『大隈文書M』と略す）。
Bevan, Amanda, *Tracing Your Ancestors in the National Archives*, 7th revised edition, the National Archives, 2006.
Burtchaeli, George Dames, and Thomas Ulick Sadleir, ed., *Alumni Dublinenses, a Register of the Students, Graduates, Professors and Provosts of Trinity College in the University of Dublin*, new edition, Alex. Thom & Co., 1935.（『トリニティ・カレッジ・ダブリン同窓生名簿』）
Cambridge University Alumni, 1261-1900.（『ケムブリッヂ大学同窓生名簿』）
Correspondence between Mr. Varnham, as agent to Captain Kreeft, contractor for the mail service between Wellington and Melbourne, and Dr. Featherstone, superintendent of the Province of Wellington, with regard to, the latter's refusal to pay what is justly due to Captain Kreeft by the Provincial Government. ニュージーランド、ダネディン市のホッケン図書館所蔵。（Correspondence between Mr. Varnham and Dr. Featherstone. と略す）
Dublin Directory（『ダブリン住所録』）
Dublin University Calendar（トリニティ・カレッジ・ダブリン『大学要覧』）
Foreign Office List（『外務省年鑑』）
General Index to the Old Ordnance Survey Maps of London（*Godfrey Edition*）*North-West London*, compiled by George C. Dickinson.（『ロンドン旧測量図索引』）
Johnson, David, *Wellington by the Sea: 100 Years of Work and Play*, David Bateman, 1990.
Keane, Edward, P. Beryl Phair, and Thomas Ulick Sadleir, ed., *King's Inn Admission Papers, 1607-1867*, Irish Manuscripts Commission, 1982.（『キングス・イン入学者名簿』）

London Streets Number Changes.（『ロンドン街路名称・地番変更』、英国国立公文書館図書館保有）

Miles, Frank R., compiled by, *King's College School : Alumini, 1831～1866, With Historical and Biographical Notes ; A Register of Pupils in the School under the First Headmaster, Dr. J. R. Major, 1831-66*（『キングス・カレッジ・スクール同窓会名簿』）

Old Ordnance Survey Maps, the Godfrey Edition のうち *the West End 1870, Notting Hill 1871, Holland Park & Shepherd's Bush 1871.*

Post Office London Directory（『ロンドン郵便住所録』）

A Preliminary Planning Report, prepared for the Federal Government of Sabah, 1975.（『予備計画報告書』）

Simons, Jack, and Gordon Biddle ed., *The Oxford Companion to British Railway History from 1603 to the 1990s*, Oxford University Press, 1997.（『オックスフォード英国鉄道史』）

The British Medical Journal（『英国医学誌』）

The Calendar of King's College, London（キングス・カレッジ・ロンドン『大学要覧』）

The Chronicle and Directory for China, Japan, and the Philippines, the Daily Press Office（『在中外国人名鑑』）

The Colonial Office List（『植民地省年鑑』）

The Law List（『法律家名簿』）

The Minutes of the Proceedings of the Institution of Civil Engineers（『土木学会誌』）

青木栄一「人物紹介②エドモンド・モレル」野田正穂・原田勝正・青木栄一・老川慶喜編『日本の鉄道――成立と展開』日本経済評論社、一九八六年、二五～二七頁。

——「3フィート6インチ・ゲージ採用についてのノート」『文化情報学——駿河台大学文化情報学部紀要』第九巻第一号、二〇〇二年、二九～三九頁。

青木槐三「紅白の梅とモレルの墓」『汎交通』第七四巻五号、一九七四年、一二～一五頁。

有賀宗吉『十河信二』(含別冊)十河信二傳刊行会、一九八八年。

伊藤博文「鐵道創業の事歴」帝国鐵道協會明治三五年第五回定期総會での講演。(沢和哉編『鉄道——明治創業回顧談』築地書館、一九八一年、四三～五七頁所収)。

井上琢智『黎明期日本の経済思想——イギリス留学生・お雇い外国人・経済学の制度化』日本評論社、二〇〇六年。

井上勝「帝國鐵道の創業」『鐵道時報』一九〇六年五月二〇日号・二六日号・六月二日号(沢和哉編『鉄道——明治創業回顧談』築地書館、一九八一年、六一～八三頁所収)。

上田廣『鉄道創設史傳』交通日本社、一九六〇年。

大隈重信「鐵道の創業と經營法」帝國鐵道協會一九〇二年第五次定期總會講演『鐵道時報』一九〇二年五月三一日号(沢和哉編『鉄道——明治創業回顧談』築地書館、一九八一年、二九～四一頁所収)。

——帝國鐵道協會一九二〇年七月一四日大隈新會長歡迎晩餐會での「會長大隈公爵の答辭」『帝國鐵道協會會報』第二一巻七號、八一～八五頁(「ゲージ問題など鉄道創業の回顧」沢和哉編『鉄道——明治創業回顧談』築地書館、一九八一年、一三八～一四九頁所収)。

小田千秋『研究社英米文学評傳叢書48——テニソン』研究社、一九三九年。

戒田郁夫『明治前期における日本の国債発行と国債思想』関西大学出版部、二〇〇三年。

柿崎一郎『タイ経済と鉄道——1885～1935年』日本経済評論社、二〇〇〇年。

柏原宏紀『工部省の研究——明治初年の技術官僚と殖産興業政策』慶應義塾大学出版会、二〇〇九年。

嘉本伊都子『国際結婚の誕生――〈文明国日本〉への道』新曜社、二〇〇一年。

川上幸義「レイとモレル間の往復書翰について」鉄道史資料保存会会報『鉄道史料』第一九号（一九八〇年七月）、一～四頁。

久米邦武編『米欧回覧実記』岩波文庫、一九七七年。

小池滋・青木栄一・和久田康雄編『日本の鉄道をつくった人たち』悠書館、二〇一〇年。

小松緑編『伊藤公全集』第一巻、伊藤公全集刊行會、一九二七年。

――編『伊藤公直話』千倉書房、一九三六年。

小山貞夫『絶対王政期イングランド法制史抄説』創文社、一九九二年。

齋藤晃『蒸気機関車の興亡』NTT出版、一九九六年。

――『蒸気機関車の挑戦』NTT出版、一九九八年。

――『蒸気機関車200年史』NTT出版、二〇〇七年。

沢和哉編『鉄道――明治創業回顧談』築地書館、一九八一年。
＊大隈、伊藤、井上らの回顧談が原典を明記して収録されており、鉄道創業期を知るには非常に有益である。本書でしばしば取り上げた武者の思い出話も、載っている。
――「エドモンド・モレル　新橋～横浜間の鉄道建設に尽くしたイギリス人」東京電力『地域開発ニュース』、二〇〇一年三月号。

重松優「香港総督ジョン・ポープ・ヘネシーと大隈重信」『社学研論集』第八巻、二〇〇六年、二三九～二五六頁。

篠原宏『日本海軍お雇い外国人――幕末から日露戦争まで』中公新書、一九八八年。

島崎藤村『夜明け前』筑摩書房、新装版藤村全集第一一～一二巻、一九六六年。

鈴木淳編『工部省とその時代』山川出版社、二〇〇二年。

――『維新の構想と展開』講談社学術文庫、二〇一〇年。

臺灣總督官房調査課『英領北ボルネオ要覧』、一九二六年。

立石信義『盛運・強運・幸運――石油と海運の三代記』文芸社、二〇〇五年。

田中時彦『明治維新の政局と鉄道建設』吉川弘文館、一九六三年。
＊モレルとレイとの往復書簡に依拠して、ゴール会談後のモレルの動向や心境についての説明があり、貴重な情報を提供してくれる。また往復書簡に基づき、モレル主導で軌間決定がなされたと述べている。
田中英夫『英米の司法――裁判所・法律家』東京大学出版会、一九七三年。

中山和芳『ミカドの外交儀礼――明治天皇の時代』朝日選書、二〇〇七年。

南条範夫『驀進』（文藝春秋『オール讀物』、昭和四三年一〇月特別号、二四四～二六一頁所収）一九六八年。南條範夫『旋風時代――大隈重信と伊藤博文』第一章「驀進」、講談社、一九九五年に再録。

野田正穂・原田勝正・青木栄一・老川慶喜編著『日本の鉄道――成立と展開』日本経済評論社、一九八六年。

林田治男「モレルの家系」『大阪産業大学経済論集』第一〇巻二号、二〇〇九年、七一～一〇二頁。

――「初代鉄道技師長E・モレルの経歴に関する諸説」『大阪産業大学経済論集』第一一巻一号、二〇〇九年、一九～七〇頁。

――『日本の鉄道草創期――明治初期における自主権確立の過程』ミネルヴァ書房、二〇〇九年。

――「モレルが軌間を決定した――「ガレ会談説」の提唱」『大阪産業大学経済論集』第一一巻二号、二〇〇九年、一五七～一七九頁。

原田勝正『鉄道史研究試論――近代化における技術と社会』日本経済評論社、一九八九年。

――『日本の鉄道』吉川弘文館、一九九一年。

――・青木栄一『日本の鉄道――100年の歩みから』三省堂、一九七三年。
松村昌家『ロンドン万国博覧会と水晶宮』本の友社、一九九六年。
――編『『パンチ』素描集――19世紀のロンドン』岩波文庫、一九九四年。
――・長島伸一・川本静子・村岡健次編『英国文化の世紀4　民衆の文化史』研究社、一九九六年。
武者満歌「明治三年頃の鐵道譚」『鐵道青年』第三四巻一〇号、一二一～一二五頁、一九四二年一〇月（沢和哉編『鉄道――明治創業回顧談』一五一～一五七頁所収）。
村岡健次『ヴィクトリア時代の政治と社会』ミネルヴァ書房、一九八〇年。
森田嘉彦「英技師、病弱押し近代“指南”　日本鉄道の父・モレルの生涯を追う」『日本経済新聞』一九九五年一一月一〇日朝刊の文化欄。
――「明治鉄道創立の恩人　エドモンド・モレルを偲ぶ」『汎交通』第九七巻二号、一九九七年、一二～一九頁。
山田直匡『お雇い外国人④交通』鹿島出版会、一九六八年。
横浜開港資料館編『R・H・ブラントン日本の灯台と横浜のまちづくりの父』、一九九一年。
Abbot, Rowland A. S., *The Fairlie Locomotive*, David & Charles Ltd., 1970.
Aoki Eiichi, "Edmund Morel; the Father of Japan's Railway." in *LOOK JAPAN*, Dec. 10, 1984.
Aoki Eiichi, Mitsuhide Imashiro, Kato Shinichi, and Yasuo Wakuda, *A History of Japanese Railways, 1872-1999*, East Japan Railway Culture Foundation, 2000.
Bennett, John Michael, *Sir William a'Beckett; First Chief Justice of Victoria, 1852-1857*, The Federation Press, 2001.（『サー・ウィリアム・アベケット』）
Brunton, Richard Henry, *Building Japan 1868-1876*, Japan Library Ltd., 1991.
――*Pioneer Engineering in Japan: a Record of Work in Helping to re-lay the Foundation of the Japa-*

nese Empire, 1868–1876. 徳力真太郎訳『お雇い外人の見た近代日本』講談社学術文庫、一九八六年。

Checkland, Olive, *Britain's Encounter with Meiji Japan, 1868–1912,* Macmillan, 1989. 杉山忠平・玉置紀夫訳『明治日本とイギリス——出会い・技術移転・ネットワークの形成』法政大学出版局、一九九六年。

Clark, Edwin, *The Britannia and Conway Tubular Bridges: with general inquiries on beams and on the properties of materials used in construction,* published with the sanction, and under the supervision of Robert Stephenson, London, 1850.（『ブリタニアとコンウェイ管橋』）

———, *A Visit to South America,* Dean and Son, London, 1878.

Dickens, Charles, *Nicholas Nickleby.*（『ニコラス・ニクルビー』）

Dickins, Frederic Victor, *The Life of Sir Harry Parkes, Sometime Her Majesty's Minister to China and Japan,* Macmillan, 1894. 高梨健吉訳『パークス伝——日本駐在の日々』（日本関係分のみ）平凡社東洋文庫、一九八四年。

Euclid's Elements. 中村幸四郎・寺阪英孝・伊東俊太郎・池田美恵訳・解説『ユークリッド原論（追補版）』共立出版、二〇一一年。

Evans, S. R., A. R. Zainal, R. W. K. Ngee, *History of Labuan,* 1995.（『ラブアンの歴史』）

Fairlie, Robert Francis, *Locomotive Engines. What They Are and What They Ought to Be,* printed by John King & Co., 1864, reprinted by T. Stephenson & Sons Ltd, 1969.

———, *Observations on the Construction of Railway Carriages, together with a paper on railways and their management,* London, 1868.

———, *Opinions of the Press on the Fairlie Engine,* London, 1868.

———, *The Result of Experiments with the Fairlie Locomotive,* lithographed, 1870.

——, *Railways or No Railways. Narrow Gauge, Economy with Efficiency, vs. Broad Gauge Costliness with Extravagance,* London: Effingham Wilson, Royal Exchange, 1872.

Forbes, F. E., *Five Years in China; from 1842 to 1847. with an Account of the Occupation of the Islands of Labuan and Borneo,* Richard Bentley, 1848.

Gerson, Jack J., *Horatio Nelson Lay and Sino-British Relations 1854-64,* Harvard University Press, 1972.

Gregory, Charles Hutton, *Practical Rules for the Management of a Locomotive Engine in the Station, on the Road, and in Cases of Accident,* David Price, 1841.

Griffis, William Elliot, *The Mikado's Empire,* 6th edition, New York, 1883. 山下英一訳『明治日本体験記』平凡社東洋文庫、一九八四年（原著第二部の全訳）。

——, *The Mikado: Institution and Person,* 1915. 亀井俊介訳『ミカド——日本の内なる力』岩波文庫、一九九五年。

Hall, Maxwell, *Labuan Story; Memoirs of a Small Island,* Chung Nam Printing Company, 1958.

Hearnshaw, F. J. C., *The Centenary History of King's College, London, 1828-1928,* George G. Harrap & Co. Ltd., London, 1928.

ICE（ed.）, *The Education and Status of Civil Engineers, in the United Kingdom and Foreign Countries. 1870.*（『土木技師の教育と地位』）

Mayes, Reg J., *Pictorial History of Port Augusta,* Rigby, 1974.

Mitford, Algernon Bertram Freeman, *The Garter Mission to Japan,* 1906. 長岡洋三訳『英国貴族の見た明治日本』新人物往来社、一九八五年。

Morel, Edmund, *Graving Docks in Hobson's Bay,* Samuel Mullen, Melbourne, 1863.（『ホブソン湾における乾

ドック』)

Morita, Yoshihiko, "Edmund Morel, a British Engineer in Japan," in *Britain and Japan: Bibliographical Portraits*, vol 2, pp. 48〜64., notes pp. 345〜347., edited by Ian Nish 1997.

＊一次史料に基づく調査、関連史料による信憑性や整合性のチェック、典拠を明記した議論展開により多数説とは異なるモレルの経歴と貢献を打ち出している。軌間選択などにも言及しており、『汎交通』第九七巻二号論文よりも、この英語論文のほうがより詳しい。

Niall, Brenda, *The Boyds; a Family Biography*, The Melbourne University Press, 2002.(『ボイド家の伝記』)

Pole, William, *Some Short Reminiscences of Events in my Life and Work: abbreviated from manuscript notes*, privately printed, London, 1898.(『ウィリアム・ポール自伝』)

Pool, Daniel, *What Jane Austen Ate and Charles Dickens Knew*, Simon & Schuster, 1993. 片岡信訳『19世紀のロンドンはどんな匂いがしたのだろう』青土社、一九九七年。

Pope-Hennessey, James, *Verandah: Some Episodes in the Crown Colonies, 1867-1889*, George Allen & Unwin Ltd., 1964.(『ヴェランダ』)

Sabah State Railway, *Sabah State Railway;100 Anniversary, 1896-1996.*

Sraffa, Piero, ed., with the collaboration of Maurice H. Dobb, *The Works and Correspondence of DAVID RICARDO*, Cambridge University Press, 1951-73. うち『リカードウ全集第X巻　伝記および大陸紀行』堀経夫訳、雄松堂書店、一九七〇年。

Tennyson, Alfred, *In Memoriam*, 1850. 入江直裕訳『イン・メモリアム』岩波文庫、一九三四年。

Thurston, Anne, *Records of the Colonial Office, Dominions Office, Commonwealth Relations Office and Commonwealth Office*, HMSO, 1995.(『植民地省、自治領省、英連邦省記録』)

Tregonning, K. G., *Under Chartered Company Rule*, University of Malaya Press, 1958.（『勅許会社支配下で』）
Watson, Garth, *The Civils ; The Story of the Institution of Civil Engineers*, Thomas Telford Ltd., 1988.
Wright, L. R., *The Origin of British North Borneo*, Hong Kong University Press, 1970.（『英領北ボルネオ起源』）

あとがき

鉄道草創期の研究を始めた時、日本人研究者による初代技師長エドモンド・モレルの経歴紹介の代表的なものをいくつか読んでいった。ところが、これらの説明に、ばらつきがあって、どうしても腑に落ちなかった。特に来日前経歴について、異なった説が混在している。

次に『土木学会誌』「追悼記事」を手にした時、日本語文献との間にいくつか差異があることに気づいた。さらに英国土木学会本部資料室で、モレルの「入会申請書」を複写した際、キャロル・モーガンさんが森田嘉彦氏の英語論文を教えてくれた。森田氏は、典拠を明示してモレルの生まれた年や場所、学歴、そして夫人の母国などについて修正を求め、これらの事実に基づいて、新しい説を展開している。

それ以降まず、日本語文献を読み直し、その間の異同を確認していった。さらに『鉄道寮事務簿』『大隈文書』などの日本の原典史料にもあたった。また「追悼記事」や「入会申請書」を手掛かりに一次史料を収集すべく、ロンドン滞在時には関係者の各「届け」や「証明書」を根気よく探し、キングス・カレッジ・ロンドンで入学手続きや成績表を閲覧した。調査に際し、肝に銘じたのは、正確な事実に基づく経歴の再構成である。

調査に関して、モレルという対象は幸運であった。そもそも英国にはモレルという姓は少なく、探すのにそれほど苦労しなかった。モレル一家はロンドンに住んでおり、容易に史料にアクセスできる。一八三七年七月以降の各「証明書」は、基本的に登記所で入手可能である。国勢調査個票も一八四一年〜一九一一年分は公開されている。加えて近年電子化が進められ、端末操作によって検索が可能となり、請求や印刷も容易となっている。

父方家族は主としてウェストミンスター区資料館と『郵便住所録』で、母方一族は『法律家名簿』と『オーストラリア人物事典』で、ほぼ概要を知ることができた。三七年六月以前の各「届け」や「遺言書」もどうにか探し出せた。豪州メルボルンとニュージーランドでの動向は、主に新聞記事で跡づけた。ボルネオ北部ラブアン島での経歴は、英国国立公文書館の植民地省文書で明らかになった。また、南豪州議会の委員会で証言しており、その内容もさることながら、〝モレルの肉声〟が伝わってくる。この間、できるだけモレル所縁の地を訪れ、心境を追体験しようと心懸けた。

カール・ポッパー流の「サーチ・ライト理論」を念頭に、調査と思索を進めた。作業仮説によって、対象物が見えるか否かだけでなく、どの部分が見えるのか、どのように見えるのかが異なってくる。史料自体は、本来何も語りかけてくれない。探索者が抱く仮説の良し悪しが、重要なことを引き出し汲み上げ、全体像の構成に組み入れられるかどうかを左右する。「史料をして語らしめる」のは、その研究者の仮説と推論である。広範で深い知識と冷徹なロジックが不可欠である。

心不在焉、視而不見、聴而不聞、食而不知其味〔『大學』〕

モレルは、日記や自叙伝の類を遺していない、自筆の手紙や原稿もない。そこで喩えていうと、モレルという人物の周辺を含めたジグソーの各片を数多く集め、少なくともシルエットとして、彼の功績や動機を語ることができる、と自らに言い聞かせて調査に励んだ。初めのうち、調査は順調に進展したが、そのうちに効率が落ちて気が滅入ることもあった。他方、予想もしていない事実を知り、幾度か高揚感に浸る時もあった。本書の執筆に意外な年月を要したのは、各片の収集に労力を要したこと、望外の事実により新たな解釈を迫られたことが挙げられる。

本書はモレルの経歴と功績を描いているので、一般向けを旨として執筆した。他方、典拠は開示しているので研究書としても耐えうる、と思っている。

一九八七年七月に亡くなられた山本英太郎先生（元山口大学教授）から、理論的整合性がないと単なる物知りに堕してしまう危険性を戒められ、論理構成力の切れ味を磨いておくよう諭された。故安部一成先生（元山口大学教授）は、二〇年余研究成果をなかなか出版しないので、山本先生に代わって小生の怠慢さを折に触れ叱責された。先生のお宅で随分苦い紅茶を喫し続けた。次はおいしさを味わうことができる、と確信していたが残念なことに二〇一一年一〇月末に亡くなられ、機会を逸してしまった。遅まきながらも、本書がお礼となることを祈念している。

故菱山泉先生（元京都大学教授）は、常々「典拠を明確にせよ」と仰っていた。さらに史料を精査しいる。

文献を読み解きながら思索に耽るという姿勢を、大学院と大阪産業大学での約一〇年間、身近で示していいただいた。また研究者の本分として禁欲を保ち、なにものにも阿《おもね》ることのなきよう折に触れて語りかけてくださった。瀬地山敏先生（京都大学名誉教授）は、初めてお会いした時「錐のように」集中した研究をせよ、と釘を刺された。やっと先生の忠告に応えることができたのではないかと思っている。

先生方に、研究者としての土台を作っていただいたことを、深く深く感謝している。

この研究テーマに関して特筆すべき先行者・恩人として、森田嘉彦氏（元国際協力銀行副総裁）に感謝したい。森田氏は、モレルの経歴調査と技能形成について先鞭を付けられた。森田氏は、本格的なモレル研究のパイオニアであると同時に、史料探索方法にも習熟しておられた。その貢献は「ガリレオ」であり「ケプラー」だといえよう。

筆者は、二〇〇三年夏の英国での調査から帰国してすぐに連絡をとり、秋にお会いした。森田氏から、ご自身の論文（日本語および英語）と『日経』文化欄記事の写しを頂戴した。加えてモレルの「出生証明書」「死亡証明書」、ハリエット夫人の「死亡証明書」、キングス・カレッジ・スクールへの「学費納入書」、およびフランク・マイルズ氏からの返信、モレルがメルボルン時代に書いた論文、それらの写しを後日送ってもらった。席上モレルに関する先行研究の稚拙さを嘆いておられたのが印象深い。モレルの経歴調査が進行し技能形成過程の全体像が浮かび上がってくるにつれ、そのお礼を兼ねて逐一報告しコメントをもらった。余談ながら、森田氏は本業が多忙を極め、自ら開拓したテーマを追求できないので歯痒さを感じられたのか、筆者が継承し拡大深化させていくごとに、いつも明るいジェラシーを含んで応対された。

島隆氏（元国鉄技師）とは、鉄道車両を研究テーマとし始めた時から交流が続いている。この分野では全くの門外漢だった筆者の稚拙な質問にも、丁寧に答えてもらった。モレルの経歴・技能形成の調査が進行していくにつれ、ハリエット・ワインダーとの結婚、ラブアン勤務、優秀な母方伯父の存在、狭軌選択の経緯の推論、技師長としての資質などを恩返しのつもりで適宜お伝えした。島氏は鉄道史への造詣も深く、コメントは適切で、折々の激励の言葉は実にありがたかった。十河国鉄総裁（当時）が若き日の島氏に語っていたという、モレルを高く評価する言葉を教えてもらい、一段と力が入った。

天野光三先生（京都大学名誉教授）は、モレルの経歴調査に関心を有しておられ、いつも元気づけられた。初めに来日前経歴に話がおよんだ際、即座に「北ボルネオに居たでしょう」と言われたことが印象に強く残っている。『土木学会誌』「追悼記事」で、ラブアンの場所を確認されていた。先生は日本の「土木史学会」創立者でもあり、その点からもモレル研究を温かく見守ってもらっている。

大林洋五先生（前山口大学教授）は、単刀直入に「研究者を志すなら、ギリシア悲劇の『オイディプス王』を読むべし」と薦められた。ギリシア時代以来の西洋の学問の方法として、その底流に脈々と受け継がれている実証主義の好例である、と。この忠告は本書で非常に役立った。

森建資先生（東京大学名誉教授）とは、英国国立公文書館で知り合った。筆者が研究テーマや調査方法を述べた際に、即座に国勢調査個票や遺産検認の存在を教えてもらった。お蔭で他の史料と補強しあって、技能形成における家庭環境を窺い知ることができるようになった。公文書館の近くで、何回か一緒に愉しんだ「午後の紅茶」が忘れられない。

東京大学の鈴木淳教授は、一八七〇年一二月七日付のレイの伊達・大隈・伊藤宛書簡を解読して下さった（第五章一節）。お蔭で、モレル採用の経緯について確認することができた。関西大学の柏原宏紀准教授には、大隈文書の「造幣局ヲ工部院内移管反対意見書」全文を読んでもらった（第六章）。モレルの建議を補強でき、技師同士の微妙な関係も窺い知ることができ、大いに援けられた。ここに記してお二人に感謝の意を表したい。

ＪＲ東海ロンドン事務所の方々には随分お世話になった。特にありがたかったのは、調査の進展具合を報告する際にもらうコメントだった。鈴木一真さん、上野直之さん、早川浩右さん、工藤靖之さん、中村明彦さん、そして八多義徳さんたちに鉄道マンや技師の観点から、調査や研究の方向性およびその軌道修正という面でたくさんのヒントをもらった。特に上野さんの高校時代の担任ということで、先行研究者の山田直匡先生と接触できたのは、印象深い。

前述の人たちは、多元的な側面で援助してくださった。

英国土木学会は、謝辞を記し学会本部の図書館に献本することを条件に、モレルの「入会申請書」（第二章四節）、「追悼記事」（第六章末）の著作権を請求せず、本書に採録することを快諾してくれた。さらに、資料係キャロル・モーガンさんにお礼を申し述べたい。モレルを含め英国人鉄道技師の経歴調査のため、ウェストミンスターにある学会本部に何回も足を運んだ。彼女は、英会話の苦手な筆者を温かく迎えてくれ、厭うことなくその都度手際よく史料を取り出してくれる。「入会申請書」『加入者名簿』「追悼記事」などの閲覧と複写に際し、便宜を図ってくれる。土木学会本部から程近いウェストミンスター区資料館利用も、彼女の教示による。

ウェストミンスター区資料館では、一八三七年六月以前の諸「届け」の探索と複写でお世話になった。筆者の拙い英会話力で、モレル家を中心に家系調査が進展できたのは、同資料館の係員の親切な応対に負っている。一九世紀前半における特定家族の調査をしている東洋人に対しても、調査目的を説明すると、彼らは快く協力してくれた。お蔭で、史料発掘の腕が上がった、と自覚できた。

キングス・カレッジ・スクールのブライアン・ストークス氏には、二〇〇九年夏同校訪問の折、同校出身者の史料をいくつか複写させてもらった。モレル研究者が「実際に本校を訪れたのは、あなたが初めてです」と言われ、驚くと同時に現地調査の必要性を痛感した。お互いの史料を物々交換したことが鮮明に記憶に残っている。バス停までの帰途、スクールの歴史とキャンパスの説明をしてもらった。

キングス・カレッジ・ロンドン資料室の係員には、工学部への「学費納入書」、出席・成績表、および『大学要覧』の閲覧でお世話になった。この手法は、他の技師の学歴調査でも参考となった。副産物として、母方従兄たちの成績も明らかとなり、思わず微笑んだ。チャペルのパイプオルガンは、しばしば憩いのひと時を提供してくれる。

ウェストミンスター・スクールのリタ・ボスウェルさんは、アベケット兄弟の調査を手伝ってくれた。在学期間だけでなく学費もわかり、母方祖父の教育熱心さが伝わってきた。

二〇〇六年一月、ラブアン時代の足跡を調査しに行った時には、コタキナバルのサバ州立図書館で大変お世話になった。来意を告げ調査項目を伝えたら、突然の訪問にもかかわらず、ユニス・ロージンさんが丁寧に応対してくれた。モレル関連の史料はなかったが、ラブアン鉄道に関する文献を手際よく探し出し、複写も手伝ってくれた。お蔭で経歴上ラブアン時代の位置づけが長足の進展を見せた。その前々日には、ラブアン島の博物館、煙突資料館も訪問し、場所を確認し気候を体験でき、モレルの気持ちに思いをめぐらせていた。

メルボルン市在住のジョン・ローリー氏は、曾祖父の「修行証明書」、土木学会「準会員証」「会員証」を、二〇一〇年九月訪問の折、筆者に提示してくれた。モレルの経歴やステータスを示すものとして、援用できた。引退した技師であるローリー氏は、赴任の動機を論じている際、筆者の日本特殊論を戒めつつ自らの経験を挙げながら技師の天職意識を説明してくれた。旧市街北部にアベケット通りがあることも教えてくれた。BGMでかけてくれたバッハのチェロ曲、ディナーで酌み交わした赤ワイン、別れ際に見上げた南十字星が忘れがたい。ローリー氏には後日、曾祖父が保有していた日本の鉄道初期の貴重な写真の複写を、手書き史料と同時に送ってもらった。また本書出版に際し、それらを口絵に使用することを快諾してもらった。

ジョン・イングランドのことを、本書で多めに取り上げたのは、ローリー氏に対する感謝の意もある。この謝辞で、あらためてお礼を申し上げたい。

武者満歌の経歴調査の折、立石信義氏の本を知った。失礼をも顧みず、立石氏に連絡したところ、武者の家系と本人の経歴を記した史料などを送ってもらった。立石氏の厚意により使用することができ、出自を問わず能力によって人材活用を図っていた鉄道掛の姿勢も窺い知ることができた。ここに記して、感謝の意を表したい。やや脇道にそれるが、『太平記』巻二四の「天龍寺供養事付大佛供養事」(岩波古典文学大系三五、四三五頁)、巻二七の「御所圍事」(同三六、七〇頁)に伴野出羽守長房が出てくる。その名前から、武者家の先祖の可能性が高い。

大阪産業大学は、ここ十数年、研究費助成の面で筆者の研究を支えてくれた。経済学部は、休みを利用したこの期間中の英国での現地調査にも理解を示してくれた。大阪鉄道学校を始祖とする大学の綜合図書館の文献や資料も役立った。成果として出版でき、微力ながらも還元できたと思う。

メアリー・リーンさんに感謝の意を表したい。彼女は、筆者がロンドンに行くたびにホスト・レディーとして温かく受入れてくれる。手料理のアイリッシュ・ディナーと紅茶は、滞在中の最高のエネルギー源であり寛ぎである。花の好きな彼女は庭の手入れに余念がないが、小生が紅茶を所望すると、夜遅くでも手を休めて準備してくれる。この間、徐々に進行していくモレルの経歴・家系調査を説明するごとに一緒に喜んでくれたことが鮮やかに思い出される。十数回にわたる長いロンドンでの愚直な禁慾生活を無事乗り切ってこられたのは、このような彼女の親切に負うところが大きい。彼女は、謝辞を明記した本書の出版を心待ちにしている。

本書の出版に関して、ミネルヴァ書房と担当者の堀川健太郎氏に一方ならぬ世話になった。前書とは異なるスタイルで、戸惑いが多く執筆と書き直しに年月を要した。教養書の書き方について繰り返し手解きを受けたが、なかなかうまくできず随分と煩わせてしまった。年数がかかった分、モレルの遺言書や南豪州議会での証言など望外の収穫が得られた。冒頭の凡例で本文を簡素化でき、「巻末史料」で読み易くなったのも、堀川氏のご教示だった。逐一典拠を明示することも許容してもらった。堀川氏の激励と指導により、どうにかまとめることができ、少しはその労に報いることができたと思っている。

二〇一八年五月

たどり来て、未だ山麓〔升田幸三〕

一六〇年前、技師の道を歩み始めたモレルの遺徳を偲びつつ

林田治男

エドモンド・モレル略年譜

和暦	西暦	齢	関係事項	一般事項
文政八	一八二五			9月ストックトン・ダーリントン間に世界初の鉄道が走った。
一一	一八二八			2・24ハリー・スミス・パークス誕生。6月英国土木学会創立。
天保八	一八三七		バリスターの伯父ウィリアムⒷ一家が豪州へ移住。	
九	一八三八		9・22父トーマスⓂ（〇八年五月三日生まれ）がエミリー・エリザベスⒷ（一五年三月一〇日生まれ）と再婚。祖父ウィリアムⒷは、ハムステッドに住み、ゴールデン・スクエアでソリシターに従事。外科医の伯父アーサーⒷが豪州へ移住。	和暦2・16（3・11）大隈重信誕生。
一〇	一八三九		10・5姉エミリー誕生。	
一一	一八四〇	0	11・17（和暦10・24）エドモンド・モレル誕生。生地はイーグル・プレイス一番地表記。父トーマスは、叔父ヘンリーⓂ（一四年八月生まれ）、スティーヴ	アヘン戦争（~42年）

			ンⓂ（二〇年四月生まれ）と一緒にピカデリー二一〇・二一一番地でイタリア商品卸商およびワイン商をしていた。	
一二	一八四一	0	5月叔父チャールズⓂが破産し、法律家資格を失い一家は没落。モレル家はピカデリー二一一番地をウーリィに売却し、七〇年までの賃借り契約を結ぶ。	和暦9・2（10・16）伊藤博文誕生。10月パークスがマカオに到着。
一三	一八四二	1	5・13画家の叔父ルイⓂが神経性熱病で死亡（二九歳）。9・11妹アグネス誕生。	5月から、パークスが英国全権特使の書記官兼通訳間の下で働く。
一四	一八四三			和暦8・1（8・25）井上勝誕生。9月パークス広東英国領事館勤務。
弘化三	一八四六	5	8・1母エミリーが事故死（三一歳）。	
嘉永三	一八五〇	9	5・16父が、クリスティアーナ・ロッダー・ブッド（四二歳）と再婚。のち一家はノッティングヒルに転居。父はピカデリーの店に通う。伯父トーマスⒷが豪州へ移住。	
四	一八五一	10		5・1～10・15ハイドパークでロンドン万博開催。
五	一八五二	11	1・24伯父ウィリアムⒷが、豪州ヴィクトリア州初	

六	一八五三		代最高裁長官に就任。11・24爵位を受け「サー・ウィリアム」となる。	4・1アジア初の鉄道開通（ボンベイ・ターナー間）。**和暦**6・3（7・8）ペリー浦賀来航。
七	一八五四	13	1月からサー・ウィリアムⒷの息子三人が、キングス・カレッジ・ロンドンで学ぶ。全員中退。	**和暦**3・3（3・31）日米和親条約調印。**和暦**8・23（10・14）日英和親条約を長崎で調印。**和暦**11・27嘉永に改元。
安政二	一八五五		2・23祖父ウィリアムⒷが、ハムステッドで死亡（七七歳）。	
三	一八五六		8・30バリスターの伯父ギルバートⒷが、チフスに罹り、仏で客死（四五歳）。	
安政四	一八五七	16	2月伯父サー・ウィリアムⒷが、最高裁長官を辞任引退。秋の一学期間、キングス・カレッジ・スクールに、ノッティングヒルの自宅から通学。	伊藤が松下村塾で学ぶ。
五	一八五八	17	1月キングス・カレッジ・ロンドン工学部入学。レント学期（春）、ミクルマス学期（秋）に学び、イースター学期（夏）は大部分を欠席。5月から三	**和暦**6・19（7・29）日米修好通商条約・貿易章程を江戸湾の米艦上で調印。**和暦**7・18

			年半、エドウィン・クラークに師事。	（8・26）日英修好通商条約・貿易章程を江戸で調印。
万延 一	一八六〇	20	11・24父がノッティングヒルの自宅で、肝硬変で死亡（五二歳）。遺言執行人は、伯父サー・ウィリアムⒷ、伯父アーサーⒷ、叔父スティーヴンⓂ。大半の遺産（三万磅弱）は子供三人で等分。以降、義母姉妹が別々に暮らす。翌年4月時点で姉エミリーは、帰国していた伯父サー・ウィリアムⒷとサリー州サービトンに同居。	和暦3・3（3・24）桜田問題の変。 和暦3・18万延に改元。
文久 一	一八六一	20		和暦2・19文久に改元。
二	一八六二	21	2・4ハリエット・ワインダー（一九歳）とセント・パンクラス教会で結婚。8・18叔父ヘンリーⓂがスコットランドのキースで自殺（四八歳、一万磅弱の遺産）。	和暦12・12（1・31）長州藩士が品川御殿山に建設中の英国公使館を焼き討ち。
三	一八六三	22	4・17モレル夫妻が豪州メルボルン到着。伯父トーマスⒷの助力を得て、クラーク特許の「乾ドック」建設を推奨。10月小冊子『ホブソン湾における乾ドック』をメルボルンで発行。11月メルボルンでの「乾ドック」は不採用と決定。その後、NZのオタゴへ移動。	和暦5・12（6・27）長州五傑が横浜から密出国し、英国留学の途に。

元治一	一八六四	23	9月NZウェリントンでの地位に関して当局と齟齬を生じ、オタゴに帰る。11月オタゴからメルボルンへ移動。	和暦2・20元治に改元。伊藤が井上馨と共に帰国。
慶應一	一八六五	24	4・11夫妻で英国に帰る。5月土木学会に「準会員」として加入。10・2ロンドンを発ち、10・5マルセイユ出港。12・13北ボルネオのラブアン島に到着。ただちに鉄道建設の測量と積算を行う。ラブアン総督キャラハン（六七年二月まで在任）にかわいがられる。	和暦4・7慶應に改元。和暦閏5・2（6・24）日本駐在公使に任命されたパークスが長崎到着。
二	一八六六	25	2・3鉄道予定線は七マイルで、約三万磅の総費用で建設可能と報告。10・18姉エミリーが、医者のジョージ・ジェームズ・スティルウェル（三三歳）と、パディントンで結婚。翌年七月ジョージ死亡。	和暦12・25（1・30）孝明天皇崩御。
三	一八六七	27	12・21ラブアン社の苦境について、ピットマンと連名で手紙。	和暦10・13（11・8）討幕の詔書。和暦10・14将軍慶喜が大政奉還上表を朝廷に提出。和暦12・9（1・3）王政復古の大号令。
明治一	一八六八	27	7・4、7ラブアン社の残務処理などの件で、ラムズデンと連名で政庁宛に手紙。	和暦2・30（3・23）パークスが明治天皇への謁見参内途中に

二	一八六九	28	5・6ウォレスとメルボルンへ向かい、一二日到着。5・21南豪州アデレード到着。6月「ポート・オーガスタ鉄道」の測量。6・27伯父サー・ウィリアムⒷがサリー州で死亡（六二歳）。9・22から南東部鉄道の測量開始。11・3「タウンセンド委員会」で証言。12・14メルボルンに向かい、12・21アデレードに戻る。年末から年始にかけ、オタゴの技師に手紙を出していた。	京都市街で襲撃される。和暦9・8明治に改元。和暦8・11（9・16）大隈が民部大蔵大輔、伊藤が同少輔に任命される。和暦10・10（11・13）井上勝造幣頭兼鉱山正に。和暦11・5（12・7）三条邸会談。和暦11・12〜26（12・14〜28）日本政府、レイと一連の契約。和暦12・19、22（1・20、23）「別項約書一、二」。
三	一八七〇	29	1・8匿名の土木技師が新聞紙上で「ポート・オーガスタ鉄道」計画を批判。数名の技師を巻き込み論争。2・2アデレードを出港。2・21ゴールでレイと会談し、雇用契約締結。3・26トロートマンと面会し「上海契約」締結。4・9（和暦3・9）トロートマンと同船で横浜到着。パークスに歓待され、その紹介で日本政府高官と面会、日本政府と雇用契約を結ぶ。4・16ハリエット夫人が英国を出発。4・19（和暦3・19）伊藤博文に人材育成な	4・23（和暦3・23）レイがロンドンで九％利付「日本関税公債」一〇〇万磅を公募。和暦5・2（5・31）井上勝が鉱山事務専任に。和暦6・1（6・29）レイに対し「破棄命令書」。和暦7・10（8・6）大隈・伊藤が民部兼任を解かる。和暦9・2（9・26）大隈参議。和暦

			どを進言。5・28（和暦4・28）伊藤に工部省・工部大学校の設立などを建議。6・7ハリエット夫人が横浜到着。	12・6（和暦閏10・14）レイとの示談成立。12・15「修正命令書」でオリエンタル銀行に鉄道敷設を委任。
四	一八七一	30	5・20南豪州の新聞に投稿（掲載は八月三日）。5・29伯父アーサーⒷが死亡（五八歳）。10・28（和暦9・15）鉄道差配役カーギルに二カ月間の療養を申請。10・30ハウエル、ブリンクリー立会いの下に「遺言書」書き換え。10・31インドへの二カ月間の療養が許可され、五〇〇〇円の療養費を下賜される。11・5（和暦9・23）モレル死去、11・6ハリエット夫人死去。11・7夫妻の葬儀。11・11『メイル』にモレルの葬儀・追悼記事。	パークスが下賜休暇で七三年二月まで英国滞在、岩倉使節団を接待。和暦6・25（8・11）大隈参議を解かれ、和暦6・27大蔵大輔。和暦7・14（8・29）大隈再び参議に。和暦8・15（9・29）井上勝が鉄道頭就任。和暦9・20（11・2）伊藤が工部大輔に。和暦10・8（11・20）伊藤が岩倉使節団の副使に。
五	一八七二		1・23南豪州の、2・3ＮＺの新聞にモレルの死亡記事が掲載される。	和暦9・12（10・14）新橋横浜間の鉄道開業式。和暦10・25（11・25）大隈・伊藤が鉄道創建で恩賞を受ける。和暦12・3を一八七三年一月一日とし、以降太陽暦を採用。

六	一八七三	『土木学会誌』三六巻にモレルの「追悼記事」。3・14太政官布告一〇三号により国際結婚が認められた。	9・13伊藤帰朝。10・25伊藤が参議兼工部卿に。
九	一八七六	1・10叔父スティーヴンⓂ急性気管支炎で死亡（五五歳、二万磅弱の遺産）。以後モレル家の者は店の経営に携わらず。	
一〇	一八七七	6・6義母クリスティアーナがイーストボーンで肝硬変のため死亡（六九歳、一五〇〇磅弱の遺産）。7・24モレルの遺産検認。遺産額は、四〇〇〇磅弱。	10・5南豪州ポート・オーガスタからファリナまで鉄道が開通。
一六	一八八三		8・22明治天皇主催のパークスの送別午餐会。8月末パークスが日本を去り、北京駐在公使に就任。
一八	一八八五		3・22パークスが過労のため死亡（五七歳）。
二五	一八九二	7・1伯父トーマスBがメルボルン近郊で死亡（八二歳）。	
二六	一八九三		全長八マイルのラブアンの鉄道が完成（一九一一年廃線）。
三一	一八九八	7・17妹アグネスがロンドン郊外ワンズワースで乳癌で死亡（五五歳、八六〇〇磅強の遺産）。	

昭和　四	一九二九		6・12姉エミリーがロンドン郊外ブロムリーで老衰で死亡（八九歳、八〇〇〇磅弱の遺産）。

▨日本での動向については、「『メイル』関連記事」「陰陽暦対照月表」に譲り、ディキンズ『パークス伝』『近代日本総合年表』『陰陽歴對照表』などを参考に作成した。関連する事項は続け、性格が異なるのは一文字分空け、年齢はモレル関連事項の最初の時点での満年齢とした。Ⓜはモレル、Ⓑはアベケットを指す。

巻末史料

本書の論旨を追うのに重要だが、本文中に入れると冗長になると思われるものを、時系列的に巻末史料としてまとめた。本文で十分に説明できなかった詳細を、参考にしてもらいたい。
なお原文に適宜ルビや句読点を補い、〔 〕内に引用者註を加えている。

①法律家の区分と呼称

モレルの周辺には法律家が多く登場する。母方祖母一家は法曹一家である。祖父と三人の伯父が法律家であり、叔母も法律家と結婚した。父の再婚相手は法律家の娘（モレルの実母）で、父方叔父の一人は法律家になり、末の叔父は法律家の娘と結婚した。

当時の英国における裁判所や弁護士の区分がやや込み入っているので、整理しておこう。一九世紀初頭の英国には衡平法（Equity）、普通法（Common law）、教会法（Church law）の三種類の法律があった。それらの法に基づいて審理する裁判所が、それぞれ【A】衡平法裁判所（大法官庁 Chancery）、【B】普通法裁判所（王座裁判所 King's Bench〔女王の場合に、Queen's Bench〕、民事訴訟裁判所 Common Pleas, 財務裁判所 Exchequer）、【C】海事・教会裁判所（宗教裁判所 Consistory Court、カンタベリー大主教裁判所 Archbishop Court、大権裁判所 Prerogative Court、特許裁判所 Faculty Court、海事裁判所 Admiralty Court）と分かれていた。

公文書館で裁判記録を閲覧しようとする場合、C、KB、CPなどの符合が付されているのはそのせいであり、検索する場合も便利である。

弁護士も大別すると、法廷に立って実際に弁論する弁護士と、彼らのために裁判の準備をし、依頼人の要請を受けて、

法廷と弁護士の区分

裁判所名	法廷弁護士	事務弁護士
【A】衡平法裁判所	バリスター (Barrister)	ソリシター (Solicitor)
大法官庁		
【B】普通法裁判所	サージャント (Serjeant)	アトニー (Attorney)
王座裁判所，民事訴訟裁判所，財務裁判所		
【C】海事・教会裁判所	アドヴォケイト (Advocate)	プロクター (Proctor)
宗教裁判所，カンタベリー大主教裁判所，大権裁判所，特許裁判所，海事裁判所		

その法廷弁護士を雇う事務弁護士に分かれていた。つまり弁護士といっても多様で、裁判所つまり法体系ごとに分かれていた。

一九世紀半ば過ぎに、サージャントが廃止され、一八五七年に議会が遺産検認と結婚に関する司法権を教会裁判所から普通法裁判所に移したので、アドヴォケイトは職を失い始め、七三年にはその地位は完全に廃止された。また七三年に上級裁判制度が再編成されたのに伴い、アトニーも廃止された。その結果、バリスターとソリシターという二つの職名だけが残された。極めて例外的な場合を除き、依頼人は直接バリスターに依頼できない。しかし下位裁判所ではソリシターにも弁論権が認められている。そこで本書では、法廷・事務弁護士の呼称を避け、バリスターやソリシターなどの用語をそのまま使用した。なおスコットランドでは、今日でもアドヴォケイトがイングランドのバリスターに相当する名称である。

ところで法曹学院のうち、伝統的にリンカーンズ・インは衡平法が、インナー・テンプルとミドル・テンプルは普通法が専門であった。グレイズ・インは特に専門はなかったようである。そこでバリスターを志す者は、希望分野に応じて法曹学院を選んでいた。

以上、田中英夫『英米の司法——裁判所・法律家』（東京大学出版会、一九七三年）一七八～二一四頁を中心に、筆者がまとめた。

②南豪州議会議事録　一八六九～七〇年、第三巻一一九号

一八六九年一一月三日（水）、モレルが「タウンセンド委員会」に召喚され証言した。以下その速記録の翻訳である。訳出に際し、委員からの質問にはその最後に〝?……〟を、モレルによる確認質問には単に〝?〟を付した。またモレルが多用している〝Well〟は略すなど簡潔と意訳を心掛けた。冒頭番号は、一〇月一六日（土）ウォレスへの質問を最初とする委員会での通し番号を示しているが、下一桁が〝一〟の場合のみ明記した。


《一〇七六、タウンセンド議長》氏名は?……エドモンド・モレルです。

職業は?……土木技師です。

鉄道建設の経験は豊富ですか?……かなり豊富で、数年間実務に携わっています。

当植民地で、ウォレス氏と同行していますね?……はい。

ポート・オーガスタ以北の鉄道建設で、専門的アドヴァイスを得るのが目的ですか?……はい。

《一〇八一》ポート・オーガスタ以北の地に行ったことがありますか?……はい、ウォレス氏と建設予定線を調べました。

二〇〇マイルの建設予定路線には、技術面で大きな障害がありますか?……いいえ。

クリーク〔原野を流れる川〕をまたぐ橋があるでしょう?……この地に行ったことのある人から話を聞いていた以上に多くの橋を架けなければなりません。いくつか橋を架けるべきです。これらのクリークは、乾季には大したことはないようですが、洪水の時には厄介で、頑丈な鉄橋が必要でしょうね。

自らの見聞に基づいて話す際に、当地に来る前に得ていた情報も考慮していますか?……いいえ、この地域を熟知している人と一緒に行く以前のことを申し上げている際には。

その人たちは専門的に善悪を判定するのに相応しいですか?……それについては知りません。

一八六七年二二号法は、一マイル当たりの建設費を三七五〇ポンドと規定していることをご存知ですか?……はい。

三〇年保証という条件で、この種の鉄道が一マイル当たり三七五〇ポンドで建設できるとお考えですか?……会社の公式代理人であるウォレス氏は四〇〇〇ポンドかかると考えていますし、私も先に申し上げた橋の特徴を単純に計算に入れると、もう二五〇ポンド必要だと思っています。

しかし、あなた自身一マイル当たり三七五〇ポンドで、恒久的な鉄道を建設できるとお考えでしょう?……よくは知りませんが、この状況では四〇〇〇ポンドを要すると考えています。あらゆる状況を加味すると、四〇〇〇ポンド以下での建設は不可能だと思います。この状況では、四〇〇〇ポンドがぎりぎりの線です。

具体的に、どのような状況をお考えなのですか？……まず、建設地の環境です。次に、水の問題があり、またもちろん建設に伴って様々な問題が出てくるでしょう。

ほぼ平坦なイングランドと似たような地域での平均的な建設費はいかほどですか？……ご存知のように、当地の鉄道とイングランドの鉄道を比較することはほぼ不可能です。考慮事項として、イングランドでは議会対策費、事前準備費、土地購入費などが大きなウェイトを占めています。結局、当植民地の鉄道は、ほぼコンスタントに建設していくべきだということを肝に銘じておいてほしい。土地の価格が移ろいやすいもう少し入植が進んだ所に比べて、先ほど並べたような影響を及ぼす要因は全くありません。

《一〇九一》私は土地の価値を言っているのではなく、鉄道建設に際し実際に要する一マイル当たりの費用を尋ねているのです？……当地とイングランドでは、考慮すべき相違点がいくつかあります、例えば運ぶ荷物の種類や土木作業費の違いなどです。

同様に、賃金率の違いもそうですか？……はい、もちろんそうです。

工事開始から完工までにどれくらいかかるとお考えですか？……技師としての私に、お尋ねでしょうか？

つまり、通常の勤勉さ〔〝さぼり〟などがない〕で遂行されるとして〔質問の意味を確認〕？……一八カ月ほどだと思っています。

一八カ月で完工するには、どのような人材を要しますか？……三〇〇～四〇〇人ほどでしょう。と申しますのは、同時にすべての橋の工事にとりかかる必要があるからです。

ウォレス氏が代理人をしている会社にアドヴァイスしなければならないとしたら、あなたはイングランドから工夫《こうふ》を連れて来るように伝えますか？……はい。仕事ができ、場数をこなした相当数の工夫頭が必要です。申し添えておきたいことは、私の意見として一八カ月の工事期間と言っているのは、技師ならば、一八カ月で仕上げることを期待されて然るべきであるという意味です。他方まことに遺憾ながら、会社の立場で申し上げていることもお含みおきください。

一八カ月間で完工できるというのは、単に私の意見にすぎません。

工事が精力的になされた場合には、一八カ月で完工可能だと信じているのですね?……はい、仰る通りです。

資材が到着しない場合に生じる障害を計算に入れておられますか?……もちろん、不測の事態も考慮すべきです。異常気象、例えば洪水が発生し、橋の予備工事のようなものを洗い流すことがあるかもしれません。もちろん、あらゆる事態を想定しておくべきです。

鉱産物の掘削について深い造詣をお持ちですか?……はい、東洋の大きな炭鉱のマネージャーとして二年間の経験があります。

銅鉱山の知識をお持ちですか?……いいえ、ほとんど持っていません。一般的な理論的知識程度です。

《一一〇一、公共事業理事コルトン》モレルさん、あなたご自身で見積もりされたのでしょうか、それとも側面援助しただけでしょうか?……ええ、費用の見積もりを手伝いました。

当線の建設に当たり、資材使用について何か提案しましたか? またレールの〔強度を表す〕重量は?……〔一ヤード当たり〕四〇ポンド・レールです。

枕木は?……鉄製枕木です。

枕木は、鉄製の方が木製よりも勝っている、とお考えでしょうか?……はい、このクラスの鉄道で、この種の地域では、鉄製の方が圧倒的に適しているということが実証されています。

そうですか?……はい、沙漠地帯のエジプトの鉄道では、全部鉄製枕木で建設されています。

鉄製枕木の耐久性についてのご意見は?……使える年数のことでしょうか?

ええ〔質問の意味を確認〕?……鉄製枕木は、他の枕木とほとんど同じで、その耐久性はその上を走る車両の種類に大きく依存しています。実際、そういうことです。

ノーザン線のような、通常の運行車両の場合を尋ねているのですが……。あなたの意見では、木製枕木よりも持ちが良いということでしょうか?……はい、木製よりもはるかに持ちが良いですね。

費用比較を詳細になさったのですか?……鉄製枕木は初期の購入費が嵩みますが、ノーザン鉄道に敷かれていくにつれ木製枕木よりも安価になることがわかってくるでしょう。第一に鉄製は扱いがはるかに楽です。それに、長持ちしますし、半永久的に敷くので、かえって時間の節約になります〔維持管理の手間を省ける〕。今申し上げている枕木は、特に短期間内建設に適しているという点です。

維持管理について、鉄製と木製枕木のいずれが費用はかからないでしょうか？……鉄製です。

もちろん単なる手間暇の問題として、木製枕木を交換するとなると、長い距離にわたって多くの人員を必要としますから。しかし鉄製枕木だと一度で済ますことができます。交換の必要が生じた場合でも、トロッコに枕木を積んで行って、そこで交換すればいいので、ほんの二〜三分しかかかりません。

《一一一》かなり安価なのでしょうか？……相当安く済みます、単純な理由として、賃金費用の節約になりますから。

あなたご自身の知識と経験から、今お話しされているのですか？……はい、私自身の知識からです。

当地のような所では、木製枕木より鉄製の方が好ましいとのお考えですか？……はい、特別な理由を示すので、すぐにお分かりになるでしょう。鉄製枕木には平皿カヴァーのような穴があります。湿気の多い沖積地あるいは石ころだらけの所では、しっかりと固定するのが難しいので適していません。他方砂の多いところでは、下をしっかりと固定でき、どこでも支えることができます。ほぼ半永久に長持ちしますし、固定するのも難しくないですね。

すると、初期費用を長持ちすることや維持管理と照らし合わせると、鉄製枕木の方が木製枕木よりも安価だし優れている、とお考えなのですね？……はい、そのようなところでは、無数の事例で証明されており、使用されてきたところでは、事実そうです。

この路線を鉄製枕木を使って建設するには、一マイル当たり四〇〇〇ポンドかかるとお考えですか？……はい、そうだと考えています。

橋の規模はどうですか？……相応の規模が必要です。橋脚間三〇mになるのが三〜四あるでしょう。

ハムリー橋をご覧になりましたか？……いいえ、まだ見ていません。〔訳者註：ハムリー橋は、アデレード近郊のライト川に架かる長さ九一m、高さ二四mのピーターボロー鉄道の橋。上部が石のアーチ受け、下部が直径一・八mの鋳鉄製円柱台を持つ二のアーチ橋。一八六八年建造。〕

その線を訪れたことはないのですか?……まだ行ってません。橋脚間三〇mには、ワレン・ガーダー建造を提案するべきです。

《ヘイ氏》この二〇〇マイルの鉄道は、一マイル当たり平均四〇〇〇ポンドで建設可能というお考えで仰っているのですね? またそれに納得していますか?……そうです、可能だと考えています。

イングランドで、機関車用の四〇ポンド・レール敷設に慣れていますか?……いいえ。ところでイングランドにおける交通の本質は、当地のものとは相当違っています。北方の国〔ノルウェー〕の一部の軽便線で、同じ種類のレールが使われています。しかしイングランドのものは、交通のありようが当地で予期されているものとは相当違っています。しかしイングランドで、四〇ポンド・レールを敷設する意味はありません。

《一一二一》イングランドでは、ですか?……はい、どの主要線でも〔四〇ポンド・レールを敷設する意味はありません〕。アイルランドの支線で四〇ポンド・レールが使われていると思います。アイルランドに行ったことはありませんけど。

あなた自身のレール敷設の経験を話してもらっているはずですが?……イングランドでは全く経験がありません。インドでは、四〇ポンド・レールが沢山使われています。

四〇ポンド・レールを、通常の機関車牽引で時速二〇マイルから二五マイル位で、旅行しても安全ですか?……通常の機関車牽引というのは、当地で使われているようなものを指しているのでしょうか?

ええ〔質問の意味を確認〕?……安全でしょう、でも当地の機関車はやたらと重量があり、やがて〔何でも〕ぶち壊すんじゃないか、と気になります。

通常運行には、重量があり過ぎるとお考えですか?……当地のは、何を運ぶにしろ重量過剰だと思います。

モレルさん、四〇ポンド・レールに代えて六〇ポンドにすれば、長期的には失費を抑えることができるとお考えですか?……ご存知のように、維持管理費は初期費用と平行線を描きます。一緒に計算すべきで、むしろ難解です。しかし結果的には同じことに帰着するといえます。

この線の運行量が非常に少ないと予想しているので、四〇ポンド・レールよりも丈夫なものを敷設する必要はないんですね?……いいえ、全く違います。そういう結論にはならない、と申し上げたい。北部イングランドの大鉱山地帯を考えてください。一月に何千トンもの石炭を次々に運んでいます。そこの鉄道では普通のタブ・レールを使っています。

普通の、何ですか〔質問の意味を確認〕？……タブ・レール、炭鉱のレールです。

その重量は？……二四ポンドか、その程度です。

すると、当地の北部鉱山が豊かな鉱脈だとわかり、大量の鉱石を運ばなければならない時でも、四〇ポンド・レールで充分だとお考えなのですね？……はい、仰る通りです。

本当に充分ですか？……はい。

《一一三二》非常に豊かな鉱山だと分かった結果、輸送量が非常に増大しても、でしょうか？……はい。輸送量がそのような違いをもたらすのではありません。重要なことは、大量の車両が通過しても、レールが大丈夫かどうかということです。軽いレールは、欧州の鉄道のように高速で運行されたらひとたまりもありませんが、充分な両数の貨車に分散させれば、どんな量でも運搬できます。

イングランドや当地の炭鉱あるいは銅鉱山のように運搬量が大きい場合に、あなたの想定運行速度はどれくらいですか？……イングランドにおける場合ですか？

あるいは、当地です〔質問の意味を確認〕。イングランドでの通常速度はいかほどですか？……速いのもあれば遅いのもありますが。

運搬量が多い場合の通常速度は？……荷物輸送の場合ですか？

荷物輸送は運搬量が多いのですか〔質問の意味を確認〕？……中には他よりも速いという鉄道もあります。時速六〇マイルだったり、一六マイルとか。

モレルさん、鉱山からの運搬量が多い場合の速度を教えて下さい？……炭鉱鉄道の場合ですか？

通常の運搬量が多い場合です〔質問の意味を確認〕。グレイト・ノーザンや他の路線で運搬量が多い場合は？……グレイト・ノーザン線では、荷物運搬量が多い場合、時速二〇ないし二五マイルでしょう。

石炭輸送の場合でしょうか？……はい、そんなところでしょう。

このノーザン線で荷物が輸送される場合、あなたの想定速度はどれくらいですか？……時速二〇マイルを想定しています。

他の線より五マイルだけ遅いわけですね?……はい、速度は機関車の種類に大きく依存しているということをお忘れなく。もっとも、安上がりの速度があります。機関車や燃料消費次第で、低速走行が安価だったり、高速走行が安上りだったりします。つまり、必ずしも低速走行が最も経済的だということではありません。

《一一四一》北部で時速二〇マイルでの運行には、四〇ポンド・レールで充分だとお考えなのですね?……はい。

建設費を一マイル当たり三七五〇ポンドと規定している(御自宅にお送りした)〔一八六八年二二号〕法を読みましたか?……ざっと読みましたが、特段注意を払わなかった、ですね。

あなたはその部門との関係は全くなく、単に建設に関わっているだけですか?……建設のみです。

この線を建設するのに、一マイル当たり四〇〇〇ポンドで充分だということに納得していますか?……はい、それが私の意見であり、四〇〇〇ポンドで充分だと考えています。

それを超過する可能性はありますか?……いいえ、どうやったらそのような可能性が出てくるのか、わかりません。

そのような可能性は全くないのでしょうか?……四〇〇〇ポンドがまさに理に適った建設費です、それ以上申し上げることはありません。

似たような特徴のある線を四〇〇〇ポンドで建設した経験をお持ちですか?……はい。

それはどこで?……以前、私自身短い路線を建設していました。ほんの二〇マイル程度にすぎなかったのですが。四〇〇〇ポンドをほんの少し下回るほどで建設されました。でも、全く同じ種類の工事ではなかったし、頑丈な橋もなかったのですが。

同じ特徴のある路線を四〇〇〇ポンド以下で建設したことがあると言ったではないですか?……四〇〇〇ポンドより少し安上りで、幾分似通った特徴のある路線です。ドル表示でしたから、換算する必要があります。一マイル当たり四〇〇〇ポンドをやや下回りました。

ドル表示で、それはアメリカだったのですか?……いいえ、東インドです。

《一一五一》この鉄道と同じゲージでしたか?……いいえ、ゲージは違います。四フィート八インチでした。

レール重量は同じでしたか?……レール重量は同じでした。

枕木は？……木製枕木でした。

直に地面につけるのですか？……はい、枕木はついていました。

《ニールス氏》この路線の運搬量が多くても、それなりの速度で運行するのに四〇ポンド・レールでよいということに、あなたは完全に同意しているのですね？……はい。

もちろん、乗客輸送が大量になることは期待できませんが、僅かながらにしろ乗客を運ぶにはそこそこの速度が必要です。どれくらいの速度を想定していますか？……時速二〇マイルです。

この路線の主な輸送品である鉱物を運ぶ速度としては、むしろ速すぎる、とは考えないのですか？……そうですね。しかし車両や路線自体も、お分かりのように、時速二〇マイルの想定で、それが正常な速度として、建設されます。以前申しげたように、低速走行の方がエンジンにとっては経済的だということが判るかもしれません。それは燃料消費の問題ですけど。

この路線で、いかほどの重量のエンジンを使用するおつもりですか？……総重量一二トンです。

それは、あなたが使用したことのあるエンジン重量ですか、それとも建設した路線で使用予定のエンジンですか？……シャープ〔・スチュワート〕社の軽量型エンジンです。

イングランドのメーカーですか、アメリカ社ですか？……イングランドのメーカーです。

《一一六一》このノーザン線で〔採用することに〕ご執心ですか？……はい。

いくつか橋を架ける必要があることにも同意しますね？……はい。

丘を離れるとすぐに広大な土地がむき出しのまま一面に広がっているので、しょっちゅう洪水が起こります。しかし、それを避けるために非常に高い橋を架ける必要があるということは本質ではありません。我々は、このようなことを、ノーザン線に肩入れしているグループに先導されて今まで考えていたのです。ところで、レールが洪水で流される危険を甘受する方が、費用の嵩む橋を建設するより経済的ではない、そうでしょう？……レールが三マイルか四マイル流される方が、むしろ厄介です。

無論、そうでしょう？……一部の路線が未だ建設されていなくても、建設済の所でその問題がすぐにお分かりのはずです。

実務経験のない人には、平地では大したことがないように見えても、所によっては川底が五mほどの深さになっているところがあり、それを跨ぐために橋脚間の桁を長くしなければないことがあります。五mほどの水深や三〇m位の川幅に、橋を架ける必要があります。それも襲いかかる洪水に備えて、大きな橋になるでしょう。

どんな事態が生じるとお考えですか?……先住民の経験から、洪水が起きて流されてしまう恐れがあるので、クリークの中で夜営するようなことはしません。北部地帯では、いつでも何の前触れもなしに洪水が襲ってくるかもしれません。轟音が鳴り響き、鉄砲水が急襲するのです。

窪地があることは知っていますが、平原で五mほどの深さの川があるとは思えませんけど?……ええ。

《タウンセンド議長》イングランドでは、一般にどの枕木が使われていますか?……木製です。ひっくり返して使えるので、イングランドで、たびたび非常に重い双頭レールが採用されていますが、台座として木製枕木の必要があります。そうすると、長いこと使うには複雑で費用が嵩みます。

イングランドで普通使用されているレールの重量はいかほどですか?……七五ポンド、八五、一〇〇まで、あるいはそれ以上です。本質的には勾配に大きく依存しています。勾配がきつければ、摩耗のことを勘案して重いレールが必要となります。

ポート・オーガスタ線では、多くの駅が必要なのでしょう?……もちろん、駅を多く造ることを薦めます。

駅の建設にはどんな資材が必要ですか?……駅舎でしょうか?

《一一七二》ええ〔質問の意味を確認〕?……よくよく考えなければならない問題でしょう。やたらとゴテゴテしているとか華美なのを仰っているのではないですよね。どんなのが最も相応しいかの問題です。ジャンクション予定地のフーキナ〔ポート・オーガスタの北北東五〇kmあたり〕では、しっかりした建物がよいでしょう。

トタン板を張りめぐらすのは、普通ではないですね?……単にトタン板が〔建物を〕熱くしないかどうかの問題です。私が考えているのは、それだけです。

〔グレート・ノーザン鉄道〕会社に雇用・派遣され、専門家として助力しているんですね?……はい。

私の質問の目的は、会社の真意を、つまり、この線の建設費用を負担する用意があるかどうかを確認することですよ?

……ええ、私が自腹を切って当地に来ているのではない〔ことが一つの証拠です〕。

《公共事業理事コルトン》あなたが建設した鉄道を、現在アメリカ人が使っている、と仰いましたよね？……アメリカ人が、ですか？ それは全く違います。東インドです。

およそ一二トンのシャープ社製エンジンを使っていたのですか？……はい。

性能はどうですか？……シャープ社のは非常にいい働きをしています。私は試験運行を見ただけですけど、それは五〇分の一の勾配で総重量六〇トンを牽引していました。

つまり、そうやって動かしたのですね？……はい。

運行にはあまり費用のかからないエンジンですか？……はい。故障した時修理するのにギアに達するのが容易なので、特に中心部から遠い所では、そうです。ギアが外側にあり、手が届きやすいのです。

製作が単純なのですね？……はい、それで手入れが楽です。

特に寸法が穏健なのですね〔奇を衒ってない、真っ当という意味〕？……はい、長く精悍なエンジンです。

《二一八一》この路線で採用されたのは適格だとお考えですか？……はい、我々のあらゆる作業にとって適格です。

《ヘイ氏》シャープ社のエンジンがクイーンズランド州で使われていますよね？……鉱山地帯で使用されていると思います。高速運行は想定されていませんが、鉱産物輸送には非常に役立ちます。

クイーンズランド州で何かお気づきのことがありますか？……いいえ。

お気づきでない？……ないですね。クイーンズランド州のことを少しは知っていますが、今は忘れました。私が植民地にいた頃、興味を持つ前のことですが、サー・チャールズ・フォックスが植民地用の資材を調達していました。〔フォックスは、英国人技師（一八一〇～七四年）。彼はクイーンズランド州の技師もしており、ケープタウンを含め、狭軌鉄道の権威であった。〕

鉄道建設に関連して〔グレート・ノーザン鉄道〕会社に雇用・派遣されたと仰っているのですね？……はい。

その会社が鉄道建設資金の調達のためにつくられたのなら、お気づきでしょう、あるいはこの部門のことをご存知でしょう？……会社について、ですか？

はい〔質問の意味を確認〕?……関係者の何名かは知っています。

自らの責任でこの線を完成させるために会社が資金調達を提案したかどうかを、当委員会で証言できますか?……質問の意味が分かりません。

自らの責任で資金を調達するために会社を立ち上げたかどうかということをご存知ですか? この線を建設するのに一マイル当たり四〇〇〇ポンドでは、十分でないでしょう?……約款を確認すればお分かりのように、一マイル当たり四〇〇〇ポンド以上が実際に必要になった場合、会社はより多額の資金を調達する権限を付与されていると思います。

私の線ではありませんが、会社に権限があると思います。

モレルさん、あなた自身の線からあなたを排除する考えは毛頭ありません?……知っていることを喜んで証言してきました。

③モレルの建議

それぞれ『伊藤公全集』第一巻、二五八頁、二五九頁、二六〇頁

四月一九日付、八ヶ条の建議書の第五条より。

● 測量科に付数員の助手を要す、而して其助手を多くは得学有材の日本人ならん。且助手等信実の務は此芸術を学ぶを主とすべければ、東京鉄道廨舎《かいしゃ》〔役所〕は兼て陸地建築学校となし、現場実地に就かざる日は、此輩《ともがら》をして理上の学を教導せば智識を添ゆる益あらん。僕又欽然これが督学となるべし。

五月二八日、より詳細な建議を行った。

● 泰西諸洲〔欧州諸国〕英吉利を除くの外、各国政府建築の諸務を管轄する為め、頗《すこぶ》る盛大の局を建て、国土生産の物財を以て眼前国内人民の幸不幸に関係する事業を起すことなれば、其局を置き建築の方法を論ずる何事を措置とも、国家第一の緊務とす。英国は自ら他邦と異なり、各人自由の権を以て建法の基礎とする国柄にして、大事業多くは人民中等の者の手に成る。故に如斯《かくのごとき》の事務を以て全く政府に委《まか》するを好しとせず。雖然《しかりといえども》他邦は不然。各国政府管轄の建築局を置き広大の制を建て、恰《あたか》も金庫会計、陸海軍務、及外国事務等の諸局と異なる事なし。建築局の主宰の任は最も関係

重大の位置にして局内の事務細大となく 盡《ことごとく》く其任にあり、且つ事業を起すに当り局内の制度変革皆其権に出る国内の事業物財の使用細微の事に至るまで皆一途の号令に出で、鉄道の建築、道路の補理、海港海岸の造築、灯明台、鉱山の諸件も亦此局の管轄に属す。

● 別に教導局を開き国家に大裨益あるは予が言を待ずして自ら明かなり。且つ学術を教導し之を実地に施すとも、総て非常の事に臨むの外、欧羅巴人の手を仮らずして事を遂ぐるの時期至るべし。是に至らんには俊秀の少年を選挙し、学術を教導習熟せし後年に至り、銘々一事業を引受容易に遂ぐる様処置するは極て切要なり、百般の建築製造に熟練せる「インゼニール」〔Engineer〕を得る様教導するの法は、甚だ永遠にして辛苦も亦少なからず。一七歳より一八歳位の少年、数算、測量、究理学〔物理学のこと〕、及外国の語学等略学び得たる上は、之を学術大学校に送り、五六年の間留学せしむる事是一般の定規なり。如《かくの》 斯《ごとく》勤学の期を終るの後は、大試を受くるの力既に備はる。大試を経る上は、一局首長に付属して事を執る。将来の身事は全く其者の勉励と技両との等差に準ずべし。予を以て之を見るに、日本の有志の少年輩習学の方術を得せしむ、之に如くものなし。故に東京或は大阪に於て、「スクール、インゼニール」〔School Engineer〕建築学校を創立するの切要なる、今日の如きはなし。

④武者満歌の経歴と回顧

武者家は、信濃国佐久郡小宮山城主、伴野《ともの》出羽守光重を祖とする。下って六左衛門光継の代に大沢村城主で武田信玄旗下となり、武者奉行を務めたがゆえに武者と称すようになった。徳川時代は、石高一五〇俵の直参旗本で、本所石原（墨田区）に四〇〇坪の住居を構えていた。武者家の家紋は丸に花菱で、武田系統であることを示している。

満歌は、嘉永元年正月四日（四八年二月八日）、本所で生まれた。若くして算術、砲術、漢学、蘭学、測量、その他弓、馬、槍、剣も習い、旧幕時代に海軍奉行支配下や海軍所世話心得を務めた。明治三年正月二二日（七〇年二月二二日）から皇居の警衛にあたっていた。

数学が得意で、鉄道掛開設と同時に同掛に転じ、明治三年四月九日（七〇年五月九日）准十六等出仕。ジョン・ダイアックの測量助手として芝口・六郷間の測量に従事。続いて七月から、ダイアックとともに大阪・神戸間の測量に従事。七二年鉄道寮権《ごん》（正に対する副のこと）中属を経て、七七年には七等技手に進む。七八年五月、大阪駅構内に設けられた工技生養成所の第一期卒業生。七八年八月、京都・大津間の工事開始とともに京都・深草間の工事を担当し、八〇年全線開通。八八年一月、大津・長浜間の工事を担当し、八九年七月開通。九〇年に勲八等瑞宝章を拝受。九三年官を辞し、七尾鉄道会社や大倉組で活躍。鉄道創業五〇年に際し、元田肇鉄道大臣（一八五八～一九三八年）から「貢献せられたる偉績を回憶し、謹みて感謝の意を表」された。

また謡曲、碁、盆栽などを趣味としていた。

卒寿を超えた一九四一年、京都聖護院山王町の自宅で死去した。なお、祖父孫三郎は八六歳、父練之助は七七歳で亡くなっており、長寿の家系といえよう。

ところで八一年四月、トーマス・ロバート・シャーヴィントン帰国時に送別会で撮影された写真が『日本鐵道史』上篇一一〇～一一一頁に挿入されている。これは満歌の所蔵で、彼自身前列向かって左から二番目に写っている。

● 「鉄道技師の辞令」

「明治三年頃の鐵道譚」『鐵道青年』第三四巻一〇号一九四二年一〇月、二二～二五頁、一部省略。

徳川の家臣の家に生まれた私は、すすめられて海軍の軍人になることを志し、十七八歳の頃まで東京築地にあつた海軍生徒養成所に通つて勉強してゐた。そんなことから技術方面のことも少しばかり分つてゐたので、鉄道の役所が出来ると同時に土木方面に志願した。

最初の五日間は試傭として技師長の英人モレルの下で働かされたが、六日目に本官になるためモレルから学科の試験を課せられた。試験は相当難かしく、算術は加減乗除から分数、比例なども出たし、三角の問題まで課せられた。だが幸ひ海軍生徒時代に数学は或程度まで勉強してゐたので、自信もあつたし、大抵大丈夫だらうと思はれる程度の答案が出来た。

それから数日経つと、民部省から一通の書面が送られて来た。見ると、裃《かみしも》着用の上何月何日民部省に出頭せよ、といふことが書いてある。

民部省といふのは、今の内務省のやうなもので、当時築地の尾州邸を役所として、鉄道の仕事は、民部省土木局の中に鉄道掛といふものを置いて、そこでやつてゐた。

通知に従つて私は、裃を着用に及んで大小を腰に差して意気揚々と民部省に向つた。

……〔中略、伊達宗城卿から直接辞令を受け取り感激した、と交付のやり取りを記している。〕

私はいまだに鉄道技師の辞令を貰つた日の感激を忘れない。それは明治三年四月八日のことであつた。

● 「大小さして測量」

その当時はまだ私達は髪を結つて腰に大小をさしてゐた時代であるから役所へ通ふは勿論、仕事をするにも刀をはづすことは許されなかつた。仕方ないから両刀さして測量をするのであるが、如何にも不便で仕事の能率に影響することが大きいので、吾々も困り切つてゐると、それを知つた上野景範長官は、民部卿に宛た嘆願書を認め、技術方面の者に限り仕事中は廃刀を許され度いと願ひ入れた。時代が時代であるから、我々にだけ廃刀を許すといふことは相当喧《やか》ましい問題となつたが、結極廃刀の許可が下りて、以来非常に楽になつたが、それまでは随分不便な思ひをした。

……〔中略、陸海軍が協力せず、海岸線を測量する時〕今と違つて埋立地もないので測量器の据え場所がない。これが又一苦労で波の打ち寄せる海中に入つて測量器を立てることも出来ないので、干潮の時を見はからつてやるのであるが、品川辺の海といつたら、底は泥田のやうなものだから膝まで埋つてしまふ。マゴマゴしてゐればまた潮が満ちて来るといふ訳で、海岸線の測量には全く泣かされたものだ。

この武者の項は、立石信義『盛運・強運・幸運―石油と海運の三代記』（文芸社、二〇〇五年）一一一頁、および『鉄道先人録』三四九頁などに拠る。

⑤一八七〇年一二月七日付の民部大蔵省の伊達宗城《むねなり》卿・大隈重信大輔《だいふ》・伊藤博文少輔《しょうゆう》宛のレイ書翰

『大隈文書M』【C-416】　これは、東京大学の鈴木淳教授に解読してもらった。

● ロンドン府カルトンコールト、テンプル第四番

一八七〇年一二月七日
昨日貴国政府と余か約定破談相整ひ候に付、以後は最早貴国之職務に係り不申。余か勤役中充分意に不落取斗《とりはからい》致し候一件有之。右はミストル・モレルを建築方惣轄《ママ》に命し候儀にて、此委任はハルリー・パークス氏之吹挙《ママ》に依り命し候儀にて、尤同氏はミストル・モレル建築の学術に於ゐて誤聞被致候に相違無之。追々実正之処相糺候処、同人は其職に適当不致、且其職業に於ゐて更に熟達不致者之由に付、余より申立候趣、篤と御取調被下度。附てはモレル氏技芸を閣下に於て御承知之上、同人義を御留置相成候儀に候は丶、以後同人義に付、余に於て責を請不申候。

今般熟業之者、両人差出申候〔ブライアントとレインのこと〕。此者等は、貴国政府之為格別の功を成し可申。同人等無余儀帰国致さ丶るを得さる取扱を請候由。依て余其職を再ひ奉し候様勧諭致し候。同人等はモレル氏同様余か朋友にも無之、全く懇意之者にわ無之候得共、同人等之儀は右職任相命し候以前、其筋之官員より、証書を取置申候。此者之儀に付てはオリエンタル・バンク并当所貴国弁務使〔上野景範のこと〕より良報可有之候。

余貴国政府之為信を破りし儀無之、専ら余か職任を相尽し、今般御命し相成候代人も、余同様貴国之為、尽力可致義と奉存候。是迠余取扱候始末委細に認《したため》、幸便差出候積に付、右を御熟読被下度、且尚御面晤之上弁解御望に候は丶、何時にても御呼出しに応し罷出可申候。

モレル氏任職之前、国事余之取斗に於て、不都合之義決して無之心得に御座候。

以上

ホラテイヲ　子ルソン　レー

伊達、大隈、伊藤閣下

二白　モレル氏之儀に付てはサア・ハルリー・パークス氏へ当便書通いたし置候。

⑥病状悪化~死去　『鐵道寮事務簿』「モレル病死並佐畑他印度行云々」

なお以下、甲~戊は、便宜上筆者がふった。『鐵道寮事務簿』第一巻、六六号、三一六~三二一頁。

[本文　甲]

●別紙之通、鉄道建築師長モレル氏より療養之為二ヶ月之暇《いとま》を乞候に付、カーギル氏とも談話致候処、右は肺病にて寒冷を憚忌《たんき》致候症故、印度地方に趨《ママ》き厳寒の冬季を避け度旨に有之。尤其職掌之建築方は、是迄自分任使所致の副長已下皆能従事熟練之者に有之候故、任務為致候而遺憾無之様兼て同人搆意《こうい》有之義に候間、右願の通御聞済可然存候。尤同人病症之原由は、素《もとより》鉄道之創業に不熟之工夫《こうふ》を指揮し齟齬多端日夜忽忙《そうぼう》之処、鋭意勉励成功を促し候為、雨露を冒犯し不自由の内地を跋渉《ばっしょう》し候より、相醸し候義に可有之存候。且後事遺託の師長雇入候得は、多分の失費にも可相成の処、其義にも不及候様取斗候哉の趣、右前後万端注意の志を考量致し候得は、同人今般療養の旅行印度迄の往返旅費幷滞留中手当として、洋銀五千枚許《ばかり》臨時に投賜相成候様致し度存候。就ては同人印度行致候に付ては、右地方鉄道之組立幷汽車運転之法立《ママ》等篤と熟覧為致可申、且於御国将来益必用之義に付、幸い同人教導として別紙人員之者同行、鉄道之実地運輸之機務習熟為致度候。何分にも汽車転走乗客荷物諸駅発着休停食用等取扱之義は、従前之火船操練よりは一層重大之事業に有之候間、以来右目撃親炙《しんしゃ》の者任用不致候ては不便にも有之、第一機関転車の過失の懼《おそれ》も有之候間、右同行熟見為致度存候。

右相伺候　辛未九月十八日〔七一年一〇月三一日〕

[付属文書　乙]「モレル氏願書訳文」

●謹而請ふ今予に二ヶ月の暇を賜へ、従前十八ヶ月奉職中焦思尽力せし処、結局大に健康を損するに至れり。因て此に医家の容体書を封入し、以て貴下の之を政府に啓して垂仁の勘弁あらんことを希望す

一八七一年第一〇月二八日〔九月十五日〕　建築師長　モレル　於横浜

鉄道支配人　カーギル君え

[付属文書　丙]〔死亡通知電報〕四字三十二分出す　四字三十五分請取　出状人鉄道掛へーヤ〔Hare〕

●モレロ、今日時計一字に死にました。葬礼は明後日昼過に御座候、此段お知らせ申し候

届先　工部省御中　明治四年九月廿三日〔一一月五日〕

［付属文書　丁］〔モレル夫人死去〕

●サクジツ　イチジハン　モレロウジ　アイハテ　ソノイライ　トヲニシ　ニヨヲボヲ　シヤクヲ　ニサンド　ヲコシ　ツイニ　サクヤ　イチジスギニ　アイハテソロム子　ジヲルジ　モウシソロ〔モレル死後、夫人が二〜三回、癪を起し、ついに昨夜一時過ぎに死亡した旨、ジョージ（使用人？）が伝えた。〕

　九月廿四日

［付属文書　戊］

●佐畑鉄道権助、松田鉄道中属、水谷鉄道中属、瓜生鉄道中属

右四名之者、過日当省雇入英人モレル氏印度行に同行被仰付候処、同氏儀去る廿四日死去致し候に付、四名之者印度行御免之辞令書御渡し相成候様致し度、此段申進候也

　辛未九月廿七日　工部大輔　伊藤博文

　正院　御中

『鐵道附録』

［補足史料　己］以下、引用はいずれも『鐵道附録』、「工部省　鐵道」、二五頁。

●「建築師長モレル氏に資金を賜ふ」

九月、英人建築師長ヱトモントモレル肺疾に罹り、療養の為め印度地方に往かんことを請ふ、乃ち左の命あり。

昨庚午〔明治三年のこと〕の夏、我政府の徴《もとめ》に応し来りしより以来、工部建築の事に従ひ夙夜《しゆくや》勉励怠らす故を以て、東京横浜及ひ神戸大阪間の鉄道殆と落成に至り、建築の学科も亦随て開け、我人民将に永世の洪益を受んとす。是単に汝か勤苦と才能とに是れ由る。其功少しとせす。今や不幸にして疾に罹る。我政府に於て甚た之を憂ひ、切に其回復の速なるを望む。因て

天皇陛下の命により、療養の資として金五千両を下賜す。九月十九日〔一一月一日〕、工部大輔、後藤元燁達之

●「建築師長モレル氏病死」

鉄道権助佐畑信之、鉄道中属松田金次郎、水谷六郎、瓜生震の四名、印度地方の鉄道組立方並に汽車運転方を実視の為め「モレル」え随行を命せらる、尋《つい》て廿四日《ママ》「モレル」死去、四名の印度行を罷む

二二日、瓜生震をして造船頭肥田為良と共に欧米各国へ派遣せらる（瓜生震欧行中、六年五月一日工部省留学生を命せられ、七年六月九日帰朝、仝年六月二二日鉄道三等技手に任す）〔両名とも、岩倉使節団の一員として加わった〕。

『大隈文書M』【B-571】、『大隈重信関係文書二』、一一～一二頁「モレル危篤」

● 過刻川崎より後藤〔元燁〕氏迠申遣候処、着港直様モレロへ見舞、既に没命之有様気之毒之至り、何卒今晩より明朝迠今朝申上候事何卒御運ひ被成下度、態《わざ》と御知せ仕候也

九月十九日夕四字

夫妻の死亡を伝える『大隈文書M』【A-4553】の全文。

● 二三日附来書訳文　　井上〔勝〕君へ　　ヘアール〔Hare〕より

モレル氏今午後第一字〔一時〕三十分、死去致候。没命の際に至り、側に在る者一向苦痛の体も見届不申候。葬式明後日午後の積に付、時刻の儀御申裁に候。来客の為、蒸気車を川崎に相備置可申候。

● 二四日附同断　　井上君へ　　ヘアールより

モレル氏妻も一昨夜已来閉息罷在候処、今朝第一字三十分、夫と同様死去に及候。彼夫死候時刻に遅るゝ事全く十二字間なり。両人とも明日午後三字、葬礼の積りに御座候。一字頃に蒸気車を以て川崎に御待受可申候。

辛未九月二四日訳

⑦新聞記事　一一月一一日号『メイル』「死亡記事」

『メイル』第一面に、モレル夫妻の死亡が告示され、続いて「今週の出来事」の半分以上を割き葬儀の様子が述べられている。

●外国人居留地三番地で、今月五日日曜日午後、鉄道技師長エドモンド・モレル氏、結核にて死去。
　同地で、同氏の最愛の妻ハリエット二五歳、夫の一二時間後に死去。

●通常以上に哀悼の念を抱いて、鉄道技師長エドモンド・モレル氏が逝去されたことをお知らせします。日曜日午後のことです。

ここ数カ月間モレル氏の健康は悪化の一途をたどり、生来の肺の虚弱体質が急性結核を引起し、それが死因になった。逝去の悲しい知らせが、瞬く間に外国人居留民社会全体に広がり筆舌に尽くし難いほど強い衝撃を与えた。モレル夫妻の遺体の埋葬は火曜日に行われた。いつにもまして数多くの人たちがお別れの悲しい式に参列した。会葬者とともに深い同情の念が至る所で示された。さらに、モレル夫人の突然の訃報は、居留民社会に最も深い衝撃を与えた。午後三時、葬列が次の順で行われた。

医者の参列者

ブリッジフォード大佐		シェパード氏〔鉄道技師〕
ヤマイ氏〔山尾庸三〕	モレル氏の棺	タキダ氏〔竹田春風〕
アダムズ氏〔英国公使館員〕		ハウエル氏〔遺言書立会人〕
ハドロウ医師		シャンド氏〔鉄道技師〕
バートン少佐	モレル夫人の棺	リチャーズ大佐
コールドウェル医師		ヘア氏〔鉄道技師〕

ピットマン氏〔遺言執行人〕

エノヱ氏〔井上勝〕	カーギル氏〔鉄道差配役〕

工部省官吏
工部省出仕者
友人
海兵隊員

教会に到着すると直ちに棺は内陣の前に安置され、葬送行進曲が奏でられた。それからバックワース・ベイリー氏と米国海軍マシューズ氏が葬礼の最初の部分を朗読し、ベイリー氏の子供たちが棺台のまわりに花を供えた。

教会を辞するときまで同じ儀式が続き、葬礼の最後の部分が朗読された墓地まで儀式がずっと行われ、夫妻の遺体が安住の地に葬られた。その中で、夫妻の遺体に付き添って墓地まで来た数多くの居留民の間に深い悔恨の情が広がっていた。

モレル氏の棺には次の銘が刻まれていた。

エドモンド・モレル、技師
一八七一年一一月五日逝去、享年三〇

モレル夫人の棺は全く同じであったが、そこには次の銘があった。

ハリエット・モレル
一八七一年一一月六日逝去、享年二五

明治四年九月廿四日〔一一月六日〕『横濱毎日新聞』

●工部省鉄道御雇の英人建築長モレール儀は、英国無双の工部之道に通明なる者にして、最も万国中に英名を轟かせし者なるが、同人儀鉄道御普請最初より御雇入相成、昼夜勤労勉励。当時大概御成功相成たるも全く彼が勤苦に寄べき。可惜哉頃日死去致せし由。是れ全く病気而已ならす永の勤労もあるべし。且命終の節、妻へ遺言せしは、今別るる共また手を引て同し道を行く事もあるべしと。果して翌日、妻も死去せし由。夫婦の情愛尤も然るへし。両人ともに、当港英人の墓所へ葬式相営み、工部省官員の内其外多人数見送りとして同寺迄罷越たる趣なり。命なる哉、今暫く世に存在せば、其功の終るを見るべきに。豈料《あにはか》らん哉、成功の期に臨んで没命せんとは。已に蒸気車道六郷御橋を越し、陸橋も御成功相成八幡塚迠通行、レール敷今を盛とそ。十月十日頃には品川宿東海寺辺迠通行可相成、川崎宿より人員乗車相始り横浜迠運転往復、何字より何字迠の時付け有之由。

⑧『木戸日記』、『大久保日記』

● 英人モレロ、過る廿三日死去。同人妻も為其発狂、終《ついに》死去すると云。モレロは鉄道の事起しより実に我政府の為に誠心尽力、我国の人も有不及者。不幸にして中途に死す。彼知不可起自ら骨を我が日本に埋るを期す。当月六日、今日を去る廿日前、余横浜に至り鉄道に乗る。此時モレロ夫婦送て、川崎に至る。余此事を思ひ、且此人にして此不幸ある、実に不堪愍然也（『木戸日記』第二巻、一〇二～一〇三頁、九月廿五日）。

● 一字過より、陸奥〔宗光〕、山尾〔庸三〕、杉〔亨二『百官履歴二』三八七頁、静岡県士族、民部省出仕〕と鉄道に乗り、川崎に至る。鉄道も漸《ようやく》頃日《このごろ》此辺に達す（『木戸日記』第二巻、九四頁、九月三日）。

● 三字より蒸汽車に而、川崎迄三十分之間に着す。始而蒸汽車に乗候処、実に百聞一見に如す。愉快に堪す。此便を起さすんは、必す国を起すこと能はさるへし（『大久保日記』第二巻、一九〇頁、九月廿一日）。

⑨伊藤のカーギルへのお悔み

● W・W・カーギル殿　　一八七一年一一月六日

拝啓

数日前モレル氏が病魔に犯され、今朝身罷《みまか》ったという突然の知らせを受け、深く悲しみにくれ衝撃を受けております。当初より、モレル氏は我国の鉄道建設との関連で多大なる尽力をなし、我々は氏に対して全幅の信頼をおいていました。思いもかけず氏が病に倒れ逝去されたことは、今後の鉄道工事の進捗にも支障をきたすことが懸念されますがゆえに、悲嘆にくれております。

天皇陛下が状況をお聞きになったとき、陛下はたいそう悲しまれお悔みになられておりました。

日本政府がモレル氏の葬儀一切の費用を支弁しますので、遺漏なきよう万事取り計らい下さるよう宜しくお願い致します。取り急ぎご連絡申上げます。

（署名）工部大輔　伊藤博文（【FO46/142】No. 110. 二六〇～二六一頁）

⑩遺言書、遺産検認

モレルの最終「遺言書」

● 女王陛下〔すなわち〕英国法廷において　在神奈川

以下のことを知らしむべし。すなわち、女王陛下法廷の神奈川登記所で実施された検認により、一八七一年一一月一五日に、一八七一年一一月五日横浜で死亡したエドモンド・モレル氏の最終「遺言書」が、遺言執行人の一人であるジョン・ピットマン氏により確認され、該遺言書に相違なしと確認さるべく、現在その検認書は登記所の権限で記録に留められ、もう一人の遺言執行人であるエミリー・スティルウェルに留保されている。該遺言書の主旨は以下の言説に示される。

これは、日本国横浜の土木技師である私エドモンド・モレルの最終遺言書である。私は、私が死亡したとき私の家にあるか属している絵画、出版物、書籍、食器、リンネル、磁器、葡萄酒、酒類、食料、家財道具、家具、骨董品、馬車、馬、その他の動産を、遺言により愛しの妻ハリエット・モレルに与える。私の死後一カ月以内に、妻に渡されるべき一〇〇〇ドルの金を、この遺言により彼女に与える。私が死んだ時点で権利を保有している不動産、賃借不動産、および還付された残余動産と不動産を、あるいはこの遺言書によって処分権を有するものを、妻ハリエット・モレルの生涯にわたり、彼女の意のままに使用する権限をこの遺言により彼女に与える。妻が亡くなった場合には、姉エミリー・スティルウェルと横浜在住の商人で友人のジョン・ピットマンが、妻よりも長生きしている場合には両者で等分され、あるいは片方が先になくなった場合には残った者に全部が与えられる。両名が〔彼らの相続人よりも〕先に死亡した場合には、この遺言書の相続人で、妻に代わる不動産受託人であるジョン・ピットマンの相続人に与えられる〔エミリーには子供がいない〕。

ウィリアム・ガンストン・ハウエルとF・ブリンクリー立会いの下でなされた全ての古い遺言書を破棄する。私遺言人エドモンド・モレルは、この二頁分の最終遺言書を一八七一年一〇月三〇日に自らの手で認めたことを証する。―エドモ

ンド・モレル

我々はモレル氏の要請により、モレル氏立会いの下に同じ時に会し双方の立会いの下に、ここに証人として氏名を記し署名承認した。─ウィリアム・ガンストン・ハウエル、F・ブリンクリー

信仰と証言のもとに、この証言は上述の期日に日本の横浜〔神奈川〕で発され、この封印文書が一八七六年一月一〇日に公表された。

I・C・ホール　登記人代理

七一年一一月に亡くなったモレルの遺産検認は、随分と遅れて七七年七月二四日になされた。

● エドモンド・モレル　動産四〇〇〇ポンド弱

一八七七年七月二四日　日本横浜在住だった土木技師エドモンド・モレルは、一八七一年一一月五日に横浜で死亡した。モレルの遺言書はロンドン登記所で、サリー州イプソン、ウォープル・ロード在住の寡婦で、故人の姉であり遺言執行人の一人であるエミリー・スティルウェルによって検認された。

なお、翻訳に際し“my dwelling house or place or places of residence”を「私の家」としたように、遺言書特有の冗長さを避け、いくつかの部分を簡潔に訳した。

⑪ボイル選任

『鐵道寮事務簿』第四巻、一九一号、建築技長モレル後役雇入伺、九二〇頁、九二三頁、九二四頁、九二五頁

● 元鉄道建築技長モレル氏去秋病死、以後在来助長二名の内技長の事務御委任の義、其職業不分の者にては得失容易に難相決に付、兼て英国に於て鉄道建築相談役〔ポール〕御抱の者え打合に及候処、同人の見込も有之、且鉄道用達ヲリエンタルバンク社中よりも同様申出、右は格別実功の者に無之ては難致委任事件に付、更に一名御雇入に相成候方可然、いつれ此往《さき》建築も是迄取掛の分のみならす至大の御仁とに候えば、十分其任に堪へ候人物、先三ヵ年の期を以御雇入相成

候様いたし度、依て此段相伺候也

壬申六月九日〔七二年七月一四日〕　井上鉄道頭

山尾少輔殿

●ルイッチルド　ビルカス　ボイル氏

右は先般伺済に相成通、英国に於て故建築首長モレル氏後役に撰挙いたし候末、過る二四日来着候段、別紙の通申出候間、此段御届に及候也

壬申九月二八日〔一〇月三〇日〕　井上鉄道頭

山尾少輔殿

●一翰拝呈、陳《のぶる》はルイッチルドビカールスボイル氏義は、印度にて建築家の誉賞を受け候連中の壱人に有之、今般故モレル氏の如く鉄道兼伝信建築首長の任を辱命《じょくめい》いたし、今月二六日横浜え到着致候間、御届申上候

同氏定約の期は、去八月三十一日より向五ヵ年に有之候得共、模様により各方よりの量を以て三ヶ年にて退職可相叶義に御坐候、且月給の割は初年二千四百封《ポンド》〔月額九六〇円〕、第二年二千七百封〔同一〇八〇円〕、第三年第四年第五年三千封〔同一二〇〇円〕と相定候。同氏英国出発の報《しらせ》として倫敦より指送候書翰抜書別紙呈上いたし候間、之にて同氏の出発前日本大使〔岩倉具視のこと〕に拝謁いたし候義、御承知可被成下候也

千八百七十二年第十月二八日　カーギル

鉄道頭閣下

●千八百七十二年第八月三十日の書簡

抜書

ボイル氏義は御承知の通有名の学術者にて生来正理の仁に有之候間、今般日本鉄道建築主長《ママ》御申付の上は必日本築造の一進歩と可相成存候

建築師相談役より右の段委敷《くわしく》申上候義と奉存候、且同人より「サアハレパークス」氏の推挙により岩倉公に拝謁し、伊藤君えも御懇意に相成候旨、可申上候

人名索引

主人公のエドモンド・モレル，および登場回数が少なくさほど重要でない人物名は省略した。（　）内にモレルとの関係や往時の役職名，綴りを記した。図表の分は省いた（事項索引も同様）。

あ　行

アベケット（àBeckett）
アーサー・マーティン（伯父 Arthur Martin，外科医） 23, 40, 55-56, 80
ウィリアム（祖父 William，ソリシター） 19, 47-52, 54-57
ウィリアム・アーサー・キャランダー（従兄 William Arthur Callander 通称 WAC，豪州の政治家） 52-53, 55, 57, 61
サー・ウィリアム（伯父 Sir William，初代ヴィクトリア州最高裁長官） 23, 24, 27, 38, 40, 52-53, 55, 61, 80, 196
サラー（祖母 Sarah 旧姓 Abbott） 19, 47-50, 55
ギルバート・アボット（伯父 Gilbert Abbott，雑誌編集者・脚本家，バリスター） 54-55, 119, 235
トーマス・ターナー（伯父 Thomas Turner，豪州の法律家・政治家） 53-54, 57, 75, 79, 80, 196, 234
マーガレット・ルイーズ・ジェイン（叔母 Margaret Louise Jane, Terrell と結婚） 20, 50, 56-57
マチルダ・ソフィア（伯母 Matilda Sophia，ソリシター Joseph Dyer Sympson と結婚） 57
イングランド（John England，建築副役） 68-69, 91, 149-150, 154, 162-164, 195, 215, 219, 241, 258
ウーリィ（Charles Adam Woolley，モレル兄弟社と賃貸借契約を結んだソリシター） 46-47
ウェスト（Arthur J. West，後年ラブアンの鉄道を完成させた技師） 116-117
ウォーデル（William Wilkinson Wardell，ヴィクトリア州公共事業総監査役） 75-80, 85, 91
ウォード（Samuel Ward，ピカデリーの煙草商） 46
ウォレス（James Wallace，ポート・オーガスタ鉄道の技師） 142-145, 149, 150-151, 172
エディンバラ公（初の国賓来日者，Duke of Edinburgh） 192, 193, 261
オルコック（Sir Rutherford Alcock，初代駐日英國公使） 55, 119
オルドリッチ（Arthur Stanhope Aldrich，鐵道局書記長兼會計長） 89, 256
青木栄一 43, 177, 180, 186
伊藤博文（民部大藏少輔） 3, 158, 161, 182, 195, 196, 198, 202, 205-206, 210, 219, 220, 242, 249-253, 256-257, 258, 263-267, 270
井上勝（鐵道頭） 204-206, 222-223, 229, 230, 246
岩倉具視（大納言） 65, 182, 204, 251

大久保利通（參議） 221, 243, 262
大隈重信（民部大藏大輔） 7, 41-43, 129, 158, 161, 181, 195, 198, 202, 204-206, 209-210, 222-223, 230, 238, 249, 251, 252, 257, 263

か 行

カーギル（William Walter Cargill, 鐵道差配役） 82, 100, 198, 213, 215, 229, 241, 242, 246, 256
ガーソン（Jack Gerson, レイ研究家） 159
カードウェル（Viscount Edward Cardwell, 植民地大臣） 95, 103-106, 266
キャラハン（Thomas Fitzgerald Callaghan, ラブアン総督） 95, 105-106, 108-109, 111, 113, 119-121, 125-128, 131-132, 204, 236, 267-270, 276
クラーク（Edwin Clark, モレルが師事した技師） 36-37, 40, 60-61, 62-70, 74, 77-80, 84-85, 86, 90-93, 97, 141-142, 145, 151, 168, 170, 184, 195, 259-260, 266, 276
グリフィス（William Elliot Griffith, 福井藩～大學南校の教師） 192-193, 236
グレゴリー（Sir Charles Hutton Gregory, 鉄道技師, 土木学会入会時の推薦人） 92-95, 176, 266
木戸孝允（參議） 9, 199, 221, 230, 243, 253, 270

さ 行

シェパード（Charles Shepherd, 建築副役） 144, 164, 195, 197, 215, 221, 246
スティルウェル（George James Stilwell, 姉婿, 医学博士） 24-25
ストークス（Bryan Stokes, KCS 同窓会事務局） 29
セント・ジョン（James St. John, ラブアンの測量・土地登記官） 125, 131, 237
三條實美（右大臣） 198, 202-206, 220, 256
島崎藤村（詩人, 小説家） 2-3, 257
十河信二（国鉄総裁） 3-5, 6, 252

た 行

ダイアック（John Diack, 建築副役） 164, 217, 219-220
タウンセンド（William Townsend, 南豪州の政治家） 145-148, 151, 154, 276
ディケンズ（Charles Dickens, 小説家） 38-39, 50, 55
テルフォード（Thomas Telford, 英国土木学会の創設者） 88, 90, 93
テレル（Thomas Hull Terrell, 叔母マーガレットの夫, バリスター） 56
トリーチャー（John Gavaron Treacher, ラブアンの医者） 113-116, 124-125
トロートマン（Johan Friedrich Heinrich Trautmann, レイの代理人） 159-162, 165, 195, 202, 208-215, 252, 270, 278
伊達宗城（民部大藏卿） 161, 195, 202, 205, 210, 252, 257
田中時彦 159-160, 162, 164-165, 177-180, 187, 206-209

な 行

ニクルビー, ラルフ（Ralph Nickleby, 小説の登場人物） 50-51, 55
南条範夫 41-43, 204

は　行

ハウエル（William Gunston Howell, モレルの遺言立会人,『メイル』編集長） 234-235, 237, 246
パークス（Sir Harry Smith Parkes, 英国公使） 107, 158, 160-162, 194, 195, 198, 202-205, 208-210, 215, 238, 242, 243, 250, 256-258, 270
パークス夫人（Lady Fanny Hanna Parkes） 107, 198, 204
パターソン（Thomas Paterson, NZ 在住の鉄道技師） 167-171, 189, 276
パターソン（Robert Charles Patterson, 南豪州の鉄道を建設した技師） 171-177, 180, 188
バルフォア（James Melville Balfour, NZ の技師） 169-170, 276
パンチャード（William Henry Punchard, コントラクター） 141-142, 145
ピットマン（John Pitman, モレルの遺言執行人, ラブアン～横濱在住の商人） 109-110, 131, 222, 228-229, 234, 237-239, 246
フェアリー（Robert Francis Fairlie, フェアリー・システムの提唱者） 184-191, 257
ブライアント（Frederick William Bryant, レイが雇用派遣した技師） 213-215, 253, 258, 278
ブラントン（Richard Henry Brunton, 燈臺寮技師） 91, 104, 169, 194, 198
ブリンクリー（Francis Brinkley, モレルの遺言立会人, 英国海軍将校） 234-237
フリンダース（Matthew Flinders, 探検家） 137, 203
ヘア（Herbert Thomas Hare, 建築副役） 221, 230-231, 241, 246
ヘネシー（John Pope Hennessy, ラブアン総督） 110, 113, 116, 119-126, 128-132, 238-239, 276
ボイル（Richard Vicars Boyle, モレルの後任技師長） 3, 250, 253-257, 258, 266
ホワイト（George Preston White, レイの在英顧問技師） 179, 181, 183, 185, 189-190, 213, 257-258
ポール（William Pole, 在英顧問技師, UCL 土木工学教授） 182-184, 215, 254-255, 256, 258
ポッター（William Furnis Potter, 技師） 174, 182-183
原田勝正　182

ま　行

マイルズ（Frank M. Miles, KCS 同窓会誌編纂者） 16, 29, 34
モレル（Morel）
　アグネス（妹 Agnes） 21, 23, 25-28, 107, 229, 234, 240
　エドモンド・スティーヴン（叔父 Edmund Stephen, 家業手伝い） 23, 31, 44, 45, 47, 61-62, 234
　エミリー（母 Emily Elizabeth 旧姓 àBeckett） 14, 19-21, 24, 50, 51, 229
　エミリー（姉 Emily, George James Stilwell と結婚） 23-28, 52, 228-229, 234, 239
　クリスティアーナ・ロッダー（義母 Christiana Lodder 旧姓 Budd） 20-23
　チャールズ・バプティスト（叔父 Charles Baptiste, アトニー） 44,

46-47, 61-62
トーマス（父 Thomas Annet Lewis）
14-25, 29, 30, 33, 35, 37, 38, 40-41, 44-46, 61, 229, 239-240, 270
ヘンリー（叔父 Henry，家業手伝い）
19, 20, 44-45, 46, 61-62
メアリー（祖母 Mary 旧姓 Boden）
44-47
ルイ（祖父 Louis，油商） 44-47, 61-62
ルイ（叔父 Louis，絵描き） 44, 45, 62
松村昌家 60-61, 71
武者満歌（草創期の技師） 31-32, 216-217, 219-220, 260
村岡健次 89
森鷗外（軍医，小説家） 89
森田嘉彦 2, 7, 8-11, 16, 29, 34, 36, 69, 77, 91, 180, 198-199

や　行

山田直匡 41, 164, 165, 246

ら　行

レイ（Horatio Nelson Lay，モレルを技師長に採用） 7, 154, 158-165, 177-181, 184-186, 187, 189, 191, 195, 202-215, 219, 222, 249, 250, 257-258, 260, 278
レイン（Edmund Lane，レイが雇用派遣した技師） 213-215, 253, 258
ロウ（Sir Hugh Low，ラブアン総督代理） 109, 113, 117-118, 120-126
ロバートソン（Russell Brooke Robertson，上海副領事） 160, 162, 208-210

わ　行

ワインダー（Wynder）
エリザベス（義母 Elizabeth） 38-39, 85-86, 87
ハリエット（妻 Harriett，モレル夫人も） 3, 9, 38-40, 73, 86, 87, 108, 124, 157, 192, 195, 197-199, 219, 229-231, 234, 239, 241-242, 243-247, 262, 278

事項索引

登場回数が少なくさほど重要でない事項，および典拠とした史料名は省略した。
（　）内に適宜原綴りを記し，説明を加えた。

あ　行

アデレード（Adelaide，南豪州の州都） 135, 142, 143, 150, 151, 162-164, 171, 172, 176, 203, 206
アンダートン船舶昇降機（Anderton Boat Lift，クラーク設計） 65
イーグル・プレイス（Eagle Place，モレルの生地） 9, 14-15, 20, 45, 141
インド的保証制度 132, 149, 154, 167
インナー・テンプル（Inner Temple，法曹学院） 53, 56, 128, 141
ウェストミンスター・スクール（Westminster School，パブリック・スクール） 52-54
ウェリントン（Wellington） 70, 80-82, 85-86, 91, 103, 154, 170
ウリッチ（Woolwich，軍事技師学校） 37, 92, 95, 235-236, 275
オタゴ（Otago, NZ 南島） 70, 80-86, 97, 166, 169-171, 213
オリエンタル銀行（Oriental Bank Corporation） 213, 215, 252, 257-258

か　行

乾ドック（Graving Dock） 65-67, 74-80, 84-85, 92, 97, 170, 191
キング・ジョージ・サウンド（King George Sound，西豪州） 76, 142, 154, 159, 197
キングス・カレッジ・スクール（King's College School） 9, 16-17, 21, 28-34, 36, 37, 62, 259-260
キングス・カレッジ・ロンドン（King's College, London，工学部 Department of Applied Science を含む） 7-9, 16-17, 21, 28, 33-37, 53, 59, 61, 62, 173-174, 231, 249, 259-260, 271
グレイズ・イン（Gray's Inn，法曹学院） 54
ゲージ（Gauge，軌間） 12, 95, 109, 116, 157, 174-176, 177-191, 220, 266, 276
ゴール（Galle，セイロン南部の港町） 165, 177, 181-184, 187, 189, 191, 195, 197-198, 208, 210
ゴールデン・スクエア（Golden Square，母方祖父の事務所の所在地） 19, 50-51, 57

さ　行

サウサンプトン（Southampton，英国南部の港町） 73, 107, 197, 198
ストランド（Strand，キングス・カレッジ所在地） 28, 30, 34
セント・パンクラス教会（St. Pancras Church，モレルが結婚した教会） 38-39, 66
水晶宮（Crystal Palace） 60-61, 64-65, 67-68
造幣寮 9, 198

た　行

タウンセンド委員会（南豪州議会の特別

委員会） 145-148, 151, 154, 276
ダネディン（Dunedin, NZ オタゴ州の中心都市） 73, 80, 82, 84, 86, 166-170, 188
トリニティ・カレッジ・ダブリン（Trinity College, Dublin） 126, 127, 235-236
土木学会（Institution of Civil Engineers） 6-8, 12, 59, 62, 66, 67, 69, 77, 80, 86, 87-95, 97, 103, 110, 148-150, 166, 169-170, 179, 182-183, 254, 260, 263, 267, 271, 274, 278

な　行

ノッティングヒル（Notting Hill, ロンドン西北郊の新興住宅地） 7, 9, 16-17, 21, 28, 39, 41, 61

は　行

ハムステッド（Hampstead, ロンドン北郊の新興住宅地） 19, 47, 51, 107
バリントン講師（Barrington Lecturer） 126, 132, 267
ピカデリー（Piccadilly, モレルの店の所在地） 7, 9, 15-17, 21, 23, 28, 41, 44-47, 59, 61, 111, 127, 165, 190, 195, 204, 234, 267
ブリューワー・ストリート（Brewer Street, 父方祖父の店の所在地） 44-47
ホーヴ（Hove, ブライトンに隣接） 25, 184
ホブソン湾鉄道会社（Hobson Bay Railway Company, メルボルンの鉄道会社） 54, 74-75, 79
ポート・オーガスタ（Port Augusta, 南豪州の町） 135-147, 171, 172-177, 266

ま　行

メルボルン（Melbourne） 53, 54, 57, 69-80, 84-85, 86, 91, 97, 135, 142, 147, 151, 173, 191, 197, 206, 239, 260, 263, 266, 267

ら　行

ラドブローク・ヴィラ（Ladbroke Villas, 1850年代の一家の住所） 16, 21-23, 33
ラブアン（Labuan, 北ボルネオの島） 40, 87, 92, 95, 97-132, 146, 154, 165-166, 188, 191, 196, 197, 199, 204, 213, 216, 236, 237, 238-240, 247, 260-263, 266-270, 274, 276
ラブアン社（China Steamship & Labuan Coal Company） 103-106, 108-116, 131, 270
リンカーンズ・イン（Lincoln's Inn, 法曹学院） 52, 53, 57, 126, 267

《著者紹介》

林田治男（はやしだ・はるお）

1949年　長崎県生まれ。

1980年　山口大学大学院経済学研究科修士課程修了。

1983年　京都大学大学院経済学研究科博士後期課程単位取得退学。

大阪産業大学経済学部教授を経て，

現　在　大阪産業大学名誉教授。

主　著　『日本の鉄道草創期――明治初期における自主権確立の過程』ミネルヴァ書房，2009年。

『日本の鉄道をつくった人たち』（共著）悠書館，2010年，ほか。

ミネルヴァ日本評伝選

エドモンド・モレル

――鉄道御普請最初より――

2018年8月10日　初版第1刷発行　〈検印省略〉

定価はカバーに
表示しています

著　者　林　田　治　男

発行者　杉　田　啓　三

印刷者　江　戸　孝　典

発行所　株式会社　ミネルヴァ書房

607-8494 京都市山科区日ノ岡堤谷町1

電話代表（075）581-5191

振替口座 01020-0-8076

共同印刷工業・新生製本

ISBN978-4-623-08424-1

Printed in Japan

刊行のことば

歴史を動かすものは人間であり、興趣に富んだ人間の動きを通じて、世の移り変わりを考えるのは、歴史に接する醍醐味である。

しかし過去の歴史学を顧みるとき、人間不在という批判さえ見られたように、歴史における人間のすがたが、必ずしも十分に描かれてきたとはいえない。二十一世紀を迎えた今、歴史の中の人物像を蘇生させようとの要請はいよいよ強く、またそのための条件もしだいに熟してきている。

この「ミネルヴァ日本評伝選」は、正確な史実に基づいて書かれるのはいうまでもないが、単に経歴の羅列にとどまらず、歴史を動かしてきたすぐれた個性をいきいきとよみがえらせたいと考える。そのためには、対象とした人物とじっくりと対話し、ときにはきびしく対決していくことも必要になるだろう。

今日の歴史学が直面している困難の一つに、研究の過度の細分化、瑣末化が挙げられる。それは緻密さを求めるが故に陥った弊害といえるが、その結果として、歴史の大きな見通しが失われ、歴史学を通しての社会への働きかけの途が閉ざされ、人々の歴史への関心を弱める危険性がある。今こそ歴史が何のためにあるのかという、基本的な課題に応える必要があろう。評伝という興味ある方法を通じて、解決の手がかりを見出せないだろうかというのも、この企画の一つのねらいである。

狭義の歴史学の研究者だけでなく、多くの分野ですぐれた業績をあげている著者たちを迎えて、従来見られなかった規模の大きな人物史の叢書として、「ミネルヴァ日本評伝選」の刊行を開始したい。

平成十五年（二〇〇三）九月

ミネルヴァ書房

ミネルヴァ日本評伝選

企画推薦
梅原猛
ドナルド・キーン
佐伯彰一
角田文衞

監修委員
上横手雅敬
芳賀徹

編集委員
石川九楊
伊藤之雄
猪木武徳
今谷明
今橋映子
熊倉功夫
佐伯順子
坂本多加雄
武田佐知子
竹西寛子
西口順子
兵藤裕己
御厨貴

上代

*俾弥呼 古田武彦
*日本武尊 西宮秀紀
*仁徳天皇 若井敏明
雄略天皇 吉村武彦
継体天皇 若井敏明
*蘇我氏四代 遠山美都男
推古天皇 義江明子
聖徳太子 仁藤敦史
斉明天皇 武田佐知子
*小野妹子・毛人・毛野 大橋信弥
*額田王 梶川信行
弘文天皇 遠山美都男
天武天皇 新川登亀男
持統天皇 丸山裕美子
阿倍比羅夫 熊田亮介
*藤原四子 木本好信
*柿本人麿 古橋信孝
*元明天皇・元正天皇 渡部育子
聖武天皇 本郷真紹
光明皇后 寺崎保広

*孝謙・称徳天皇 勝浦令子
藤原不比等 荒木敏夫
橘諸兄・奈良麻呂 遠山美都男
吉備真備 今津勝紀
*藤原仲麻呂 木本好信
道鏡 吉川真司
*藤原種継 木本好信
*行基 吉田靖雄

平安

*桓武天皇 井上満郎
嵯峨天皇 西別府元日
宇多天皇 古藤真平
醍醐天皇 石上英一
村上天皇 京樂真帆子
花山天皇 上島享
*三条天皇 倉本一宏
藤原薬子 中野渡俊治
*藤原良房・基経 瀧浪貞子
*紀貫之 神田龍身
源高明 所功
*安倍晴明 斎藤英喜

藤原実資 橋本義則
*藤原道長 朧谷寿
*藤原伊周・隆家 倉本一宏
藤原定子 山本淳子
*藤原彰子 朧谷寿
清少納言 三田村雅子
紫式部 竹西寛子
和泉式部 ツベタナ・クリステワ
大江匡房 小峯和明
*阿弖流為 樋口知志
坂上田村麻呂 熊谷公男
*源満仲・頼光 元木泰雄
平将門 西山良平
藤原純友 寺内浩
最澄 吉田一彦
円珍 岡野浩二
*空也 石井義長
奝然 上川通夫
*源信 小原仁
慶滋保胤 吉原浩人
*後白河天皇 美川圭

*式子内親王 奥野陽子
建礼門院 生形貴重
*藤原秀衡 入間田宣夫
平時子・時忠 元木泰雄
平維盛 根井浄
守覚法親王 阿部泰郎
藤原隆信・信実 山本陽子

鎌倉

源頼朝 川合康
*源義経 近藤好和
源実朝 神田龍身
*九条兼実 加納重文
九条道家 上横手雅敬
北条時政 野口実
熊谷直実 佐伯真一
*北条政子 関幸彦
北条義時 岡田清一
曾我十郎・五郎 杉橋隆夫
北条時頼 山本隆志
北条時宗 近藤成一
安達泰盛 山陰加春夫

平頼綱 細川重男
竹崎季長 堀本一繁
西行 光田和伸
鴨長明 浅見和彦
藤原定家 赤瀬信吾
*京極為兼 今谷明
*兼好 島内裕子
重源 横内裕人
*運慶 根立研介
快慶 井上一稔
法然 今堀太逸
栄西 中尾良信
明恵 西山厚
*親鸞 末木文美士
恵信尼・覚信尼 西口順子
覚如 今井雅晴
*道元 船岡誠
叡尊 細川涼一
*忍性 松尾剛次
*日蓮 佐藤弘夫
一遍 蒲池勢至
夢窓疎石 原田正俊
*宗峰妙超 竹貫元勝

南北朝・室町

後醍醐天皇　上横手雅敬
*護良親王　新井孝重
懐良親王　森　茂暁
*赤松氏五代　渡邊大門
*北畠親房　岡野友彦
楠正成　兵藤裕己
楠木正行・正儀　生駒孝臣
*新田義貞　山本隆志
*光厳天皇　深津睦夫
足利尊氏　市沢　哲
*足利直義　亀田俊和
佐々木道誉　下坂　守
細川頼之　亀田俊和
円観・文観　田中貴子
足利義詮　早島大祐
足利義満　川嶋將生
*足利義持　吉田賢司
足利義教　横井　清
足利義政　木下昌規
*大内義弘　平瀬直樹
伏見宮貞成親王　松薗　斉
*山名宗全　山本隆志
細川勝元・政元　古野　貢
畠山義就　呉座勇一
足利成氏　阿部能久
世阿弥　西野春雄
雪舟等楊　河合正朝
宗祇　鶴崎裕雄
*満済　森　茂暁
一休宗純　原田正俊
蓮如　岡村喜史

戦国・織豊

北条早雲　家永遵嗣
*北条氏政　黒田基樹
大内義隆　藤井　崇
斎藤氏三代　木下　聡
*毛利元就　岸田裕之
*毛利輝元　光成準治
小早川隆景・秀秋　光成準治
六角定頼　村井祐樹
*今川義元　小和田哲男
*武田信玄　笹本正治
*武田勝頼　笹本正治
*真田氏三代　笹本正治
*三好長慶　天野忠幸
松永久秀　天野忠幸
*宇喜多直家・秀家　渡邊大門
*上杉謙信　矢田俊文
大友宗麟　鹿毛敏夫
島津義久・義弘　福島金治
*長宗我部元親・盛親　平井上総
浅井長政　長谷川裕子
吉田兼倶　西山　克
山科言継　松薗　斉
*雪村周継　赤澤英二
正親町天皇・後陽成天皇　神田裕理
足利義輝・義昭　山田康弘
織田信長　三鬼清一郎
織田長益　八尾嘉男
豊臣秀吉　藤井讓治
豊臣秀次　矢部健太郎
*北政所おね　田端泰子
*淀殿　福田千鶴
蜂須賀正勝・家政　三宅正浩
前田利家　東四柳史明
山内一豊・忠義　長屋隆幸
*黒田如水　小和田哲男
*蒲生氏郷　藤田達生
石田三成　堀越祐一
*細川ガラシャ　田端泰子
伊達政宗　伊藤喜良
*支倉常長　田中英道
千利休　熊倉功夫
*長谷川等伯　宮島新一
顕如　神田千里
教如　安藤　弥

江戸

*徳川家康　笠谷和比古
本多忠勝　柴　裕之
*徳川家光　野村　玄
*徳川吉宗　横田冬彦
*後水尾天皇　久保貴子
後桜町天皇　所　京子
*光格天皇　藤田　覚
崇伝　杣田善雄
*春日局　福田千鶴
宮本武蔵　渡邊大門
*池田光政　倉地克直
保科正之　八木清治
シャクシャイン　岩崎奈緒子
*田沼意次　藤田　覚
細川重賢　安高啓明
*二宮尊徳　小林惟司
末次平蔵　岡美穂子
*高田屋嘉兵衛　生田美智子
*林羅山　鈴木健一
吉野太夫　渡辺憲司
中江藤樹　辻本雅史
熊沢蕃山　川口　浩
*山崎闇斎　澤井啓一
山鹿素行　前田　勉
*北村季吟　島内景二
伊藤仁斎　澤井啓一
貝原益軒　辻本雅史
*ケンペル　B・M・ボダルト＝ベイリー
新井白石　大川　真
荻生徂徠　柴田　純
*雨森芳洲　上田正昭
石田梅岩　高野秀晴
白隠慧鶴　芳澤勝弘
前野良沢　松田　清
平賀源内　石上　敏
本居宣長　田尻祐一郎
杉田玄白　吉田　忠
木村蒹葭堂　有坂道子
*大田南畝　沓掛良彦
菅江真澄　赤坂憲雄
*鶴屋南北　諏訪春雄
良寛　阿部龍一
*山東京伝　佐藤至子
*滝沢馬琴　高田　衛
平田篤胤　山下久夫
国友一貫斎　太田浩司
シーボルト　宮坂正英
本阿弥光悦　岡　佳子
小堀遠州　中村利則
狩野探幽・山雪　山下善也
尾形光琳・乾山　河野元昭
*二代目市川團十郎　田口章子
伊藤若冲　狩野博幸
浦上玉堂　高橋博巳
*佐竹曙山　成瀬不二雄
葛飾北斎　岸　文和
酒井抱一　玉蟲敏子
孝明天皇　青山忠正
*和宮　辻ミチ子
徳川慶喜　大庭邦彦
島津斉彬　原口　泉
横井小楠　沖田行司
*古賀謹一郎　小野寺龍太
*永井尚志　高村直助

*岩瀬忠震　小野寺龍太
*栗本鋤雲　小野寺龍太
大村益次郎　竹本知行
河井継之助　小川和也
*西郷隆盛　家近良樹
由利公正　角鹿尚計
*塚本明毅　塚本学
*月性　海原徹
*吉田松陰　海原徹
*高杉晋作　海原徹
久坂玄瑞　一坂太郎
*ペリー　遠藤泰生
ハリス　福岡万里子
オールコック　佐野真由子
アーネスト・サトウ　奈良岡聰智
緒方洪庵　米田該典

近代

*明治天皇　伊藤之雄
*大正天皇　F・R・ディキンソン
*昭憲皇太后・貞明皇后　小田部雄次
大久保利通　三谷太一郎
山県有朋　鳥海靖
木戸孝允　落合弘樹
井上馨　伊藤之雄
*松方正義　室山義正
北垣国道　小林丈広
板垣退助　小川原正道
長与専斎　笠原英彦
大隈重信　五百旗頭薫
伊藤博文　坂本一登
井上毅　大石眞
*井上勝　老川慶喜
*桂太郎　小林道彦
*渡邉洪基　瀧井一博
*乃木希典　佐々木英昭
星亨　小林道彦
林董　奈良岡聰智
*児玉源太郎　小林道彦
*高宗・閔妃　木村幹
山本権兵衛　室山義正
*金子堅太郎　松村正義
高橋是清　鈴木俊夫
小村寿太郎　簑原俊洋
*犬養毅　小林惟司
原敬　季武嘉也
*加藤高明　櫻井良樹
牧野伸顕　小宮一夫
田中義一　黒沢文貴
内田康哉　高橋勝浩
石井菊次郎　廣部泉
平沼騏一郎　堀田慎一郎
*鈴木貫太郎　小堀桂一郎
宇垣一成　北岡伸一
*宮崎滔天　榎本泰子
*浜口雄幸　川田稔
幣原喜重郎　西田敏宏
関一　玉井金五
水野広徳　片山慶隆
広田弘毅　井上寿一
安重根　上垣外憲一
*グルー　廣部泉
*永田鉄山　森靖夫
東條英機　牛村圭
今村均　前田雅之
蒋介石　劉岸偉
石原莞爾　山室信一
近衛文麿　庄司潤一郎
*岩崎弥太郎　武田晴人
伊藤忠兵衛　末永國紀
五代友厚　田付茉莉子
大倉喜八郎　村上勝彦
*安田善次郎　由井常彦
渋沢栄一　武田晴人
中野武営　佐賀香織
益田孝　鈴木邦夫
山辺丈夫　宮本又郎
武藤山治　阿部武司・桑原哲也
池田成彬　松浦正孝
西原亀三　森川正則
小林一三　橋爪紳也
大倉恒吉　石川健次郎
大原孫三郎　猪木武徳
*河竹黙阿弥　今尾哲也
イザベラ・バード　加納孝代
*林忠正　木々康子
*森鷗外　小堀桂一郎
*二葉亭四迷　ヨコタ村上孝之
*夏目漱石　佐々木英昭
徳冨蘆花　半藤英明
巌谷小波　千葉信胤
樋口一葉　佐伯順子
*島崎藤村　十川信介
泉鏡花　東郷克美
上田敏　小林茂
*有島武郎　亀井俊介
永井荷風　川本三郎
北原白秋　平石典子
菊池寛　山本芳明
芥川龍之介　髙橋龍夫
*宮沢賢治　千葉一幹
高浜虚子　坪内稔典
与謝野晶子　佐伯順子
*種田山頭火　村上護
*斎藤茂吉　品田悦一
*高村光太郎　湯原かの子
石川啄木　先崎彰容
萩原朔太郎　エリス俊子
*原阿佐緒　秋山佐和子
*狩野芳崖・高橋由一　古田亮
川村清雄　落合則子
*小堀鞆音　小堀桂一郎
竹内栖鳳　北澤憲昭
黒田清輝　高階秀爾
中村不折　石川九楊
横山大観　高階秀爾
*橋本関雪　西原大輔
小出楢重　芳賀徹
土田麦僊　天野一夫
岸田劉生　北澤憲昭
濱田庄司　濱田琢司
*山田耕筰　後藤暢子
松旭斎天勝　川添裕
中山みき　鎌田東二
佐田介石　谷川穣
*ニコライ　中村健之介
*出口なお・王仁三郎　川村邦光
島地黙雷　阪本是丸
*新島襄　太田雄三
新島八重　佐伯順子
木下広次　冨岡勝
海老名弾正　西田毅
嘉納治五郎　クリストファー・スピルマン
柏木義円　片野真佐子
津田梅子　田中智子
*澤柳政太郎　新田義之
河口慧海　高山龍三
山室軍平　室田保夫
大谷光瑞　白須淨眞
*久米邦武　髙田誠二
フェノロサ　伊藤豊
井上哲次郎　井ノ口哲也
三宅雪嶺　長妻三佐雄
*岡倉天心　木下長宏
志賀重昂　中野目徹
徳富蘇峰　杉原志啓
*竹越与三郎　西田毅
内藤湖南・桑原隲蔵　礪波護

*廣池千九郎 橋本富太郎
岩村 透 今橋映子
*西田幾多郎 大橋良介
*金沢庄三郎 石川遼子
柳田国男 鶴見太郎
厨川白村 張 競
村岡典嗣 水野雄司
大川周明 山内昌之
西田直二郎 林 淳
折口信夫 斎藤英喜
シュタイン 瀧井一博
*西 周 清水多吉
*福澤諭吉 平山 洋
成島柳北 山田俊治
福地桜痴 山田俊治
*村山龍平 早房長治
島田三郎 武藤秀太郎
田口卯吉 鈴木栄樹
*陸 羯南 松田宏一郎
黒岩涙香 奥 武則
長谷川如是閑 織田健志
*吉野作造 田澤晴子
山川 均 米原 謙
*岩波茂雄 十重田裕一
*北 一輝 岡本幸治
*穂積重遠 大村敦志
中野正剛 吉田則昭
*満川亀太郎 福家崇洋
*エドモンド・モレル 林田治男
*北里柴三郎 福田眞人

高峰譲吉 木村昌人
*田辺朔郎 秋元せき
*南方熊楠 飯倉照平
石原 純 金子 務
*辰野金吾 河上眞理・清水重敦
*七代目小川治兵衛 尼崎博正
本多静六 岡本貴久子
ブルーノ・タウト 北村昌史

現代

昭和天皇 御厨 貴
高松宮宣仁親王 後藤致人
*李方子 小田部雄次
吉田 茂 中西 寛
マッカーサー 柴山 太
鳩山一郎 楠 綾子
*石橋湛山 増田 弘
重光 葵 武田知己
市川房枝 村井良太
*池田勇人 藤井信幸
高野 実 篠田 徹
和田博雄 庄司俊作
朴正熙 木村 幹
田中角栄 新川敏光
宮沢喜一 村上友章
竹下 登 真渕 勝
*松永安左ェ門 橘川武郎

鮎川義介 井口治夫
*出光佐三 橘川武郎
松下幸之助 米倉誠一郎
渋沢敬三 井上 潤
*本田宗一郎 伊丹敬之
井深 大 武田 徹
*佐治敬三 小玉 武
幸田家の人々 金井景子
*正宗白鳥 大嶋 仁
*大佛次郎 福島行一
*川端康成 大久保喬樹
*薩摩治郎八 小林 茂
坂口安吾 千葉一幹
太宰 治 安藤 宏
松本清張 杉原志啓
安部公房 鳥羽耕史
*三島由紀夫 島内景二
井上ひさし 成田龍一
R・H・ブライス 菅原克也
柳 宗悦 熊倉功夫
バーナード・リーチ 鈴木禎宏
イサム・ノグチ 酒井忠康
熊谷守一 古川秀昭
川端龍子 岡部昌幸
藤田嗣治 林 洋子
*井上有一 海上雅臣
*手塚治虫 竹内オサム
古賀政男 藍川由美

*吉田 正 金子 勇
*武満 徹 船山 隆
*八代目坂東三津五郎 田口章子
*力道山 岡村正史
*西田天香 宮田昌明
安倍能成 中根隆行
サンソム夫妻 平川祐弘・牧野陽子
*天野貞祐 貝塚茂樹
和辻哲郎 小坂国継
矢代幸雄 稲賀繁美
石田幹之助 岡本さえ
*平泉 澄 若井敏明
*早川孝太郎 須藤 功
安岡正篤 片山杜秀
青山二郎 田野 勲
島田謹二 小林信行
田中美知太郎 川久保剛
前嶋信次 杉田英明
*唐木順三 澤村修治
亀井勝一郎 山本直人
知里真志保 北原治郎太
*保田與重郎 谷崎昭男
石母田正 磯前順一
*福田恆存 川久保剛
井筒俊彦 安藤礼二
佐々木惣一 伊藤孝夫
小泉信三 都倉武之
*瀧川幸辰 伊藤孝夫
式場隆三郎 服部 正

大宅壮一 有馬 学
清水幾太郎 庄司武史
*フランク・ロイド・ライト 大久保美春
*中谷宇吉郎 杉山滋郎
今西錦司 山極寿一

*は既刊
二〇一八年八月現在